하룻밤에 읽는 서양사

하룻밤에 읽는

서양사

이강룡 지음

페이퍼로드
paperroad

하룻밤에 읽는 서양사

초판 1쇄 발행 2014년 11월 7일
초판 3쇄 발행 2020년 11월 12일

지은이 ── 이강룡

펴낸이 ── 최용범
펴낸곳 ── 페이퍼로드
출판등록 ── 제10-2427호(2002년 8월 7일)
　　　　　　서울시 동작구 보라매로5가길 7 캐릭터그린빌 1322호

편　　집 ── 김정주, 양현경
마케팅 ── 윤성환
경영지원 ── 강은선

이메일 ── book@paperroad.net
홈페이지 ── www.paperroad.net
커뮤니티 ── blog.naver.com/paperroad
Tel (02)326-0328 | Fax (02)335-0334

ISBN 978-89-92920-06-3 03900

차례

2부 | 중세에서 근세로

3부 | 근대 세계의 전개

서양사 공부와 인문교양 쌓기

이 책의 목적은 인문교양을 넓히는 것이다. 인문교양을 쌓는 일의 처음과 마지막이 역사 공부다. 역사를 공부하면 실제 벌어진 사건과 사실 자료를 꼼꼼하게 살피는 태도가 몸에 배므로 세계를 더 뚜렷하게 파악할 수 있다. '악법도 법'이라는 구절은 소크라테스의 언행을 기록한 플라톤의 저작 어디에도 나오지 않는다. '인생은 짧고 예술은 길다'라고 잘못 알려진 서양 격언은 "의술의 길은 먼데 인생은 짧도다"라는 히포크라테스의 기록이 원본이다. '모든 서양 철학은 플라톤의 각주에 불과하다'라고 알려진 문구 역시 실제 문헌을 보면 맥락과 뜻이 무척 다르다. 갈릴레이는 '그래도 지구는 돈다'라는 말을 한 적이 없고, 태양왕 루이14세는 '짐이 곧 국가다'라는 말을 한 적이 없다.

역사 공부는 사건의 한쪽만 보려고 하지 않고 다른 측면도 두루 살피는 일이다. 이집트 유적과 유물에 고양이 그림이 자주 나오는 건 쥐가 많았기 때문이며 쥐가 파먹을 곡식도 많았다는 점을 넌지시 알려준다. 영국의 아서왕 신화는 역사적 사실이 아니라 국민 통합이라는 목적으로 고안된 것이다. 돈만 밝히는 이들로 치부되는 베네치아의 상인들은 인류 역사 최초로 유족 연금을 만들어 경제 약자들을 보호한 사회복지 선구자들이기도 하다. 추기경들이 비밀리에 교황을 선출하는 방식인 콘클라베는 황제가 교황 선출에 아예 관여하지 못하도록 하려는 데서 비롯했다. 루터의 종교개혁을 충분히 이해하려면 구텐베르크 인쇄술 혁명을 알아야 하는데, 금속에 잘 들러붙고 금세 마르는 잉크 기술이 있었기에 그 모든 일이 가능했다는 점까지 알면 역사 공부가 더 흥미로워진다. 역사적 사건에는 촉발 원인과 근본 원인이 있다. 칠레 산호세 광산 붕괴의 촉발 원인은 부실한 갱도 시설이지만 근본 원인은 안전 비용과 인건비를 대폭 줄여서 이윤을 높이고자 했던 자본가의 탐욕과 그것을 방관한 정부의 민영화 정책이다. 1차대전의 촉발 원인이 사라예보 사건이라면 근본 원인은 제국주의 세력의 권력 팽창이다. 주체할 수 없는 거대한 힘이 주어질 때 그것을 다 쓰고야 마는 것이 인류의 비극 같다.

우리는 역사가 어떻게 전개될지 쉽게 예측할 수 없다. 인간에겐 때로 얄궂은 운명이 닥치는데, 기원전 49년에 로마 군대를 이끌고 로마로 진격한 로마 장수 카이사르는 폼페이우스를 비롯한 공화정 세력을 제거하고 정권을 찬탈했으나 자신이 죽인 폼페이우스의 동상 앞에서 피살됐다. 강력한 형벌로 사회 안정을 도모했던 법가 사상가 공손앙은 사지를 찢어 죽이는 잔인한 형벌인 거열형을 만들었는데 공교롭게도 거열형으로 죽었다. 옥수수의 고향인 멕시코가 유전자 조작 옥수수에 점령당하는 것도 역사의 아이러니다. 미래를 예측하기는 어렵지만 역사 전개의 보편성은 파악 가능하다. 에스파냐의 작은 마을 게르니카에서 벌어진 비극과 한국의 작은 마을 노근리에서 벌어진 비극은 본질이 같다. 엘살바도르의 엘모소테 학살 사건은 한국의 제주도 4·3 학살 사건과 무척 흡사하다. 이런 사건은 세계 도처에서 언제든 일어날 수 있다.

칠레 시인 네루다는 마추픽추 정상에서 "나는 칠레인이자 페루인이자 아메리카인이다"라고 읊었다. 우리는 동아시아의 공통 유산을 계승한다는 점에서 동아시아인이지만, 근대 사상과 국민국가 체제와 자본주의를 공유한다는 점에서 유럽인이나 아메리카인과 비슷한 점이 훨씬 많다. 개인이나 집단은 저마다 조금씩 다르지만 인류라는 범주로 보면 대개 비슷하다. 특수성을 알아야 보편성도 파악할 수 있고, 보편성을 알면 특수성도 잘 이해된다. 역사라는 관문은 인문교양이라는 목적지로 가기 위한 아주 훌륭하고도 미더운 통로이며, 서양사라는 문은 현대 세계를 이해할 수 있는 좋은 안내자다. 이 책이 그 여정의 동반자가 되면 좋겠다.

2014년 11월

이강룡

1부 | 고대 세계

13만 년 전부터 지구에 공존하던 두 종족인 네안데르탈인과 호모사피엔스는 각자 방식으로 환경 변화에 맞섰으나 결국 현생 인류인 호모사피엔스만 살아 남았다. 네안데르탈인이 몸을 강인하고 크게 키워서 변화에 대처한 반면 호모사피엔스는 오히려 몸집과 두뇌 용량을 줄여서 불필요한 에너지 낭비를 줄이고 동족 간의 의사소통 기술을 발전시키는 전략을 택했고 성공을 거두었다. 인류 진화는 가혹한 환경 조건에 적합하게 자신을 맞춰간 역사로서, 강하고 현명한 종족이 살아 남은 게 아니라 살아 남은 종족이 강하고 현명했다는 결과론의 역사였다.

신석기는 생존이 최고 가치였던 인류의 삶에 새로운 가치가 부여된 시기다. 처음으로 잉여 생산물이 발생하면서 공동체에는 교환, 거래, 이윤 추구, 대량 생산, 장거리 운송 같은 자본주의적 경제 시스템의 원시적인 개념들이 잉태됐고, 구석기인들이 본 대로 표현하는 구상 단계에서 머물렀다면 신석기인들은 대상에서 본질적인 속성을 이끌어 내어 표현하는 추상 단계로 나아감으로써 인간 정신의 대전환을 이루었다. 인간 정신의 전개 과정은 추상적 사고가 정교해지는 과정이라고 해도 무방하다. 그러나 인류에게는 식량을 안정적으로 해결하는 일이 여전히 가장 중요한 과제였다. 인간은 야생 동물을 길들이는 법을 터득함으로써 젖과 알과 고기와 내장과 피와 뼈와 털과 심지어 똥까지 얻어 썼다.

강 사이의 땅이라는 뜻을 지닌 말인 메소포타미아는 티그리스 강과 유프라테스 강 사이의 비옥한 지역을 가리킨다. 문자와 도시국가와 금속기는 문명의 3대 요소인데 이 비옥한 초승달 지대에서 본격적인 인류 문명이 꽃을 피웠다. 메소포타미아 남부 지역인 수메르의 도시 이름인 '우르'는 도시의 대명사가 되어, '우르처럼 된다urbanization'는 말역시 '도시화' 또는 '문명화'와 비슷한 뜻으로 쓰이게 되었다. 메소포타미아 일대가 홍수의 불규칙한 범람으로 골치를 썩었다면 이집트 나일 강 일대는 규칙적인 범람 덕에 풍요를 구가했다. 이집트 유물에 고양이 그림이 자주 나오는 것을 보면 쥐가 파먹을 곡식이 넘쳐났다는 것을 미루어 짐작할 수 있다. 우리가 현재 아는 고대 이집트 문명은 우리에게 이제껏 알려진 적은 문헌과 적은 유적으로 유추한 극히 일부분에 불과하다. 유럽의 반대편인 아메리카 대륙의 마야 문명을 이해하려면 우리는 상상력에 주로 의존할 수밖에 없다. 현존하는 마야 문헌은 에스파냐 침략자들이 다시 정리한 2차 자료뿐이기 때문이다. 마야 문명을 없애기 위해 마야를 연구했던 에스파냐인들이 기록한 자료를 참조해야 하는 역설이 역사 연구에는 드물지 않게 벌어진다.

고대 그리스 문명은 인간이 닿을 수 없던 초월적인 신화 세계를 인간이 이해할 수 있는 신화 세계로 바꾸어 놓았다. 세계의 본질을 탐구하려는 인간적 시도는 철학과 자연학에 활력을 불어넣었다. 인간의 인식 능력으로 차근차근 앎이 체계화되었고 자연학에서 시작하여 철학에 이르기까지 '학'이 성립되기 시작했다. 하늘에 머물던 철학을 지상으로 가져온 철학자는 인류의 영원한 스승인 소크라테스였다. 인류의 보편적인 앎과

기원전 1만5천년경
최초로 농사를 지음

기원전 1750년
함무라비 법전 편찬

기원전 753년
로마 건설

기원전 334년
알렉산드로스 동방 원정 시작

기원전 73년
스파르타쿠스 노예 반란

기원전 49년
카이사르 로마 점령

기원전 31년
악티움 해전

313년
그리스도교 공인

보편적인 올바름에 관해 궁리한 소크라테스의 말은 제자인 플라톤에 의해 기록되었다. 추후에 르네상스 운동이 회복하고자 하고 추구하고자 했던 것도 인간의 이성 능력에 대한 믿음이 중시되던 그 세계관이었으며, 그 고향은 언제나 고대 그리스였다.

카르타고를 무찌르면서 지중해의 패권을 차지한 로마는 율리우스 카이사르가 집권하면서 제국으로 재편되었다. 독재자의 등장은 오래 이어오던 로마의 공화정 전통을 깨뜨렸고 제국은 점점 더 확장됐다. 가난한 자들의 종교로 시작한 그리스도교는 선지자 예수의 가르침을 열렬히 전파한 바울 같은 사도들 덕에 로마제국의 민중 속으로 깊이 파고들었다.

1장 – 문명의 탄생

인류의 출현: 현생 인류의 인간되기 결승전

현생 인류는 개인 전술에 의존하기보다 조직력을 높임
으로써 토너먼트에서 다른 팀을 계속 제압했다.

침팬지는 생물학적으로 고릴라보다 현생 인류인 호모사피엔스와 훨씬
가깝다. 약 950만 년 전까지 고릴라와 같은 종이었던 침팬지와 호미니드
는 750만 년 전쯤 각자의 길을 갔다. '호미니드'란 인간류로 진화한 종을
가리키는 말로 원시인과 현대인을 모두 일컫는다. 인류는 활동의 효율성
을 더 높이려고 네 발 보행이 아닌 두 발 보행을 선택했다. 두 발로 서면
신체에 부담을 주고 많은 에너지를 필요로 하지만 전에는 상상하지 못
한 많은 일을 해낼 수 있다. 약 300만 년 전 출현한 오스트랄로피테쿠스
아파렌시스는 엄지에 중대한 역할을 부여함으로써 경쟁자를 이겼다. 다
른 호미니드의 엄지는 나뭇가지를 움켜쥐기에는 적당하지만 정교한 작
업을 하거나 물건을 던지기에는 적절하지 않았다. 오스트랄로피테쿠스
는 엄지를 발달시켰고 도구 사용을 위한 중요한 조건을 마련했다. 200만
년 전에 등장한 호모하빌리스는 턱이 무척 발달한 호미니드다. 강력한
턱 관절을 지녔기에 고기나 채소를 더 잘 찢고 잘게 부술 수 있었다. 100
만 년 전쯤 등장한 호모에렉투스는 '바비큐'나 '샤부샤부' 같은 요리법을

호미니드 화석

고안함으로써 소화 흡수율까지 높였다. 호모에렉투스는 선배들보다 몸집을 60퍼센트 정도 키웠지만 치아 크기와 내장 용량은 커지지 않았다. 효율성을 높였기 때문이다. 불을 능숙하게 다룰 수 있게 된 것이 이를 가능케 했다. 생고기를 씹는 것보다 익힌 고기를 씹는 것이 더 쉽고 소화도 잘 된다. 게다가 치아는 더 작고 날카로우며 단단하게 진화했기에 육류와 섬유질을 섭취하는 것이 더 수월해졌다.

아직도 미궁인 두 종의 성관계

20만 년 전쯤 현생 인류인 호모사피엔스가 출현했는데 3만 년 전부터는 다른 호미니드의 자취는 사라졌다. 호모사피엔스와 마지막으로 치열하게 경쟁한 상대는 네안데르탈인이었다. 13만 년 전부터 3만 년 전까지지구에 잠시 머문 네안데르탈인은 유럽 대륙에서 호모사피엔스와 충돌하며 '현생 인류' 우승컵을 놓고 결승전을 벌였다. 네안데르탈인이 현생인류와 조우한 이후 벌어진 경쟁 구도는 학자들뿐 아니라 작가들에게도호기심을 크게 불러일으켰다. 이들 간에 성관계가 이루어졌는지, 어떤 후손을 낳았는지 여부는 중요한 논쟁거리로 남아 있는데, 설사 두 종이 결합해 후손을 낳았다고 가정하더라도 현생 인류의 진화에 영향을 미칠 만

큼 중대한 변화는
일어나지 않았던 것
같다.

네안데르탈인(좌)과 호모사피엔스(우)

네안데르탈인은
덩치와 뇌의 용량
모두 호모사피엔스
보다 컸다. 뇌는 몸
이 쉬고 있을 때도
전체 에너지의 20퍼
센트를 늘 잡아먹기
때문에 유지비가 무척 많이 드는 기관이다. 꾸준히 증가하던 호미니드의
뇌용량은 네안데르탈인에 이르러 정점을 찍었는데, 호모사피엔스의 뇌
용량은 이전 호미니드에 비해 오히려 줄어든다. 동물 사냥에 거의 모든
에너지를 쏟은 네안데르탈인에 비해 호모사피엔스는 사냥뿐 아니라 채
집을 비롯해 다양한 경로로 식량을 획득하고자 했다. 위험을 분산한 것
이다. 네안데르탈인이 '찌르는' 창만 사용한 반면 호모사피엔스는 이미
'던지는' 창을 사용했다. 좀 더 안전한 공격 기술을 개발했던 것이다. 그
렇지만 다른 모든 요인보다 중요한 사실은 호모사피엔스가 언어 능력에
서 네안데르탈인보다 훨씬 뛰어났다는 점이다. 네안데르탈인보다 훨씬
정교하게 언어를 구사한 호모사피엔스는 자신들이 몸소 겪은 생존 정보
와 전투 기술을 공동체와 후손에게 전달했다. 세대를 거듭할수록 두 종
사이의 경쟁력 차이는 벌어졌다.

승패를 결정한 건 에너지 효율

현생 인류가 네안데르탈인과 뚜렷이 구별되는 또 한 가지 특징은 동족이 죽었을 때 정교한 매장 의식을 치렀다는 점이다. 장례 절차를 거치며 이들은 강한 유대감을 경험했을 것이며, 여기서 기원한 조상 숭배 의식은 공동체 유지에 필수적인 엄격한 지배 질서를 구축하는 데 기여했을 것이다. 인류의 진화 과정에서 급격한 발전이 이루어진 시기는 대개 기후 변화를 비롯해 생존 환경이 악화되었을 때였다. 모험심 많은 호미니드 중 하나가 안락한 숲을 박차고 나옴으로써 인류의 조상이 됐지만, 길고 긴 '인간되기' 토너먼트에서 우승을 차지하려면 용기만으로는 부족했다. 다른 호미니드보다 더 정교한 도구를 만들어야 하고, 다른 호미니드보다 더 효율적으로 에너지를 다루어야 하며, 다른 호미니드보다 더 원활한 의사소통 체계를 갖추어야 했다. 무엇보다 동족과 더 잘 협력한 호미니드가 매번 이겼다. 인간은 인류일 때 더 인간다우며 가장 강하기 때문이다.

History Tip

1856년에 도이칠란트의 네안데르 계곡에서 발견된 호미니드 화석에 네안데르탈인(호모네안데르탈렌시스)이라는 명칭이 부여됐다.

선사 시대: 먹을 게 남아도는 것이 시작

잉여는 교환을 낳고 교환은 인간의 삶을 풍요롭게 만든
다. 선사 시대는 문자만 없었을 뿐이지 현대인이 누리는
모든 풍요가 싹튼 시기다.

생산력이 급격히 증가할 때 인류 역사는 급격한 발전과 변화를 겪는다.
생산력 증대는 생산물의 잉여를 낳는다. 처음으로 먹을 게 남아돌았다.
신석기인은 농경을 위해서 정착 생활을 하면서 사상 처음으로 생존에 필
요한 양보다 더 많은 것을 생산하게 되었다. 잉여 생산물을 다른 부족과
교환하는 과정에서 시장과 가격 개념이 등장했다. 교환하기 위해서 잉여
생산물을 담을 별도의 용기가 필요하다. 자연스레 바구니 직조술과 토기
제조술이 발전한다. 수분이 포함된 식재료를 담아두거나 옮기는 데는 토
기가 사용됐는데, 토기는 큰 충격을 이길 수 없기 때문에 식량을 멀리 운
반하려면 더 단단한 그릇이 필요하다. 진흙을 센 불로 오래 달구면 수분
은 날아가고 단단한 인공 돌이 된다는 사실을 신석기인은 발견했다.

잉여 생산물이 초래하는 거대한 변화

생산 과정에서 노동력이 얼마나 들어갔는지 비교하면 생산물에 가격을
매길 수 있을 것이다. 카를 마르크스가 『자본』제1권 제1장 제1절에서 규

신석기 시대 토기 제조술의 발전을 엿볼 수 있는
빗살무늬 토기 유물

정한 상품의 '가치' 개념이 바로 이것이다. 예를 들어 옥수수 한 포대를 생산하는 데 들이는 노력보다 쌀 포대를 생산하는 데 들이는 노력이 두 배 정도 되기 때문에 시장에서는 옥수수 두 포대와 쌀 한 포대가 교환된다. 훗날 메소포타미아와 이집트에서 만개하는 화폐 경제의 서막이 이때부터 싹을 틔우기 시작한 것이다. 잉여는 교환을 낳고 교환은 경쟁을 낳는다. 생산자의 일부는 생산하는 일을 더 이상 하지 않고 생산물을 다른 곳에 전달하는 역할을 전문으로 맡게 되었다. 유통업자가 출현함으로써 역사에서 처음으로 생산과 유통이 분리됐다. 유통이 전문 분야로 자리잡고 마을 사이의 교역량이 늘어나자 생산 분야는 더욱 정교해졌다. 여기서 전문 도공, 전문 직공, 전문 석공이 등장한다. 생산의 전문화란 달리 말하면 분업화를 의미한다. 애덤 스미스는 『국부론』의 서두에서 분업을 자본주의의 지탱 원리라고 말했는데 이때에 처음 시작된 것이다.

다른 생산물에 비해 먹을거리는 시간이 지나면 쉽게 썩는 치명적 단점을 지닌 상품이다. 식량을 오래 보존하는 건 그날 생존하는 것에 급급했던 원시인의 본능이었을 뿐만 아니라, 시장에 출현한 진화한 인류가 풀어야 할 어려운 과제이기도 했다. 다른 식량을 제치고 곡류가 인간의 주식이 된 중요한 이유는 채소나 고기 같은 다른 식량보다 더 오래 보존할 수 있고 언제든 시장에서 다른 물건과 교환할 수 있는 장점을 지닌 상품이기 때문이다. 그렇다고 인간이 곡류만 생산할 수는 없는 노릇이다. 사람들은 고기를 오래 보존할 수 있는 방법을 궁리했다. 고기를 썩히지 않고 신선한 상태로 가장 오래 보존할 수 있는 방법이 무엇일까? 신석기인은 가장 쉽고 명료한 답을 찾았다. 살려 두면 된다. 신석기인은 야생 동물을 길들이는 방법을 찾아냈다.

사회계약의 원류 역시 신석기

생산 분야의 전문화, 유통 질서의 형성, 재화 재분배 과정에서 계급이 형성되기 시작했다. 생산 수단의 소유 여부에 따라 강자와 약자의 구도가 재편됐다. 장 자크 루소가 『인간 불평등 기원론』에서 인류의 불행이 시작됐다고 지적한 시기가 바로 원시적 사유 재산 개념이 형성되던 이때다. 달리 말하면 신석기인들이 처음으로 빼앗거나 지킬 가치가 있는 부를 산출했다는 말이다. 교역과 유통에서 발생한 갈등은 때로 합리적으로 해결되지 않고 무력 행사나 약탈로 끝나곤 했다. 기원전 7350년경 인구 2천명이 자급자족하는 부유한 도시였던 요르단 강 서안의 예리코에는 높이 9미터에 길이 700미터에 이르는 거대한 성벽이 도시 중앙부를 감싸고 있었는데, 이는 주민들의 잉여 농산물과 힘들여 기른 가축을 다른 부족에게 약탈당하지 않도록 안전하게 보존하기 위함이었다. 시민의 생명과 재산을 보호하는 강력한 통치자를 상호 합의하에 세우는 것은 홉스, 로크, 루소 등 사회계약론자들이 내세운 정부 형성의 근본 원리다. 그렇다면 사회계약의 원류 역시 신석기에서 찾아야 한다. 성의 관리자는 생산자들이 묵인한 불평등한 재화 분배의 정점에서 강력한 지배자로 변해갔다.

신석기인이 이전 인류와 또 달랐던 점은 추상적 사유를 발전시켰다는 것이다. 추상적 사유란 눈에 보이는 대상들에서 보이지 않는 공통 개념을 도출해 낼 줄 알았다는 걸 뜻한다. 화폐 개념을 도출하려면 추상적 사유가 필요하다. 가령 옥수수 두 포대 또는 쌀 한 포대가 똑같이 '조가비 10개'에 해당하는 가치를 지녔음을 알아야 한다. 고대 문명이 탄생한 메소포타미아와 이집트에서도 추상 개념은 완전히 성숙하지 않아 일부 지역에서는 양 세 마리와 소 세 마리를 세는 단위가 달랐다. 이런 점에서 보면 인류 역사는 인간 정신의 점진적 발전 과정, 즉 정교한 추상화에 이르는 지루한 역사인 셈이다. 내세에 대해 관념이 싹트고 원시 종교가 태동한 시기도 신석기다. 신석기 어느 시점에 먹을 게 남아돌면서 물질적 조건에서 비롯해 정신 세계까지 모두 뒤흔든 이 모든 변화가 시작되었다. 인간의 도구가 청동기로, 그리고 철기로 바뀌며 문명은 또 다른 변화를 겪었지만 신석기 농업 혁명이 낳은 사회 구조와 기본 생활 양식은 변한 게 별로 없다.

History Tip

동물을 길들여 기르면 젖, 알, 털을 계속 얻을 수 있고 노동력과 운송 수단으로도 활용할 수 있으며 배설물을 땔감으로 쓸 수 있다. 동물을 잡으면 고기뿐 아니라 뼈, 뿔, 가죽, 힘줄, 내장도 얻을 수 있다.

역사 시대: 금속기, 도시국가, 문자가 만든 문명

금속기는 경제 측면, 도시국가는 정치 측면, 문자는 문
화 측면을 보여주는 것으로 어떤 문명이든 이 3요소를
갖추어야 완전한 국가로 성장할 수 있었다.

기원전 4천 년경에 사람들은 석기와 더불어 금속기를 사용하기 시작했
다. 구리를 1천 도 이상 가열하면 원하는 형태로 가공할 수 있지만 성질
이 너무 무르기 때문에 주로 장신구용으로만 쓰였다. 서아시아에서 농경
에 금속 쟁기를 사용한 흔적은 기원전 3천 년경에 등장하는데 이 시기에
구리와 주석을 합금해 날카로우면서도 단단함을 잃지 않는 금속인 청동
을 만드는 기술이 탄생했다. 청동은 무기 양산을 가능케 했다. 말이 끄는
병기인 전차도 청동 기술 덕에 위협적인 무기가 되었다. 당시 전차의 등
장은 1차 세계대전에서 탱크가 등장한 것만큼이나 위력적인 일이었다.
전차에 오른 두 사람 가운데 한 사람이 고삐를 잡고 전차를 몰아 적을 향
해 돌진하는 동안 다른 한 사람은 적을 향해 화살을 날리거나 창을 던질
수 있었다. 신속한 이동과 적에 대한 원거리 타격이 동시에 가능했다. 금
속기와 전차로 무장한 도시국가는 기술에서 열세를 보인 중소 도시를 차
례차례 병합했다. 왕이 죽으면 백성들은 그가 살아 있을 때 사용한 장신
구와 술잔, 그리고 검과 전차까지 함께 묻었다. 금속기와 함께 전성기를

구가한 자신들의 통치자를 기리는 의식이었다.

국가 통합의 필수 조건인 문자

서구에서 도시란 말은 구약성서에 나오는 우르에서 시작됐다. 구약성서에 따르면 여러 민족의 조상인 아브라함은 '갈대아 우르Ur of the Chaldees'에서 가나안으로 들어간 것으로 돼 있다. 갈대아 우르는 이라크 유프라테스강 중류에 있는 도시고 가나안은 이스라엘 지역이다. 이 '우르'가 수메르어로 도시라는 말이다. 우르는 군인 사제 농민 노예 등 다양한 사람들이 살아가는 큰 도시였다. 전쟁이 벌어지면 두 필의 말이 끄는 전차에 두 명 정도가 올라타고 출전해 적을 무찔렀다. 평화 시에는 노예와 농민이 농사를 지었고 소와 양 등 여러 가축도 길렀다. 식량은 넘치고 그런 생산 구조 위에 군림하는 사제와 지배자들은 풍요로웠다. 서구에서 '우르처럼 만든다'는 뜻의 도시화urbanization란 말은 곧 문명화civilization의 다른 표현이다. 도시화는 서구뿐 아니라 모든 문명이 발전하면서 공통으로 갖추는 특징이다. 도시국가가 된다는 것은 문명이 폭발력을 갖춘다는 말과 같다. 도시국가는 작은 촌락을 통합한 대도시다. 신석기 시대 촌락 중 가장 성대한 도시인 요르단 강 서안의 예리코 유적에는 기원전 8천 년에 이미 3백여 명이 거주한 흔적이 발견되며, 이곳은 나중에 적어도 2천 명이 자급자족하는 도시국가로 성장해간 것으로 추정된다. 금속기 시대에 들어서서 도시 규모는 더 커졌다. 고대 도시국가가 갖춘 시스템은 오늘날 국민국가의 시스템과 매우 비슷하다.

문명을 건설하는 데 필수적인 것이 도시국가와 금속기라면, 문명을 유지하고 발전시키는 데 필수 조건은 문자다. 메소포타미아의 수메르인들이 처음으로 독창적인 쐐기 모양 문자를 고안했다. 문자의 발전은 사유 능력의 발전을 의미하므로 우리는 문자를 매개로 그 문자가 사용된 문명의 수준을 미루어 짐작할 수 있다. 국가를 통합한 다음 국가 역량을 보존하고 전수하려면 문자가 필요한데, 이집트에 문자가 등

쐐기 문자로 수메르인들이 독립된 문명을 발전시켰음을 알 수 있다.

장한 시기가 이집트 통일 직전인 기원전 3100년 무렵이다.

3요소를 두루 갖춘 미국의 번영과 중국의 약진

우리가 현재 아는 고대의 모습은 지금까지 발견된 문자 기록으로 재구성한 세계다. 문자 기록의 여부에 따라 역사와 선사를 구별한다. 그런 면에서 인류 문명의 역사는 고작 4,500년이다. 언어 연구자들은 기원전 4천 년경에 3천만 명이 1만여 종의 언어를 사용하며 살았을 것이라고 추정한다. 21세기 지구에는 3천 개에 달하는 언어가 존재하는데 이중 90퍼센트는 향후 100년 이내에 사라질 것이라 한다. 패권을 쥔 문명은 말과 글까지 지배한다. 이것은 콜론(콜럼버스) 이래 세계의 언어 지도를 재구축한 서구 열강이 이미 증명한 냉혹한 역사적 사실이다. 20세기 이래 세계의 패권을 쥐고 있는 미국은 도시국가(통합된 넓은 영토), 금속기(발전한 소프

트웨어 기술, 우주공학), 문자(세계 공용어인 미국식 영어)를 두루 갖추고 있다. 그 3요소를 두루 갖춘 중국도 21세기의 초강대국으로 부상하고 있다.

History Tip

'해日'라는 한자와 '달月'이라는 한자가 만나면 '밝음明'이란 새로운 말이 만들어진다. 메소포타미아의 문자 중에도 '위대하다gal'는 말과 '사람lu'이란 말이 합쳐져 '왕lugal' 이 된 사례가 있다.

메소포타미아 문명 : 함무라비, 정의를 세우다

'정의란 과연 무엇인가', 3700년 전의 한 군주는 이 문제를 늘 궁리했다. 그가 건설한 제국은 영속하지 못했지만 그가 구축한 법률은 유구하게 생명을 이어가고 있다.

메소포타미아는 '강 사이에'라는 뜻으로 티그리스 강과 유프라테스 강사이 지역을 가리킨다. 수메르는 메소포타미아의 중심 문명을 이루었던 남부 지역을 가리킨다. 기원전 3천 년에서 2천 년 사이에 지어졌다고 하는 『길가메시 서사시』는 수메르 시대의 사고와 생활상을 보여주는 희귀한 기록으로 19세기 고고학자들이 발굴했다. 여기에는 메소포타미아의 도시국가 우룩을 다스린 왕 길가메시의 이야기가 실려 있는데, 생명, 죽음, 사랑, 투쟁 등 인간의 본질적인 문제를 두루 다루고 있다. "지금부터 길가메시의 행적을 알리노라. 그는 모든 것을 알았고 세상 모든 나라를 알았던 왕이다. 슬기로웠으며, 신비로운 사실을 보았고, 신들만 알던 비밀을 알아냈고, 홍수 이전에 있던 세상에 대해 알려 주었도다. 그는 긴 여행 끝에 피곤하고 힘든 일에 지쳐 돌아와 쉬는 중에 이 모든 이야기를 돌위에 새겼도다."

내치와 외치를 겸비한 왕 함무라비

문자 기록은 그것이 실제 사건의 기록이든, 문학적 표현이든 모두 중요하다. 당시 살던 사람들의 생각을 반영한 것이기 때문이다. 바빌론 왕 함무라비(재위: 기원전 1792년~1750년)는 수메르의 습속과 사회 규범을 면밀히 검토해 나중에 정교하고 강력한 법률을 만든다. 함무라비는 통치술과 외교력을 발휘해 여러 민족으로 이뤄진 메소포타미아 지역의 여러 도시국가를 차례로 정복해 나갔다. 메소포타미아 지역은 세계 4대 문명 발상지 가운데 하나로 비옥한 농경지를 갖추고 있었다. 하지만 평야 지대라 경쟁 관계에 있는 인근 도시국가는 물론 외곽의 산악 지대나 강 상류의 강대한 세력이 빈번하게 침략해 오곤 했다. 수십 개 도시국가가 두 강 사이의 평야 지대에 높다란 성벽을 쌓고 도시국가를 건설해 경쟁했다. 이른바 중동판 전국시대라 할 만했다. 바빌론의 왕 함무라비는 먼저 북쪽의 강력한 경쟁자인 아시리아와 우호 관계를 맺은 뒤 자기 지배 아래 있는 여러 도시국가의 성벽을 구축하고 보강하는 데 온 힘을 기울였다. 운하를 새로 만들고 보수해 농업 생산을 높이고 각 도시의 인구를 늘려 나갔다. 당시는 농업 생산과 인구가 바로 국력이었다. 그렇게 왕은 치세의 전기와 중기 30년을 내치와 국력 신장에 집중했다. 즉위 30년 되던 해 드디어 함무라비는 남방의 숙적 라르사를 향해 진격했다. 함무라비가 라르사를 격파하자 수메르 지역의 여러 도시국가들이 다투어 그의 지배 아래 들어왔다. 행운도 따랐다. 동맹을 맺었던 아시리아의 왕이 갑자기 죽어버렸다. 결국 아시리아를 무혈 합병했다. 왕은 여세를 몰아서 즉위한 지 39년 만에 전 메소포타미아의 통일을 이룩했다.

신분 질서에 맞춘 '눈에는 눈 이에는 이'

함무라비는 나라의 안정과 번영을 위해 정교하고 강력한 법률을 문서화했다. "정의를 온 나라에 빛나게 하기 위해, 나쁜 자를 멸망시키기 위해, 강자가 약자를 억누르지 못하도록 하기 위해, 과부와 고아가 먹을 것이 부족하지 않도록 하기 위해, 평민이 악덕 관리에게 해를 입지 않도록 하기 위해" 왕이 아닌 법률이 백성을 지켜줄 것이라고 선언했다. 총 282조로 구성된 『함무라비 법전』 가운데 몇 가지 항목을 살펴 보자.

함무라비 법전비. 석비 상부의 우측은 옥좌에 걸터앉은 정의의 신 '샤마시', 좌측에는 함부라비가 서서 법전을 받는 모습이 양각으로 새겨져 있다.

　제22조: 강도질을 한 사람이 붙잡혔다면 그 사람은 죽여야 한다.

　제195조: 아들이 자기 아버지를 때리면 그 손을 자른다.

　제196조: 남의 눈을 멀게 하면 가해자의 눈을 멀게 한다.

　제198조: 평민의 눈을 멀게 하거나 뼈를 부러뜨리면 은 1마나를 지불한다.

　제199조: 노예의 눈을 멀게 하거나 뼈를 부러뜨리면 은 2분의 1마나를 지불한다.

『함무라비 법전』은 대략 다음과 같은 특징을 지녔다. 먼저 신분에 따른 차별 규정이다. 법전은 왕국 안의 계급 사회라는 현실을 받아들여 계급에 따른 차별 규정을 뒀다. 같은 죄를 범해도 범죄자의 신분에 따라 그 형벌을 다르게 했다. 오늘날 통념으로는 매우 불평등하고 불합리하다. 그러나 계급 사회에서는 그것이 공평한 것이었다.

해를 입은 만큼 복수를 한다는 것은 '눈에는 눈, 이에는 이'라는 형식과 정신이 그대로 반영됐다는 의미다. 복수법이라고 해서 폭력적인 악법이라고만 보아선 안 된다. 규정에 따른 복수는 피비린내 나는 복수전과 섬멸전을 막는 효과를 거두었다. 『함무라비 법전』은 세계 최초 성문법으로서 역사적인 의미를 지닌다. 법전은 여러 경우에 사형이나 사지 절단과 같은 가혹한 처벌을 부과하고 있다. 그와 동시에 무죄 추정 원칙과 증거주의 등 현대 법체계에서 그대로 채택하는 원칙을 이미 반영하고 있다.

History Tip

법전을 공공 장소에 비석 형태로 설치한 것은 함무라비의 아이디어였다. 법률을 기록한 비석은 나중에 바빌론을 정복한 페르시아인들에 의해 옮겨졌다가 현재는 프랑스 루브르 박물관에 전시돼 있다.

이집트 문명: 나일의 풍요가 낳은 세계관

인류 문명 중 동질적인 문명을 가장 오랫동안 유지한 곳은 이집트다. 이집트 문명의 기본 성격은 3천 년이 넘도록 별로 변하지 않았다.

빙하기가 끝날 무렵 지구상에서 문명을 꽃피울 만한 지역은 두 군데 정도뿐이었을 것 같다. 아프리카 중앙부에서 지중해 쪽으로 흘러가는 기나긴 나일 강 유역과, 메소포타미아와 이란 남부를 거쳐 멀리 인더스 강까지 이어지는 '초승달 지역'이다. 중국의 황허 문명만 예외적으로 특수한 지역에서 일어났다. 6650킬로미터에 달하는 세계에서 가장 긴 강 나일은 고대 문명 시기에 해마다 범람하며 나일 계곡에 사는 사람들에게 기적을 안겨줬다. 르완다까지 거슬러 올라가는 머나먼 상류부터 수단 등의 중류를 거치며 양분 많은 토양을 하류 지역에 풍부하게 날라다 줬기 때문이다. 강의 경로만큼이나 다양한 영양분이 해마다 넉넉히 쌓여 평야는 밀과 보리 재배에 더없이 적합했다. 이집트 사람들은 대체로 나일의 홍수량이 7.6~8미터 정도면 그해에 풍년이 들 것이라고 예측했다. 이집트 벽화에 고양이 그림이 자주 나오는 까닭은 쥐가 파먹을 곡식이 여기저기에 넘쳤다는 사실을 알려준다. 풍부한 농산물과 외침을 적게 받는 지형적 조건은 이집트만의 독특한 문명을 형성하게끔 했다. 바로 지독한 보수주의였다. 이집트 통치자들은 늘 이렇게 말했다. "어떤 일이 잘 운영되고 있으면 그게 무엇이든 고치려 하지 마라."

풍요의 강, 기적의 강

이집트인들이 또 하나 치열하게 집착한 것은 사후 세계다. 피라미드를 비롯해 여러 신전과 미라, 엄청난 벽화와 상형 문자, 부장품 등은 모두 죽음 이후의 세계를 향한 이집트인들의 끝없는 기대와 예찬 속에서 만들어졌다. 그들은 현세의 번영을 내세로 이어가고 싶었다. 이집트의 농업을 뒷받침하는 태양은 하루를 주기로 정확하게 어둠 속에서 되살아나고, 1년을 주기로 정확하게 계절의 순환 및 재탄생을 경험시켰다. 그래서 태양신을 가장 중요하게 생각했으며 다른 고대 문명과 달리 1년을 365일로 보는 태양력을 사용했다. 이것을 기초 삼아 나중에 율리우스 카이사르가 로마로 가져가 율리우스력으로 만들어 보급했다. 나일 강은 나일 강대로 해마다 정확하게 7월이면 예측 가능한 수준만큼 범람했다.

이런 풍요로운 환경 속에서 현실의 고통에서 벗어나려는 내세 지향이 아니라 현실의 행복을 내세까지 이어가려는 경향을 띤 내세 지향 종교가 번성했다. 위로는 파라오부터 아래로는 신관과 귀족, 심지어 평민에 이르기까지 모두 사후 세계로 무사히 건너가 영생을 누리는 문제에 골몰했다. 이에 반해 메소포타미아의 종교는 현세적이고 기복적인 성격이 강했다. 지금 여기에서 복을 구하려 했다. 내일과 장래를 기약할 만큼 삶과 조건이 녹록치 않았기 때문이다. 실제로 티그리스 강이나 유프라테스 강은 상류에 홍수가 나면 며칠 뒤 하류 지역에 거칠고 무서운 범람을 가져왔다. 메소포타미아 사람들이 홍수를 '신의 징벌'이라고 부른 반면 이집트

고대 이집트인들의 내세관을 엿볼 수 있는 피라미드와 스핑크스(위), 고대 이집트인들이 사용하던 상형 문자(아래)

사람들은 '신의 은총'이라고 불렀다.

서서히 드러날 이집트의 거대한 실체

피라미드는 왕의 영생을 기원하는 건축물이다. 왕이 죽은 뒤에도 그 죽음을 극복하고 이집트에 은혜를 베풀어 달라는 기대가 담겨 있다. 기원전 1550년부터 1075년까지의 신왕조 시대에 조성된 '왕가의 무덤'에서 발견된 문서에는 이런 구절이 있다. "태양신의 아들인 왕이시여, 죽은 뒤 아버지 태양신에 이르기 위해 죽음의 세계를 여행하며 만나게 될 수많은 위험을 잘 극복하소서." 죽은 왕의 몸에는 호신용 부적이 많이 붙여졌다. 사람들은 죽은 뒤 왕조차 피할 수 없는 과정인 신의 심판이 기다린다고 생각했다. 죽은 자는 사후 세계의 지배신인 오시리스와 아누비스 앞으로 끌려가 자기 심장을 천칭의 한쪽에 올려놓아야 한다. 천칭의 다른 한쪽에는 놀랍게도 질서와 진리의 여신 마아트를 상징하는 깃털 하나만 올라

갈 뿐이다. 천칭이 균형을 이루면 죽은 자는 현세에서 고결한 삶을 살았다고 인정되어 오시리스의 환영을 받으며 사후 세계에서 영생을 누린다. 그렇지 않으면 혼은 공포의 괴물에게 먹혀 영원히 사라져 버린다.

사후 세계를 향한 염원 속에서 투탕카멘 왕의 장대한 지하 분묘에서 발견된 것과 같은 부장품들이 무수히 지하에 묻혔다. 일상용품, 식품, 가구, 놀잇감, 심지어 죽은 자를 모시는 하인의 옷도 함께 묻혔다. 이집트 사람들은 미라의 혼령이 나일 강 범람 때마다 되살아난다고 여겼다. 이집트 학자들은 대략 이집트 왕조 3천 년 동안 적게는 3천만 개, 많게는 1억 개에 이르는 미라가 만들어졌으리라고 추정한다. 2011년 5월에 전 세계 고고학자와 이집트 학자들을 깜짝 놀라게 하는 뉴스가 전해졌다. 미 항공우주국NASA이 후원한 연구소에서 적외선 영상으로 지하에 묻힌 이집트 피라미드 17기와 무덤 1천여 곳, 고대 거주지 3천여 곳을 찾아낸 것이다. 우리가 알고 있는 역사적 유물은 땅속에 있는 유적의 0.1퍼센트 정도 규모라고 한다. 그러면 우리가 이집트 사람들에 대해 알고 있는 사실은 그보다 훨씬 더 적다는 뜻이다.

History Tip 피라미드 건설은 파라오의 영생을 기원하는 역할뿐 아니라 나일이 범람하는 시기에 농민들이 궁핍해지지 않도록 하는 국책 사업 기능도 수행했다는 학설이 있다. 이 학설을 따르자면 영화 〈십계〉에 나오는 강제 노역도 실제로는 벌어지지 않았을 것이다.

마야 문명 : 옥수수로 흥하여 옥수수로 망하다

옥수수 생산량이 급증하던 시기에 번창한 마야 문명은
옥수수 생산량이 줄어들자 급속도로 쇠락했다.

마야 문명은 기원전 1500년 무렵 발흥하여 1500년대 중반까지 존속했다. 마야가 소설이나 영화의 소재로 활용되는 건 대개 마야 달력 때문이다. 할리우드에서 제작한 재난 영화 〈2012〉를 비롯해 각종 미스터리물에 종종 등장했던 2012년 종말론은 마야 달력에 근거를 둔 것인데, 마야 달력을 현재 우리가 쓰는 달력으로 변환해 보면 2012년 12월 21일 또는 23일경에 시간이 끝나기 때문이다. 그렇지만 철저히 현실지향적이었던 마야인들의 세계관에 비추어 보건대 어떤 의도를 갖고 종말 시점을 적은 건 아니었다. 수천 년 뒤의 일까지 관여할 만큼 현실이 한가롭지도 않았다.

우리가 아는 마야는 유럽인의 눈으로 본 마야

1562년에 유카탄 반도의 가톨릭 주교로 임명된 디에고 데 란다의 임무는 원주민을 가톨릭 교도로 만드는 일이었다. 란다 주교는 마야 문자를 주시했다. 문자에는 그것을 사용하는 사람들의 혼이 깃들어 있으니 이를 모두 없애버려야 한다고 여겼기에 마야 문헌을 닥치는 대로 불살라 없애

고대 마야인들이 하늘에 제사를 지내던 신전(위)과 마야 달력(아래).

버렸다. 마야 관련 문헌이 사본만 겨우 4권 현존하는 건 그 때문이다. 그러니 우리가 전해들은 마야 관련 지식은 대부분 유럽인의 관점에서 취사선택되고 걸러진 것이라고 보아야 한다. 마야라는 이름 역시 에스파냐인들이 붙인 것이다.

마야의 옥수수 신인 '운날예'는 그들에게 가장 신성한 존재였다. 마야의 성스러운 문헌인 『포폴 부』에는 신이 흙과 나무로 인간을 만들었다가 온전하지 못하여 옥수수 가루로 다시 인간을 빚었다는 이야기가 나온다. 마야인에게 옥수수는 신성한 주식이었다. 신성한 주식인 옥수수 잎 위에서 아기의 탯줄을 잘랐고 그 옥수수의 낟알을 파종했다. 어여쁜 소녀의 머리칼을 옥수수 잎에 빗대 표현했으며, 결혼 적령기에 도달한 성숙한 청춘 남녀를 '꽃이 핀 옥수수 꽁지' 같다고 표현했다. 장례에는 옥수수

부침과 옥수수 술을 마련했다. 옥수수는 마야였고 마야 문명은 옥수수의 축복 위에서 꽃을 피웠다. 인간에게 불을 전해준 서구의 프로메테우스 신화처럼 아스테카 신화에 등장하는 신 케찰코아틀도 옥수수를 인간에게 전해준 존재로 묘사된다. 옥수수를 보면 유카탄 반도에 기반을 둔 마야와 후대 문명인 아스테카의 동질성과 연속성이 드러난다.

특정 작물에 의존하는 농업 구조의 위험성

테오신테라는 야생 식물에서 개량된 옥수수가 식용으로 처음 재배된 것은 지금부터 3천 년 전쯤이라고 알려져 있다. 옥수수는 저지대에서 고산지대에 걸쳐 어디서든 잘 자라는 작물이다. 심어 놓고 기다리기만 하면 되고 농부 한 명이 한두 달만 일해도 4인 가족이 먹을 만큼의 옥수수를 생산할 수 있다. 고대 마야 왕국의 인구가 급증한 시기는 옥수수 생산량의 증가 시기와 일치한다. 갑자기 찾아온 마야의 몰락 역시 옥수수 생산량의 급감 시기와 맞아떨어진다. 경작하기 쉽고 수확량도 많은 옥수수의 장점은 결국 생산 다양성과 농업 기술 진보를 가로막는 요인으로 작용했고 마야를 몰락시키는 독이 되고 말았다. 화전 방식으로 옥수수 농사를 지은 것도 몰락의 원인이었다. 밭을 태워 땅을 기름지게 만드는 화전은 복구 시간이 오래 걸리는 비효율적 농사법이기 때문이다.

마야의 후예인 멕시코를 비롯해 비옥하고 광대한 토지를 보유한 라틴아메리카 국가들은 충분히 자급자족이 가능한 조건을 두고도 외국에서 식량을 수입하는 데 매년 5억 달러를 지출한다. 식량 주권이 없다. 그 대표적인 국가인 멕시코는 2002년도에 충격에 휩싸인 적 있다. 곡물 회사 디콘사Diconsa가 국내에 판매하던 자사의 옥수수가 미국에서 수입한 유전자 조작 농산물이라고 밝혔기 때문이다. 옥수수 종주국 멕시코는 이미 1998년을 기점으로 유전자 변형 옥수수에 의해 점령당했던 것이다. 옥수수 문명을 꽃피웠던 멕시코는 한 해 500만 톤에 달하는 옥수수를 수입하고 있으며 그 대부분은 유전자 조작 옥수수다. 마야 사람들은 사랑한다는 뜻을 전달할 때 '야일yail'이라고 말하는데, 고통스럽다는 뜻을 표현할 때도 이 말을 쓴다. 그리스의 신 에로스가 풍요의 신이기도 하지만 결핍의 신이기도 한 것처럼 말이다. 고대 마야인에게 풍요의 상징이던 옥수수가 역설적으로 현대 마야인에게는 억압의 상징이 돼버렸다.

History Tip

100만 명이 굶어죽고 300만 명이 식량을 찾아 고국을 떠나게 만든 1847년의 아일랜드 대기근은, 옥수수에만 의존했기에 몰락한 마야처럼 감자라는 단일 품종에만 의존한 농업 구조가 빚은 비극이다. 1845년부터 감자 잎마름병이 창궐하자 아일랜드는 지옥으로 변했다.

고대 유물 연대 측정법

유물이나 화석의 생성 연대를 측정하는 방법에는 여러 가지가 있지만 그중에서 가장 널리 쓰이는 것은 화학자 윌리엄 리비(1908~1980)가 고안한 C14탄소 측정법(방사성동위원소 연대 측정법)이다. C14탄소 측정법이란 불안정하던 방사능 물질이 시간이 지나면서 정해진 주기에 따라 안정되는 것에 착안한 방법으로, 그 물질이 어느 정도 안정화됐는지 알아 보면 시간이 얼마나 지났는지 파악할 수 있다. 생명체가 죽으면 호흡을 멈추기 때문에 대기 중의 이산화탄소를 흡수하지 못하는데, 탄소 성분의 일종인 C12와 C13이 죽은 유기체 안에 그대로 남는 것에 비해 C14는 시간이 지나면 줄어든다. 살아있는 유기체 안에는 양이 동일한 C14가 있지만 생명 활동이 정지되고 나서 5730년이 지나면 그 양이 2분의 1로 줄어들고 다시 5730년이 지나면 4분의 1로 줄어들며 그 다음 주기가 지나면 8분의 1로 줄어든다. 가령 어떤 나무 조각에 함유된 C14가 정상치의 반밖에 없다면 그 나무는 5730년 전에 죽은 것이다.

이 측정법에도 여러 한계가 있다. 이론적으로는 좀 더 오래된 유물까지 측정할 수 있으나 일반적으로 3만5천 년이 측정 추정치의 한계다. 또 하나 단점이라면 극히 미미한 수준이긴 해도 유물의 일부를 몇 그램 정도 떼어내야 한다는 점이다. 그러나 이보다 더 논란이 되는 사실이 있다. 해당 유물은 발견되기 전까지 순수하게 보존되는 것이 아니라 시간이 흐르며 다른 유기체 물질과 뒤섞이므로 측정 기준이 되는 시료에 오염 물질이 포함되면 추정 연대의 오차가 생긴다. 그래서 다른 측정법을 함께 사용하여 생성 연대 추정의 정확도를 높여야 한다.

이스라엘의 물리학자 시몬 라이는 자기부상열차에 응용되는 기술을 활용해 납이 포함된 고대 유물의 연대를 측정하는 새로운 방법을 고안했다. 사람들은 기원전 1500년경부터 납을 사용하기 시작하여 각종 생활용품이나 기반 시설에 납을 활용했다. 예를 들어 고대 로마 사람들은 수도관이나 동전, 그릇에 납을 썼고 회화용 안료로 쓰기도 했다. 납이 발견된 유물의 사용 시기를 파악하는 데는 시몬 라이의 방법이 정확도를 획기적으로 높일 수 있다.

　과학 기술이 역사나 예술 영역과 결합하는 사례는 어쩌면 당연한 건지도 모르겠다. 미항공우주국은 우주왕복선이나 인공위성의 표면 보호막을 녹이는 산소 원자 때문에 골치를 썩고 있었다. 그러던 중에 이 현상을 거꾸로 응용할 수 있는 방법은 없을지 고민해 본다. 산소 원자를 어딘가에 쏘여서 표면을 일부러 녹이는 방식 말이다. 이 구상은 화재로 검댕이 잔뜩 묻은 미술 작품을 복원하면서 현실화되었다. 검댕으로 뒤덮인 그림에 산소 원자를 쏘이니 거짓말처럼 원래 상태로 복원된 것이다. 앤디 워홀의 회화 작품에 관람객이 찍은 립스틱 자국을 지우는 데도 이 기술이 활용됐다. C14탄소 측정법을 고안한 리비는 1960년에 노벨화학상을 받았다. 노벨상에 고고학 부문이 있다면 그 상도 받았을 것 같다.

2장 - 문명의 발전

그리스: 모든 학문이 탄생하다

아무리 유용한 정보가 많아도 체계적으로 정리되지 않으면 지식이 될 수 없다. 그리스가 학문의 요람이 된 것은 전 분야에 걸친 지식 체계화 풍토 때문이다.

학문은 인간의 앎을 체계적으로 정리한 것이다. 그런 점에서 기원전 7세기를 살았던 탈레스가 "만물의 근원은 물이다"라고 선언한 때부터 학문이 시작됐다고 보아야 한다. 그리스의 학자들이 탐구한 주제를 이미 이집트 사람들을 비롯해 이전 시대 사람들이 제기했음에도 그리스가 학문의 진정한 탄생지인 까닭은 그것을 체계적으로 정리하고 학문 풍토를 이루었기 때문이다. 탈레스는 신화적 사고에서 벗어나 자연을 있는 그대로인 물질로 파악하고자 했다. 아낙시만드로스는 근본 물질이 있다면 그건 한계가 없는 것, 즉 '무한정자'일 거라고 주장했고, 아낙시메네스는 근본 물질이 뭔지 궁리하기보다 농축과 분산이라는 물질의 결합 원리를 아는 게 중요하다고 주장했다.

그리스의 신들은 인간 삶의 반영물

신화적 역사를 사실적 역사로 전환하는 일은 헤로도토스와 투키디데스가 맡았다. 헤로도토스가 신화와 결별했음에도 여전히 신적인 원인으로 역사를 서술한데 비해 『펠로폰네소스 전쟁사』를 지은 투키디데스는 조금 더 치밀하고 객관적인 역사 서술의 지평을 열었다. 헤로도토스가 '역사'의 아버지라면 투키디데스는 '역사학'의 아버지다. 피타고라스 학파는 수학이 우주의 모습을 보여주는 통로라고 여겼다. 파르메니데스가 변치 않는 존재만 진짜라는 주장을 펼친 반면, 헤라클레이토스는 변치 않는 건 모든 게 변한다는 사실뿐이라고 주장했다. 우리의 눈앞에 펼쳐지는 현상은 파르메니데스에게는 허상일 뿐이었지만 헤라클레이토스는 탐구 대상이었다. 파르메니데스의 형이상학적 태도는 제자인 제논에 이르러 극단으로 치우쳤다. 그는 시공간의 변화하는 관념이 완전히 무의미하다고 선언했다. "과녁에 쏜 화살은 논리상 남은 거리의 반만큼만 무한히 이동하므로 과녁에 맞지 않는다"라는 유명한 역설은 단순한 궤변이라기보다 시간과 공간이라는 제약에서 완전히 벗어난 형이상학적 세계를 향한 상상이라고 보아야 한다.

불변하는 존재를 향한 파르메니데스의 철학은 소크라테스를 거쳐 플라톤으로 전수되었다. 소크라테스는 인간의 보편적 본성에 관해 궁리함으로써 윤리학이 성립할 수 있는 배경을 제공했다. 델포이 신전에 새겨진 "너 자신을 알라"라는 문구를 자주 인용했던 소크라테스는 플라톤의 저작에 서술자로 등장하는데, 정치철학에서 다루어지는 모든 사례를 대화로 제시한다. 나중에 이탈리아의 학자 니콜로 마키아벨리가 『군주론』에서 "정치와 도덕은 무관하다"라고 선언하기 전까지 고대 정치학의 대원칙을 제공했으며 그 일부는 오늘날에도 여전히 유효하다. 소크라테스와 동시대를 산 소피스테스(소피스트)들은 현대로 치면 자기계발 전문 강사들로서 실용 학문의 원조라 할 만하다. '인간의 경험이 만물의 척도'라

인간의 보편적 본성에 관해 탐구한 소크라테스(좌)와 그의 사상을 발전시킨 플라톤(우)

고 말한 소피스테스인 프로타고라스는 보편적인 가치관을 부정함으로써 후에 공리주의 같은 상대론적 윤리설이 나올 수 있는 사상적 기틀을 제공해 주었다.

자연학의 역사와 인문학의 역사는 그리스에서 만난다

"의술의 길은 먼데, 인생은 짧기만 하도다Art is long, Life is short"라는 말을 남긴 히포크라테스는 유한한 인간의 생명을 다루면서도 세대를 뛰어넘는 의술을 고안하고자 분투했다. 그는 늘 "모든 질병에는 원인이 있다"라고 주장했다. 그 원인을 규명하여 후대에 오래 남기기 위해 짧은 생애를 바쳤다. 물과 불과 공기와 흙이 물질을 구성하는 4요소라고 본 엠페도클레스와 세상에는 다양한 원소가 존재한다고 말한 아낙사고라스는 세상이 한 가지 원리나 물질에 의해서만 움직이고 구성되는 것이 아니라고 주장한 다원론자들이었다. 그 전통 위에 서 있는 레우키포스와 데모크리토스는 물질을 쪼개고 또 쪼개면 결국 더 이상 쪼갤 수 없는 원자만 남게 되는데 이것이 모든 사물의 근원이라고 추정했으니 물리학의 시조라 할 만하다.

동식물학자이면서 형이상학자였던 아리스토텔레스는 수학을 제외한 논리학, 형이상학, 자연학, 윤리학, 경제학, 정치학, 수사학, 시학 등 거의 모든 학문 분야의 체계를 세웠고 추후 유럽의 교육 커리큘럼을 장악했다. 문학사의 첫 장을 장식하고 있는 호메로스, 에우리피데스, 소포클레스, 아이스퀼로스 같은 시인과 극작가들을 배출한 곳도 고대 그리스다. 이 모든 지적 활동이 불과 2~3백 년 동안 고대 그리스에서 싹을 틔웠다. 그리스인들이 창안하고 발전시킨 학문 영역은 앞선 시대 사람들이 이미 구상했던 것이지만 그리스인들은 구상 단계에 머물던 지식을 구체적인 지식으로 전환했다. 예컨대 그리스 수학 이전에도 고대인들은 이미 3:4:5 또는 5:12:13 같은 비율을 지닌 삼각형에 직각이 생긴다는 사실을 알고 있었다. 그렇지만 그 모든 사례를 체계화하여 $a^2+b^2=c^2$라는 공식을 만들어낸 것은 그리스 수학의 업적이다. 다른 학문 분야도 그러했다.

"모든 서양 철학은 플라톤의 각주에 불과하다"라는 철학자 화이트헤드의 말은 각색된 것으로, 『과정과 실재』에 실린 원래 구절은 다음과 같다. "유럽의 철학 전통을 가장 일반적이고 무난하게 규정하자면 그 전통이 플라톤에 대한 잇따른 각주들a series of footnotes to Plato로 이루어졌다는 점이다. 학자들이 플라톤의 저작에서 마구 뽑아내 도식적인 사고틀에 꿰맞춘 것들을 말하려는 게 아니다. 플라톤의 저작들에 흩어져 있는 일반 개념들이 얼마나 풍부하게 해석되는지 넌지시 보이기 위함이다."

로마: 로마의 운명을 결정지은 내전들

포에니 전쟁에서 승리한 때부터 옥타비아누스의 집권을
결정지은 악티움 해전에 이르는 100여 년은 로마 역사
상 최대 혼란기이자 로마제국의 운명이 결정된 중요한
시기다.

기원전 264년부터 기원전 146년까지 100년 이상을 끌던 포에니 전쟁에
서 카르타고를 무찌르면서 지중해의 패권을 차지한 로마는 대외적으로
강대국으로 성장했으나 그 점이 오히려 로마를 병들게 했다. 기원전 1세
기의 역사가인 살루스티우스는 이렇게 말했다. "기원전 3세기에서 2세
기를 거치며 코린트와 카르타고 같은 주변 강대국들을 모두 제압했기에
로마는 오히려 쇠락의 길로 접어들었다." 로마가 내부 갈등에 빠져 있을
때 외부에서는 반 로마 세력이 결집하고 있었다. 로마에 비해 차별을 받
던 8개 도시국가들이 독자 국가를 수립한다는 목표 아래 연합해 기원전
91년에 이른바 '동맹시 전쟁'을 일으켰다. 이들은 자신들의 연합을 '이탈
리아'라고 불렀다. 전반에는 동맹시들이 우세를 보였지만 전쟁은 로마의
승리로 3년 만에 끝났다. 이를 계기로 로마는 단순한 도시국가를 넘어선
새로운 통합 국가 형태를 모색하기 시작했다.

이탈리아 vs 로마

당시 로마에는 전체 인구의 4분의 1에 해당하는 많은 노예들이 있었다. 핍박 받던 이 노예들이 기원전 73년에 귀족을 상대로 반란을 일으켰다. 검투사 스파르타쿠스가 노예들의 지도자로 떠올랐다. 이탈리아 중부의 카푸아 검투사 양성소를 탈출한 노예 출신 검투사 80여 명은 베수비우스 산에 은신처를 마련했다. 스파르타쿠스는 오합지졸 병사들을 강력한 군대로 바꾸어 놓았다. 로마 지도부는 초기 진압 작전에서 연이어 실패했다. 기원전 71년 치열한 접전을 벌인 뒤에야 반란군은 진압되었다. 당시 진압군을 이끌던 크라수스의 개선 행사는 아주 작은 규모로 진행되었다. 대대적인 개선 행사를 마련하는 건 노예들의 위력을 반증하는 것이나 다름없기 때문이다. 대신 포로 6천 명에 대한 처형은 잔인하게 집행됐다. 노예들의 분노를 대변한 스파르타쿠스의 투쟁은 후대 로마 역사가들에 의해 평가절하 되었으나, 민중의 입과 입으로 전해지면서 핍박당하며 살아가야 했던 이들에게 자유를 쟁취하려는 의지를 끊임없이 불어넣는 신화가 되었다. 계몽사상가 볼테르는 스파르타쿠스 반란이 '역사상 유일하게 정의로운 전쟁'이었다고 평가했다.

기원전 59년 집정관에 선출된 율리우스 카이사르는 갈리아 원정을 떠났다. 카이사르는 10년도 안 걸리는 짧은 시간에 8백 개 도시와 3백 개 부족을 평정하면서 프랑스를 포함한 서유럽 일대를 가리키는 지역인 갈리아를 정복했다. 카이사르가 크게 세력을 확장하자 위협을 느낀 원로원은 다른 집정관인 폼페이우스와 협력하여 카이사르를 견제하고자 한다. 카이사르는 갈림길에 섰다. 이대로 앉아서 권력 투쟁에서 밀려나고 말 것인가, 아니면 결단을 내릴 것인가? 기원전 49년 1월 11일 새벽 본

프란체스코 그라나치의 작품인 〈루비콘 강을 건너는 카이사르〉. 카이사르가 자신의 군대를 이끌고 루비콘 강을 건너는 것은 로마에 대한 반역을 의미했다.

국이 먼발치로 보이는 루비콘 강 어귀에 도달한 카이사르는 잠시 고민하다가 루비콘을 건너기로 결정했다. 로마군이 로마를 향해 진격했다. 폼페이우스가 수세적인 태도로 일관했기 때문에 대규모 군사 충돌은 일어나지 않았다. 폼페이우스는 계속 지구전으로 맞섰다. 원로원 보수파 세력은 폼페이우스에게 전면전을 벌여 내전을 조기에 진압해 줄 것을 요구했다. 드디어 파르살루스 평원에서 한판 대결이 펼쳐졌다. 전투에서 패배한 뒤 겨우 목숨을 부지한 폼페이우스는 이집트로 달아났으나 암살됐다.

공화정은 저물고 제정의 시대로

카이사르의 승리는 공화정의 몰락을 의미했다. 공화정 시대를 살아온 로마인들 대다수는 카이사르가 왕에 오르고 황제가 된다는 소문에 극도로 혐오감을 표시했다. 브루투스와 카시우스가 주도한 공화정 회복 세력은 카이사르 암살 계획을 공모했다. 이 작전은 카이사르가 저지른 일에 대한 심판이 아니라 카이사르가 앞으로 저지를 일에 대한 두려움 때문에 착수된 것이다. 카이사르는 자신이 죽인 폼페이우스의 동상 바로 앞에

피투성이로 쓰러졌다. 카이사르가 이전에 점찍어 둔 후계자는 조카인 옥타비아누스였다. 삼촌의 사망 소식을 들은 옥타비아누스는 로마로 돌아와 암살 주도 세력인 공화파와 맞서기 위해 안토니우스 등과 힘을 합쳤다. 옥타비아누스는 암살을 주도한 브루투스와 카시우스 세력을 진압했지만 이제는 로마의 지배자 자리를 놓고 동맹자인 안토니우스와 마지막 결전을 치러야 했다. 안토니우스는 클레오파트라와 동맹을 맺고 동부 지중해 세력을 모았다. 옥타비아누스는 갈리아와 에스파냐 등 서방 세력을 결집시켰다. 동서 대결 양상을 보인 기원전 31년의 악티움 해전에서 서방이 승리를 거두었다. 안토니우스와 클레오파트라는 자결했다. 내부 갈등을 해결하기 위해 100년이 넘는 시간을 투자한 로마는 이제 '팍스 로마나(Pax Romana, 로마에 의한 평화)'라는 번영 시기에 들어갔다.

로마의 영혼을 전향시킨 노예들의 종교

그리스도교는 여러 신을 믿는 여러 토착 종교가 두루 존재하는 로마 세계에 출현해 불과 몇 세기도 지나지 않아 제국의 종교로 공인되기에 이른다. 그리스도교의 폭발적인 파급력은 어디에서 연유한 것일까? 예수와 그의 제자들은 가장 약하고 가장 고통받던 사람들을 보듬었다. 거기에 그치지 않고 모든 계급을 통합하는 보편정신을 끊임없이 갈고 닦았다. 그리스도교는 로마 제국의 번영기인 '팍스 로마나'가 저물기 시작한 때에 발전했다. 팍스 로마나는 귀족들의 번영기였지 하층민들에겐 여전히 가혹한 시기였다. 2세기 말부터 로마는 출산율이 떨어지고 무역은 퇴조하며 고트족이 위협하고 황제들은 무리하게 세금을 걷는 그런 총체적인 위기 상황을 맞이하고 있었다. 인구 대다수를 차지하는 하층민들은 절망적 현실 앞에 죽지 못해 살아갔다. 이때에 혹독한 현실이 충분히 견녀낼 가치가 있는 필연적 과정이며 유일신 하느님만 믿으면 구원받아 천국에 갈 수 있다고 말하는 그리스도교가 로마에 출현했다.

젊은 예수는 신이 통치하는 완전한 세상을 향한 희망을 전파했다. 예수는 일상과 친숙한 자연 현상을 활용해 근본 교리를 비유적으로 알기 쉽게 설명했다. "어떤 유대인이 예리코로 향하던 중 강도를 만나 구타를 당해 길 한쪽에 쓰러져 있었다. 다른 사람들이 모두 외면할 때 어떤 사마리아인이 그를 치료해주었다. 유대인들은 예부터 사마리아인들을 적대시했는데 이 착한 사마리아인은 쓰러져 있는 유대인을 보살피고 여관에서 편히 쉴 수 있도록 도와주기까지 했다." 이 비유적인 일화로 예수는 유대인들이 갖고 있는 편협한 관점을 깨뜨리고자 했으며 사람들로 하여금 진정한 이웃이란 어떤 것인지 깨닫도록 했다. 예수가 행한 일 역시 기적이나 초자연적인 현상으로 바라보지 말고 약자들의 현실적 삶을 상징적으로 표현했다고 해석한다면 우리는 예수의 사상을 조금 더 잘 이해할 수 있을 지도 모른다. 초기의 그리스도교는 가난하고 억압받는 하층의 사람들에게 호소했다. 예수의 산상설교 내용이 이를 잘 보여준다. "가난한 자들은 행복하다. 하느님 나라는 너희 것이다. 배불리 먹는 자들아, 너희가 굶주릴 날이 오리라.", "고통은 고귀하다.

더 나은 세상이 온다.", "억눌린 자들에게 복음을 전하라. 찢긴 마음을 감싸 주고 포로들을 해방
시켜라. 감옥에 갇힌 자들에게 자유를 전하라."

그리스도교는 사회의 하층에 있는 가난한 자들의 종교로 출발했다. 계급이나 인종을 차별하
지 않고 모든 약자들에게 구호의 손길을 건넸으며 보육원도 따로 운영했다. 무엇보다 종교 의식
에서 철저히 소외되었던 여성을 포섭했다는 점이 다른 종교와 달랐다. 부유한 여성의 집은 예배
당으로 종종 활용되곤 했다. 예수가 가르침을 시작하면서 많은 제자들이 몰려들었다. 우리는 그
중 12제자만 기억하는데 이들 말고도 여성을 포함해 여러 제자들이 예수와 늘 함께했다. 그리스
도교도를 색출해 처벌하는 일을 담당했던 사울(유대어로 '크다'는 뜻)은 어느 날 영적인 체험을 한 뒤
그리스도교로 개종해 이름을 바울('작다'는 뜻)로 바꾸고 예수 사상의 열렬한 전도자가 된다. 한순
간 정반대 삶을 살기 시작한 바울 덕에 그리스도교 역사가 많이 바뀌었다. 열렬한 전파자 없이는
아무리 고상한 사상도 위대한 정신으로 거듭날 수 없기 때문이다. 바울은 포교 활동을 하며 부자
들을 끌어들이려 노력했다. 그리스도교가 더 이상 가난한 자들만의 종교가 아닌 모든 계층을 아
우르는 보편 종교가 되기를 갈망했기 때문이다. 예배는 평등하게 진행됐다. 가난한 사람과 부유
한 사람이 같은 공간에 모여 같은 복음을 들었으며 예배가 끝난 뒤에는 같이 식사를 하고 서로
자유롭게 정보를 교환했다. 2세기까지 공식 경전은 구약뿐이었지만, 사도들의 기록을 비롯해 그
리스도교 초기 기록의 정밀한 편집 작업이 이루어지면서 3세기에 신약이 탄생했다.

313년 밀라노 칙령으로 누구나 그리스도교를 자유롭게 믿을 수 있게 되었다. 콘스탄티누스
황제가 독실한 신앙심에서 이런 결정을 내린 건 아니다. 제국을 통합하려면 그리스도교를 인정
하는 것이 더 유리했기 때문이다. 392년 로마 황제 테오도시우스는 그리스도교를 국교로 선포
한다. 예수는 사람들에게 파괴와 생명 중 하나를 택하라 말했다. "좁은 문으로 들어가거라. 멸망
에 이르는 문은 크고 넓어서 그리로 가는 사람이 많지만 생명에 이르는 문은 좁고 험해서 찾는
사람이 적다(마태복음 7:13)." 그 좁은 문으로 가는 과정이 영혼을 구원받는 길이다. 후세 사람들은
예수의 이 소박한 가르침조차 쉽게 어겼다. 20세기 인간은 파괴와 생명 중에 기꺼이 전자를 택

했다. 파국에 가까운 비극을 경험하고 나서야 그것이 지옥이었음을 알았다. 구원으로 통하는 그 문은 더 좁아졌다.

로마제국: 시스템으로 세계 제국을 열다

특출난 지도자가 없어도 시스템이 잘 갖추어지면 제국
은 잘 운영된다. 그 시스템이 삐걱거리자 로마제국의 운
도 쇠하고 말았다.

고대 그리스가 영웅과 천재의 힘으로 찬란한 시대를 열었다면 로마는 잘
짜인 조직, 즉 시스템으로 오랜 세월 동안 유럽의 패권을 차지했다. 엄격
한 징병제와 공정한 법률 집행, 합리적 관료제가 제국의 영광을 떠받쳤다.

철저한 호구조사, 예외 없는 병역 이행

로마제국은 출신 성분보다는 현재 로마제국 시스템을 중시했다. 어디 출
신인지 따지지 않았고 이민족을 로마인으로 너그럽게 받아들였다. 그러
다 보니 인재 채용에서도 개인의 특출한 개성이나 역량보다 로마제국이
라는 거대한 시스템 안에서 다른 구성원과 쉽게 조화를 이룰 수 있는 적
응력이 더욱 높게 평가되었다. 로마의 집정관을 지낸 마르쿠스 카토(기
원전 234~149)는 로마인의 속성을 이렇게 파악했다. "로마인은 각기 개
성이 무척 다르다. 그러나 무리로 있을 때는 지도자 명령에 무조건 복종
하며 한몸처럼 움직인다." 로마 군대도 당연히 여러 인종의 집합체였다.
그러나 로마 군대는 오합지졸과 거리가 멀었다. 체계적인 병사 육성 시

스템과 훈련 프로그램 덕분에 농
사를 짓다 징집된 사람도 몇 달에
걸친 훈련을 끝내면 능수능란한
전투병으로 바뀌었다. 군대는 트
럼펫 소리의 고저음이나 장단음
에 따라 일사분란하게 움직였다.
주둔지를 옮길 때에도 보폭과 속
도를 맞추어 이동했으므로 병사
들로서는 무척 힘들었겠으나 이
를 지켜보는 적들에게는 위압감

로마제국의 전함. 로마의 힘은 군대에서 나왔
다. 로마 군대는 우수한 무기가 아니라 엄격한
기강과 충분한 훈련 덕에 강력한 힘을 발휘할
수 있었다.

을 주기에 충분했다. 로마군은 각양각색인 출신 성분을 따지지 않고 그
들에게 특기와 재능을 펼칠 기회를 주는 한편 승진 시스템을 공정하게
운영하여 병사들 간의 자유 경쟁을 자연스럽게 이끌어냈다. 역사가 플라
비우스 요세푸스는 로마군의 엄격한 훈련 방식을 보았을 때 이렇게 감
탄했다. "로마군에게 훈련은 피를 흘리지 않는 전투요, 전투는 피 흘리는
훈련이다." 카르타고의 한니발은 로마를 선뜻 공격하지 못한 이유가 로
마군의 철저한 병력 재생산 시스템 때문이라고 말한 적 있다. 로마 중앙
정부가 5년마다 호구조사census를 철저히 했으므로 군 복무를 피하는 건
원천적으로 차단됐으며 병력 수급은 늘 규칙적으로 이루어졌다.

로마군이 강했던 것은 특출난 장수의 역량이 아니라 군대의 힘 덕분
이기는 하지만 장수들도 강했다. 전장에 부임한 젊고 참신한 지휘관들은
실전 경험이 부족한 탓에 때로 아마추어 같다는 비난을 들었지만 그런
것쯤은 문제가 되지 않았다. 젊은 지휘관들은 몸을 사리지 않고 일반 병

사들처럼 적진을 향해 돌진했고 장렬히 전사했다. 그 공백은 새로운 지휘관들로 채워졌다. 장수에게 역량이 집중되면 카리스마 넘치는 지휘 능력을 발휘하기 쉽지만, 장수가 죽었을 때 자칫 군대가 붕괴될 수 있다. 그러나 로마군처럼 전문화한 시스템에서는 누가 지휘를 맡든 군사력을 일정 수준 이상으로 유지할 수 있었다. 늘 한결같은 전투력이 유지된다는 것은 적대국 입장에서는 무척 껄끄럽고 두려운 일이다. 로마를 지킨 힘도 거기에서 나왔다.

시멘트의 실용성이 로마 정신

이런 말이 있다. "로마인은 배수 시설drain에서 뛰어났지만 머리brain가 뛰어나진 않았다." 이 말은 과장되었어도 틀리진 않다. 로마인은 심장이 온몸에 퍼진 모세 혈관에 피를 공급하듯 거대하고 정교한 수로 시스템을 건설하여 물을 관리했다. 물만 관리한 것이 아니라 정치, 경제, 사회, 문화 전 영역을 조직적으로 관리했다. 로마는 정복지들에도 동일한 시스템을 적용하여 작은 로마들을 계속 만들어냈다. 예를 들어, 계획 도시인 로마의 건축 스타일은 다른 도시에도 똑같이 적용되었다. 도로, 시민의 토론 공간이자 상업 구역인 포룸, 행정 건물, 신전, 개선문, 원형 극장, 공중목욕탕 등이 로마와 거의 흡사하게 지어졌다. 석회석 가루와 모래와 물을 적정 비율로 섞어 으깬 다음 잘 말리면 아주 훌륭한 건축 자재인 시멘트가 된다. 시멘트를 고안한 곳이 로마다. 같은 모양의 거푸집에 시멘트 반죽을 넣어 찍어내면 똑같은 모양으로 신속하게 건축물을 지을 수 있다. 로마에 살지 않아도 로마와 같은 시설에 살면 로마인이라는 공동체 의식이 생긴다. 그런 게 시스템의 위력이다.

조직이 약해지자 로마도 약해졌다. 로마 군대에서 그런 조짐이 나타났다. 238년경의 로마 군대 모습은 제국이 쇠락하는 징조처럼 보였다. 군인들은 아무 마을에 가서 아무 대가도 치르지 않고 숙식을 요구했고, 술에 취하거나 여자를 겁탈했다. 서로마가 맥없이 붕괴한 까닭은 방만하고 비효율적인 시스템 운영 탓이며, 동로마(비잔틴)가 천년을 존속한 것은 시스템을 잘 유지했기 때문이다. 키케로는 말했다. "우리 모두 자유로워지기 위해 법률에 종속되는 것이다." 로마 시민들은 시스템에 종속되기를 기꺼이 선택하고 법률을 잘 지켰을 때 가장 강하고 자유로웠다.

History Tip

'황제 앞에 법이 있다'는 로마의 정신은 시스템의 위력과 신성함을 보여준다. 기원전 451년에 제정된 '12표법'은 방대하고 치밀한 『로마법대전』의 효시인데 당시 어린이들은 의무적으로 이 법조문을 달달 외워야 했다.

안데스 문명: 싸우지 않고 이기려 했던 잉카

제국을 운영하는 방법은 강력한 중앙 집권 또는 균형 잡힌 자치 실현이다. 잉카는 후자를 택했다.

잉카는 고대 문명이 아니라 1400년대부터 1500년대까지 짧게 존속한 제국 이름이다. 안데스 문명의 일부인 잉카 사람들은 자신들의 나라를 잉카가 아닌 티완틴수요라고 불렀다. 잉카제국은 에스파냐인들이 붙인 명칭으로, 잉카는 원래 통치자의 고유한 이름이었다.

일반적 제국이 아닌 자치 정부 연합체

『손자병법』에서 손자는 싸우지 않고 이기는 것이 최고 전술이라고 규정했다. 잉카 통치자들은 그런 생각을 갖고 있었던 것 같다. 잉카제국은 공격보다는 '화의'를 우선으로 하는 대외 전략을 구사했으며 전쟁은 그야말로 최후 수단이었다. 잉카를 정복한 것은 대포와 기마병으로 무장한 에스파냐의 프란시스코 피사로의 소규모 부대였는데, 이 작은 군대가 거대한 잉카제국의 군대를 무찔렀다는 것이 언뜻 의아하지만, 싸우기에 앞서 화의를 먼저 제안하는 전통이라든지, 피사로가 오기 전에 이미 분열돼 있던 잉카의 상황이라든지, 피사로가 첫 원정에 실패하고 돌아간 후

천연두가 크게 유행한 사실 등을 종합해 보면 피사로 군대는 이미 잉카의 대군을 아주 손쉽게 제압하는 천재일우를 얻은 셈이다. 잉카는 성립부터 멸망까지 일관되게 포용성과 개방성을 중시했기에 다른 부족을 정복한 이후에는 철저히 유화책을 썼다. 각 지역의 실질 통치는 토착민에게 맡겼다. 그래서 잉카는 제국이라기보다 자치 정부의 연합에 가까웠다. 중앙 정부는 외교와 교육, 군사에 관여했지만 나머지는 지방 정부에 맡겼다. 공용어 정책을 널리 펼쳤으나, 문화적 차이는 존중했다.

공동 생산과 공동 소유를 상징과 비유로 제시한 토머스 모어의 『유토피아』는 이상적 사회주의론의 원조격으로 자주 거론된다. 사회주의의 경제적 측면인 공산주의의 핵심은 '공동 소유 지향'에 있다기보다는 '사적 소유 철폐'에 있다. 사적 소유를 없애려면 공정한 경쟁을 깨뜨리는 소유 대물림을 강력하게 통제해야 한다. 자본주의 사회는 단지 부모가 부유하거나 가난하다는 이유만으로 그 후손이 불공정한 조건에서 삶을 시작하게끔 만든다. 잉카의 법률은 부모의 빚이 아무리 많더라도 부모가 죽은 다음 자식이 그 빚을 대신 갚아야 하는 불행이 없어야 한다고 규정했다. 평등을 지향한 복지 제국답다. 현대의 복지 국가 모델을 실현한 고대 국가를 꼽으라면 잉카가 먼저 거론되어야 한다. 잉카는 4만 킬로미터가 넘는 도로망과 치밀한 행정 조직을 갖춘 제국이었다. 아이유Ayllu라는 경제 단위를 중심으로 화폐를 사용하지 않고 물물 교환만 이루어지는 폐쇄 경제 체제를 유지했다. 잉여 생산물은 국가에 귀속되었기에 시장 경제가 발달할 여지가 없었다. 평등을 지향한 잉카제국에서는 평등을 위협하는 도둑질과 거짓말과 게으름이 특히 죄악시되었다. 노동이 중시되었기에 어린이부터 노인까지 빠짐없이 일터에서 노동을 했다. 다만 각자 능력에

잉카제국의 마추픽추 유적

맞는 일이 할당되었다. 혼인 후 1년 동안에는 세금이 부과되지 않았고 쌍둥이를 낳으면 면세 혜택을 받았다.

마추픽추, 라틴아메리카 사람들의 정신적 고향

잉카의 수도 쿠스코는 완전히 파괴되어 옛 모습은 남아있지 않다. 다만 높은 산 위에 건설된 마추픽추는 침략을 피해 온전히 보존되었다. 마추픽추는 '늙은 봉우리'라는 뜻이다. 우리가 사진이나 영상으로 보통 접하는 마추픽추 유적의 우뚝 솟은 봉우리는 '젊은 봉우리'란 뜻을 지닌 와이나픽추다. 1943년 네루다는 멕시코 총영사에서 해임된 후 칠레로 돌아오는 길에 페루 마추픽추 유적을 찾았다. 폐허만 남은 그곳에서 역사의 주역이던 잉카인들을 떠올리며 시를 구상했다. 12부로 구성된 연작시 〈마추픽추 정상에서〉를 완성하고 나서 네루다는 이렇게 소회를 적었다. "마추픽추를 보며 깨달았다. 나는 칠레인이자 페루인이자 아메리카인이다."

2000년 10월 APEC 정상 회담에 참석한 페루 대통령 알베르토 후지모리는 자신의 부정이 탄로나자 일본을 방문한 직후 페루 의회에 사직서를 팩스로 전송한 뒤 귀국하지 않았다. 무책임한 대통령이 남긴 책임 막중한 자리에 앉힐 인물을 뽑기 위해 페루 국민은 매우 심사숙고했다. 그리고 원주민 출신 톨레도 후보가 대통령에 당선됐다. 잉카 멸망 후 500년 만에야 잉카 출신이 최고 통치자가 되었다. 2001년 7월 28일 취임한 톨레도 대통령은 상징적인 의식을 치렀다. 바로 마추픽추에서 옛 잉카 방식으로 즉위식을 거행한 일이다. 작가 바르가스 요사가 '원시와 문명이 공존하는 고난의 땅'이라고 부른 조국 페루의 국가 첫 소절은 이렇게 시작한다. "우리는 자유인이다." 500년 넘게 자유를 억압받으며 살아온 잉카의 후예 페루인들은 평등을 지향했던 복지 제국 잉카가 얼마나 자유로운 세상이었는지 새삼 깨달았다.

History Tip

『손자병법』에 이런 구절이 나온다. "상대를 알고 자신도 알면 백 번 싸워도 위태롭지 않으나知彼知己 百戰不殆, 상대를 알지 못한 채 자신만 알면 승패를 주고받을 것이며不知彼 而知己 一勝一負, 상대도 모르고 자신도 모르면 싸움에서 반드시 위태롭다不知彼不知己 每戰 必殆." 잉카가 위태로워진 것은 상대를 파악하는 데 실패했기 때문이다.

2부 | 중세에서 근세로

르네상스를 찬미한 역사학자들은 중세를 고대와 근대 사이에 낀 어중간한 시기로 규정하거나 문명의 암흑기로 간주했다. 고등교육 기관인 대학이 탄생한 시기가 중세임을 감안하면 너무 가혹한 평가인지도 모른다. 그렇지만 세속 권력을 키운 가톨릭 세계의 타락과 면죄부 판매, 성직 매매, 십자군 전쟁 같은 일들을 본다면 그런 가혹한 평가도 나올 만했다.

중세의 중심 세력이었던 로마제국은 북방 민족의 문화와 특질을 조화롭게 받아들였다. 도이칠란트의 역사학자 테오도르 몸젠은 게르만족이 로마인으로 동화된 것이 아니라 로마가 게르만처럼 변했다고 기술했다. 로마제국은 제국의 번영을 위해 처음에는 그리스도교를 탄압했지만 나중에는 민중 속으로 깊이 파고든 그리스도교를 수용하여 오히려 제국 통합에 활용했다. 주체할 수 없는 권력이 주어지면 인간은 언제나 그 권력을 모두 쓰고야 만다. 천상의 권위에 지상의 권력까지 포섭한 가톨릭 세계는 세속 제국처럼 변해갔다. 협력 관계로 시작한 교황과 황제의 관계는 권력 투쟁 과정에서 금세 금이 갔다.

네덜란드를 비롯해 여러 나라들이 로마 가톨릭의 세력권에서 벗어나려고 투쟁을 벌였다. 영국은 자신들만의 가톨릭인 국교회를 세워 로마 가톨릭과 결별했다. 십자군 원정과 백년전쟁을 기점으로 기사와 귀족 계급이 몰락하면서 자연스럽게 권력은 국왕에게 집중되어 강력한 중앙 집권 국가의 형태가 갖춰졌다. 서로 다른 특색을 지녔던 지방들이 하나로 묶이고 같은 표준 언어와 문자,

같은 역사 의식을 공유하고 학습하는 정치공동체가 탄생했다. 이 국가를 '국민국가'라고 일컫는다. 새로운 인쇄 기술이 보급된 것은 국민국가를 탄생시키고 종교개혁을 완수할 수 있게 한 중대한 조건이다. 금속활자와 활판인쇄 기술은 동방의 작은 나라 고려가 훨씬 앞섰으나 그 기술을 최대로 활용한 곳은 유럽이다. 인쇄술과 대중 매체의 위력을 잘 활용한 수도사 루터는 성서를 도이칠란트어로 번역해 보급했으며 로마 가톨릭에 맞서 종교개혁을 성공적으로 추진했다.

이베리아 반도의 두 나라인 에스파냐와 포르투갈은 대서양 지배권을 두고 경쟁했다. 시작은 포르투갈이 앞섰으나 에스파냐가 전세를 역전해 버렸다. 이탈리아 제노바 출신 모험가 콜론이 아메리카 대륙을 탐사한 이래 에스파냐는 지중해 지배자에서 세계 지배자로 우뚝 섰다. 유럽 대륙에서 아메리카 대륙으로 건너간 것은 에스파냐 정복자들만이 아니었다. 정복자들과 함께 건너간 각종 전염병은 아스테카와 잉카의 강인한 전사들을 모두 쓰러뜨렸다. 손쉽게 아메리카 대륙을 쟁취한 에스파냐 정복자들은 무고한 원주민을 1500만 명이나 학살했다. 포르투갈과 에스파냐의 식민지 쟁탈전에 잉글랜드와 네덜란드와 프랑스도 가세했다. 1588년에 에스파냐 무적함대를 무찌른 잉글랜드는 대서양의 새로운 강자로 부상하며 식민지 건설에 열을 올렸다. 상업의 나라 네덜란드는 동인도 회사를 만들어 인도네시아 등지에서 자원과 부를 잔혹하게 수탈했다.

신과 신의 대리인들이 지배하는 세상에 환멸을 느끼던 사람들은 고대 그리스가 남긴 정신사의 성과를 다

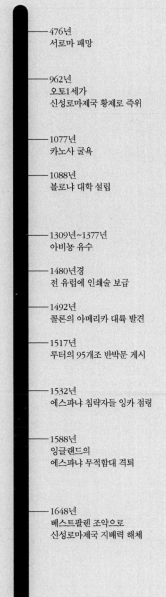

476년
서로마 패망

962년
오토1세가
신성로마제국 황제로 즉위

1077년
카노사 굴욕

1088년
볼로냐 대학 설립

1309년~1377년
아비뇽 유수

1480년경
전 유럽에 인쇄술 보급

1492년
콜론의 아메리카 대륙 발견

1517년
루터의 95개조 반박문 게시

1532년
에스파냐 침략자들 잉카 점령

1588년
잉글랜드의
에스파냐 무적함대 격퇴

1648년
베스트팔렌 조약으로
신성로마제국 지배력 해체

시 주목했다. 르네상스는 인간의 합리적인 인식 능력으로 세계를 다시 파악하려는 휴머니즘 선언이었다. 그렇게 유럽인들은 신이 사라질 미래 세계를 차근차근 준비하고 있었다.

1장 – 봉건 사회와 유럽의 확장

봉건제: 로마 멸망 후 바바리안이 건설한 시스템

봉건적이라는 말은 흔히 시대에 뒤떨어진 나쁜 관습을
가리킬 때 사용된다. 영주와 관계는 불평등했지만 약자
인 농민은 그런 조건을 받아들일 수밖에 없었다.

무력이 판을 치던 시대에 힘없는 농민들은 생계 수단인 가축과 농작물을
약탈 당할까봐 언제나 두려움에 떨었다. 농민들은 자신들의 토지를 힘
있는 사람에게 양도하고 그 대가로 그 땅에서 농사를 지을 수 있는 권리
와 군사적 보호를 받게 되는데 이것이 봉건제의 시작이다. 자유농으로서
불안하게 토지를 소유하는 것보다 농노로서 안정적으로 토지를 소작하
는 게 더 유리하다고 판단한 것이다.

모험보다는 안정을 택한 중세인

농민이 영주에게 바치거나 영주가 왕에게 바친 토지를 봉토라고 한다.
왕은 영주에게 이 토지를 사용할 수 있도록 이용 권한을 하사하고 영주
는 다시 농민에게 하사한다. 이 관계에서 신하 입장이 된 사람을 봉신이
라고 부른다. 영주와 봉신 관계를 맺으면, 농민은 영주를 먹여 살리고 영
주는 봉신인 농민을 보호할 의무를 진다. 영주는 다시 왕과 똑같은 협약
을 맺고 봉신이 되었다. 영주를 중심으로 자급자족하는 경제 단위를 장

중세 봉건제의 주요 특징 중 하나인 농노제. 농민이 땅의 주인인 영주에게 충성 서약을 하고 있다. 경작권을 부여받은 농민은 영주에게 세금과 노동력을 바치는 대신 영주에게 생명을 보호 받는다.

원이라 부른다. 장원 안에서 의식주가 모두 해결되었다.

봉건제는 정치적으로는 영주들이 자기 지역을 독립적으로 통치하는 지방 분권을 의미한다. 우리가 요즘 부르는 공권력이라는 것이 존재하지 않았다. 말하자면 왕이 이렇게 말하는 식이다. "별로 관여하지 않을 테니 지역별로 알아서 살아 남으시오." 봉건제의 군사적 측면은 기사제다. 약탈을 막으려면 지역별로 군대가 필요한데 그 역할을 맡은 것이 기사들이다. 기사는 세습 귀족과 평민의 중간 정도 되는 계급으로서 자신은 상비군으로 늘 전투 태세를 갖추고 있으면서 실제 전투가 벌어질 때는 농민들을 군사로 차출하는 역할을 했다. 어떤 지역에서는 기사가 곧 영주이기도 했다. 기사도라 함은 왕에게는 충성을 다하고 봉신에게는 관대하게 대하는 기사의 덕목을 가리키는 말이다. 영주가 왕에게 충성 서약을 하면 왕은 일정 세금만 걷는 대신 영주의 독립 자치권을 보장해 주며 봉토를 하사했다.

로마인이 된 게르만족, 게르만처럼 변한 로마
봉건제는 족장에게 절대적인 충성을 바치고 족장은 부족민들을 보호하기 위해 나서서 싸우는 게르만족의 부족 습속이었다. 훈노는 서양 문헌에 '훈족'으로 기록되었는데 훈족 세력이 서쪽을 향해 팽창하자 게르만족은 훈족에 맞서다가 어쩔 수 없이 남쪽으로 밀려가게 된다. 게르만족이 남쪽으로 이동하고 로마와 충돌했다. 로마군에 제압된 게르만족은 노예로 편입되었고, 로마에 맞선 게르만 세력은 끊임없이 로마를 괴롭혔다. 서로마는 용병대장 오도아케르의 일격으로 게르만에게 정복되지만 오도아케르는 동로마 황제의 신하가 될 것을 맹세하며 총독으로 머물렀다. 게르만족이 로마로 편입되면서 자연스럽게 그런 문화가 사회 여러면에 반영되어 정착된 것이 봉건제다. 게르만족은 로마제국 입장에서 무식하고 거칠고 유랑하는 야만족일 뿐이었지만, 그렇다고 그들이 문명인인 로마인보다 미개한 족속은 아니었다.

도이칠란트의 역사가 테오도르 몸젠은 이렇게 말했다. "게르만족이 로마에 동화된 것처럼 보이지만 사실은 로마인들이 게르만족처럼 변해버린 것이다." 게르만족은 로마 문명의 파괴자가 아니라 새로운 문명의 조력자였다. 게르만족을 무력으로 진압하기를 단념한 로마 황제들은 이들이 로마 영토 안에 살 수 있도록 허가했고 자치권도 부여했다. 그러자 더 많은 게르만족이 이동하게 된다. 상하 위계 관계를 중시하는 게르만의 습속이 곳곳에 스며들었다.

유럽 인구는 1300년까지 꾸준히 증가하다가 1348년을 기점으로 흑사병과 대규모 전쟁 때문에 급속히 감소한다. 흑사병 사망자가 특히 많았던 것은 영양실조에 허덕이던 농민들이 이 전염병에 무척 취약했기 때문이다. 인구 감소는 봉건제 쇠퇴의 주요한 원인이다. 봉토를 경작할 농민이 줄어들고 그에 따라 세금도 줄어들다 보니 봉건적 경제 질서는 차즘 무너졌다. 봉건제가 무너진 자리를 대신한 것은 중앙 집권적 정치 체제였다. 지방 귀족의 권한은 축소되고 권력은 왕에게 집중되었다. 기사가 사라지고 중앙 정부에서 운영하는 상비군이 등장했다. 폐쇄적이며 자급적이었던 장원제의 경제 활동은 개방형 시장 경제로 전환되었다. 봉건제는 중앙 집권 국가가 등장하기 전까지 불안한 세상을 지탱하는 임시 정치 체제 역할을 수행했다. 봉건제에서 영주와 관계를 맺으며 살아야 했던 농민들은 더 큰 거대 영주인 왕과 관계를 새로 맺는 것에 별 거부감이 없었다. 통치 방식이든 착취 방법이든 다 비슷했기 때문이다.

History Tip

충성 서약에 대한 반대 급부로, 또는 특별한 공을 세운 가신들에게 왕이 내리는 토지를 은대지(恩貸地, 조건을 달고 하사된 토지)라 한다.

그리스도교 세계: 비극으로 끝난 전략적 제휴

고위 성직자 선출 권한을 누가 쥐느냐 하는 문제에서 교
황과 황제는 서로 한발도 물러서지 않았다.

서기 313년에 콘스탄티누스 황제가 그리스도교를 포용한 까닭은 그렇게
하는 것이 국가 통합에 긴요했기 때문이다. 그 이후 시대의 왕과 황제들
이 그리스도교와 협력한 것도 마찬가지 이유다. 세속 권력과 보편 종교
를 지향하는 로마 교회는 상호 협조했다. 그러나 교회의 권력이 지나치
게 커지자 둘 간의 제휴 관계에는 금이 가기 시작했다. 391년 로마제국
의 국교가 된 로마 교회는 불과 두 세기도 지나지 않아 결정적 위기에 봉
착했다. 테오도시우스 황제의 명으로 분할 통치되던 로마의 서쪽에는 게
르만족의 영향이 커지기 시작했다. 476년 게르만 용병 대장 오도아케르
의 침략으로 서로마제국은 패망했다. 동방 교회와 사사건건 대립하던 로
마 교회는 서로마 붕괴 이후 더욱 위축되었고 결국 게르만족의 힘을 빌
려 동로마를 견제하는 방법을 택한다.

로마 교회의 궁여지책

교회가 동과 서로 분열된 발단은 우상 숭배 논쟁과 삼위일체 논쟁이다.

초기에 예수의 십자가 이외에는 어떤 성상도 허락하지 않았던 서로마는 교회의 존립 자체를 위협받는 상황에서 게르만 세력을 포섭하려고 그들의 종교 풍습인 우상 숭배를 받아들였다. 동방 교회는 이를 강력히 비판했다. 삼위일체는 좀 더 심각한 문제였다. 신성은 아버지 하느님에게서 나오는 것이며 아들 예수는 단지 전달자라고 주장하는 동방 교회와 아버지와 아들 모두 동등한 신성을 갖는다고 주장하는 서방 교회, 즉 로마 교회의 입장 차이는 4세기부터 불거진 이래 결국 완전한 분열로 이어졌다.

프랑크족의 왕 클로비스가 496년 로마 가톨릭으로 종교를 전향한 사건은 서로마 교회에게는 무척 중요하다. 이를 계기로 동로마 교회에 맞설 수 있는 힘을 얻었기 때문이다. 교회와 국가는 다시 손을 잡았다. 800년 크리스마스에 교황은 프랑크왕국의 샤를마뉴를 서로마의 전통을 계승하는 황제로 추대하고 황제관을 씌워주었다. 샤를마뉴는 그 임무를 충실히 수행했으며 교황과 황제의 전략적 제휴는 성공을 거두는 듯 보였다. 교황 요하네스12세는 마자르족의 침입을 막아주고 귀족 세력의 압력에서 보호해 준 동프랑크의 왕 오토1세를 962년에 신성로마제국의 황제로 추대했다. 교황은 신성로마가 패망한 서로마의 부활이기를 기대했지만 자신의 뜻대로만 되지는 않았다. 황제의 발언권이 점점 세졌기 때문이다.

고위 성직자 임명권이 갈등의 원인

1073년 교황이 된 그레고리우스7세는 황제가 관여하던 성직자 임명 권한을 완전히 독점하고자 했다. '세속 권력이 성직을 임명하는 건 이치에 맞지 않는다'는 게 그 명분이었다. 성직자 임명권을 둘러싼 힘겨루기

로마 교황권의 황금기를 연 그레고리우스7세(좌)와 교황 권력이 승리했음을 알 수 있는 '카노사 굴욕' 사건(우)

는 교황과 황제의 밀월 관계를 깨뜨려 버렸다. 위축된 황제권을 압도하며 교황 권력의 승리를 보여준 사건이 '카노사 굴욕(1077)'이다. 밀라노 주교 선출을 놓고 그레고리우스7세와 권력 쟁탈전을 펼친 황제 하인리히4세는 종교적 파면에 해당하는 파문 조치를 당한 뒤 굴복하고 말았다. 카노사에서 이룬 교황의 상징적 승리는 1122년 도이칠란트 남부의 작은 도시 보름스에서 실질적 승리로 확정되었다. 하인리히5세와 교황 카리쿠스투스2세 사이에 체결된 협약은 성직자 임명권을 교황이 갖되 후보가 다수일 때는 황제가 선택권을 갖기로 합의한 내용을 담았다. 교황권의 독립과 교황의 승리가 온 세계에 공표되었다. 교황 인노켄티우스3세의 재위 기간(1198~1216)에 교황의 권력은 절정에 달했다.

1301년에는 서임권을 놓고 프랑스 왕 필리프4세와 교황 보니파티우스8세가 맞붙었다. 이번에는 교황의 완패로 끝났다. 필리프4세는 교황청을 프랑스 아비뇽으로 옮겨버렸다. 다시 로마로 이전하기까지 70년에 걸쳐 교황청이 아비뇽에 갇혀 있던 이 시기(1309~1377)를 '아비뇽 유수(幽囚, 가둔다는 뜻)'라고 부른다. 카노사 성에서 벌어진 것과 정반대 상황이 일어난 것이다. 그레고리우스11세 때 교황청은 로마로 복귀했으나 이미 교회는 로마파와 아비뇽파로 완전히 분열된 상태였다. 1378년부터 1417년에 이르는 대분열 시기 중에는 로마파 교황과 아비뇽파 교황, 그리고 피사파 교황 등 세 명이 동시에 자신이 진짜 교황이라고 주장하는 사태가 벌어지기도 했다. 교회의 분열과 로마 가톨릭의 권위 실추는 공교롭게도 중앙 집권 국가의 도래에 기여했다. 종교 개혁의 불길이 일어나고 신교 세력이 등장하자 교황의 입지는 더욱 좁아졌다. 로마 가톨릭은 돌파구를 마련하기 위해 포르투갈과 에스파냐의 식민주의와 다시 손을 잡고 아메리카라는 새로운 세계를 개척했다. 아메리카에 상륙한 콜론 원정대가 가장 먼저 치른 의식은 십자가를 세우는 일이었다. 그리스도교 장려 정책을 폈던 황제들이 그러했듯 원정대에게도 그것이 긴요했기 때문이다.

old history

교황청이 로마로 다시 옮겨진 후 교황 그레고리우스11세가 죽자 로마파 추기경단은 이탈리아인 우르바누스6세를 교황으로 선출했다. 이에 반발한 프랑스파 추기경들은 프랑스인 클레멘스7세를 교황으로 내세웠다. 분열을 해결하려고 양측의 추기경단은 1409년 피사에서 공의회를 소집해 알렉산드르5세를 새로운 교황으로 선출하였다. 그러나 아비뇽과 로마의 교황이 공의회의 결정을 받아들이지 않아 3명의 교황이 존재하는 사태가 빚어졌다.

비잔틴 세계: 유럽을 지키려는 마지막 몸부림

체계적인 법률과 촘촘한 관료 조직, 안정된 세수 확보
등이 잘 맞물리자 동로마제국은 천 년 넘게 번영을 이어
갔다.

오늘날의 그리스, 터키, 중동, 이집트 지역에 걸쳐 있던 동로마제국은 유럽의 수호자로서 동방 세력의 수많은 침입을 막아내면서 천 년 넘게 존속했다. 동로마가 그보다 일찍 무너졌다면 오늘날 유럽의 지형도와 문화는 무척 달라졌을 것이다. '동로마'라든지 '비잔틴제국'이라는 표현은 모두 역사가들이 편의상 붙인 용어로, 당시 사람들은 자신의 제국을 그냥 '로마' 또는 '새로운 로마'라고 불렀을 뿐이다.

서구 역사 연구자들에 의해 폄하된 동로마제국 역사

비잔틴제국의 수도인 비잔티움(이스탄불)은 고대 그리스의 식민 도시였는데 그리스의 정복자 비자스의 이름을 딴 것이다. 콘스탄티누스 황제는 330년에 비잔티움으로 수도를 옮기면서 도시 이름을 콘스탄티노플로 바꾸었다. 비잔티움의 형용사형인 비잔틴을 사전에서 찾아 보면 음모나 술수를 꾸미는 뜻이라고 나오는데, 세계인에게 이런 편견을 심은 사람은 『로마제국쇠망사』를 쓴 18세기 역사학자 에드워드 기번일 것이다.

기번은 동로마제국의 역사를 "허약함으로 점철된 지루하고 단조로운 이야기"라고 간단히 평했을 뿐이다. 기번에게 '위대한 로마'는 대개 로마가 포함된 서로마만을 지칭한다. 그렇지만 후대 유럽인의 입장에서 보면 동로마는 고대 그리스의 찬란한 정신을 보존한 서구 문화 계승자이자, 슬라브족에게 보편 종교를 전파한 선도자이며, 7세기부터 11세기까지 이슬람 세력이 팽창하는 것을 막아준 평화 수호자이니 기번의 평가는 너무 가혹했다.

로마제국을 단절 없이 계승했기에 굳이 따지자면 동로마제국의 역사가 곧 로마제국의 역사이겠지만 서로마와 대립하는 관계로 살핀다면 330년 5월 콘스탄티누스의 천도 시기를 그 시작점으로 봐야 할 것 같다. 동로마는 1453년 오스만제국의 술탄 메흐메트2세에게 정복당하기까지 1123년 동안 존속했다. 콘스탄티누스의 재위 기간은 그리스도교 역사에서 중요한 전환점이었다. 313년 밀라노 관용령을 발표하며 그리스도교를 믿는 이들에게 자유를 부여했고 처음으로 정식 종교로 인정했다. 콘스탄티누스 치세 이래 동로마는 명실상부한 권력과 부와 문화의 중심지였다. 콘스탄티누스는 그리스도교에 대해 관용을 펼치면서도 죽음을 앞둘 때까지 세례받는 것을 미루었다. 제국을 경영하고 통합하려면 어느 종파에도 속하지 않는 편이 훨씬 유리했기 때문이다. 철저히 현실적 목적을 중시했고, 그런 실용 정신이 동로마를 강하게 만들었다.

천년을 존속한 제국 비잔티움
476년 서로마를 정복한 게르만 용병대장 오도아케르는 서로마 황제 표장을 동로마 황제에게 바친 뒤 스스로 서로마 지역의 총독 자리를 맡았다. 이로써 로마제국의 정통성은 그대로 동로마에 의해 계승되었다. 동로마가 장수할 수 있었던 원동력은 효율적 관료제에서 나왔는데 이는 개인의 능력보다 시스템의 위력을 중시하는 로마제국의 오랜 전통을 계승한 것이다. 특출한 소수가 국정 운영을 떠안기보다 보편적 능력을 갖춘 전문가 다수가 각자 분야에서 국정을 운영했다. 역사가 스티븐 런시먼은 이렇게 평가한다. "비잔틴제국의 힘과 안정은 관료제 덕이다." 유스티니아누스1세의 통치 기간(527~565)은 비잔틴 제국의 전성기였다. 유스티니아누스는 출신 성분이 아닌 능력에 따라 인재를 선발했다. 본인이 직접 전쟁에 참여하지는 않았으나 유능한 장수들을 기용하여 과거 로마제국이 차지했던 영토를 회복하기 위해 힘을 썼다. 이베리아 해안 지역을 점령하고, 동고트 왕국을 멸망시켰으며, 즉위 초기부터 대립하던 거대 세력 사산조 페르시아와 강화 조약을 맺음으로써 외부의 위협 요소를 제거했다. 유스티니아누스는 『로마법대전』을 편찬하는 사업에 큰 공을 들였다. 향후 거의 모든 유럽 국가가 이 법률 체계를 모델로 삼게 된다.

비잔틴 정신을 상징하는 예술품은 모자이크다. 서로 다른 개별 조각들을 절묘하게 짜맞추어 거대한 단일 작품을 만드는 모자이크의 창작 원리는 비잔틴제국을 오래 존속시킨 제국의 통합 정신 같다. 키에프 공국의 블라디미르 공은 988년에 전통 전래 종교를 포기하고 동로마의 종교(그리스정교)를 국교로 채택했다. 모스크바 공국의 이반3세는 비잔틴 계승자라고 자처하며 모스크바를 제3의 로마라 칭했다. '차르tsar'라는 로마식 황제caesar 칭호를 사용한 것도 이때부터다.

동로마는 로마의 정치와 법을 계승했지만 언어와 사상은 그리스를 계승했다. 그리스와 동방 문화가 융합한 헬레니즘은 실용 정신으로 가득

비잔틴 제국의 예술 양식 중 하나인 모자이크
벽화

찬다. 보편 종교인 그리스도교를 제국의 중심에 두고 황제 권력과 교회 권력이 조화를 이루었기에 통합 제국은 오래도록 존속했다. 비잔틴제국은 사라졌으나 유럽 문화 곳곳에 스며든 비잔틴이라는 형용사는 소멸하지 않았다. 동로마에 관해 조금만 알아도 비잔틴이라는 형용사에 부여된 부정적 의미가 정보 부족에서 빚어진 편견이라는 점을 알게 된다.

History Tip

717년에 레오3세는 신무기 폭약인 '그리스의 불Greek fire'을 앞세워 콘스탄티노플을 침략한 이슬람 군대를 격퇴했다. 이 전투에서 동로마가 졌다면 오늘날 유럽은 이슬람 세력이 지배하고 있을 것이다.

십자군 전쟁: 천년전쟁의 막이 오르다

이슬람 세력에 빼앗긴 성지를 되찾는다는 명분으로 우르바누스2세가 선포한 십자군 원정은 끝나지 않을 기나긴 전쟁을 예고했다.

로마의 주교이자 교황인 우르바누스2세는 1095년의 한 설교에서 이렇게 외쳤다. "동방 교회의 형제들이 우리에게 도움을 청했습니다. 이슬람교도와 아랍인들에게 영토를 빼앗겼기 때문입니다. 주의 이름으로 명하노니 상스러운 종족들을 그 땅에서 영원히 몰아냅시다!" 도움을 청한 이는 비잔틴제국의 왕자 알렉시우스 콤네누스다. 우르바누스2세의 외침에 청중 하나가 큰 소리로 화답한다. "이것은 하나님의 뜻이다!" 이어 모든 군중이 하나가 되어 '하나님의 뜻이다'를 연호했다. 천 년에 걸쳐 일어나게 될 성스러운 전쟁의 막이 올랐다.

같은 신을 섬기고 같은 성지를 공유하는 두 종교의 갈등

십자군 원정의 1차 목표는 예루살렘 수복이었다. 중세 사람들은 성지 순례를 다녀오면 죄를 일부 씻어낼 수 있다고 믿었기에 길고 험한 고행길을 선뜻 자처했다. 순례의 하일라이트는 당연히 예루살렘이었지만 그 길목의 주인은 638년 이래로 이슬람 사람들이었다. 11세기 후반에 셀주크

십자군 원정은 종교적 열망보다는 세속적 이해가 난무하는 피와 돈의 전쟁이었다.

제국이 세력을 넓히면서 팔레스타인과 시리아 일대를 점령했다. 투르크
인들은 예루살렘으로 통하는 길목에서 순례에 오른 그리스도교도에게
통행료를 받았다. 신성한 행위를 돈벌이 수단으로 삼는 태도에 유럽인들
의 심기는 불편해졌다.

교황은 십자군을 이렇게 독려했다. "내 명령을 따르는 것은 주님의 명
을 받드는 것이오니 나를 따르면 너희의 모든 벌과 죄를 사면해 주리라."
면벌부 또는 면죄부라는 말이 등장한 게 이때다. 이웃을 사랑하고 모욕
을 존경으로 갚으라던 예수의 가르침과 정반대로, 십자군은 성스러운 전
쟁이라는 명분 아래 상스럽고 끔찍한 모든 수단을 동원했다. 십자군은
이슬람 사람들을 산 채로 태워죽이고 닥치는 대로 찔러 죽였으며 갓 태
어난 아기들을 벽에 던져 죽여 버렸다. 한 십자군은 고향에 보낸 편지에
이렇게 적었다. "솔로몬 궁의 회랑과 성전에서 우리 군대는 말을 타고 달

렸는데, 말의 무릎까지 사라센 사람들의 피로 젖었다." 이 무차별 살해 작전은 1097년 니케아 점령, 1098년 안티오키아 점령, 그리고 1099년 7월 15일 예루살렘 점령으로 완수되었다.

예루살렘은 십자군이 점령한 지 채 100년도 지나지 않은 1187년에 이슬람 세력에게 다시 넘어갔다. 1198년 교황에 즉위한 로마 주교 인노켄티우스3세가 십자군 원정을 재개했다. 이 원정에서 그리스도교 역사상 가장 비극적이고도 수치스러운 사건이 벌어졌다. 비록 불편한 관계에 있긴 했지만 형제나 다름없는 동로마의 심장을 피로 물들인 것이다. 그리스도교 십자군이 1203년 7월 5일에 그리스도교가 처음 공인되었던 성지 콘스탄티노플을 점령했다. 무자비한 약탈과 방화, 강간이 벌어졌다. 동방교회의 한 저술가는 이렇게 기록했다. "어깨에 십자가를 걸고 있던 그들을 보니 예전에 우리를 지배한 이슬람교도들이 무척 자비로웠음을 알게 되었다." 이는 그리스도교 세계가 로마 가톨릭과 그리스정교회로 영원히 분리되는 결과를 낳았다. 십자군 전쟁은 원래 같은 하나님을 믿는 동방교회의 지원 요청을 받아들여 교황 우르바누스2세가 시작한 그리스도교의 성전인데 바로 그들을 점령하고 약탈하는 지경까지 온 것이다. 그 뒤 십자군 전쟁은 독실한 신앙심을 지닌 프랑스의 루이9세 같은 군주가 주도한 7차 원정까지 이어졌지만 결국 모두 실패로 끝났다.

십자군 전쟁은 21세기에도 진행 중

로마 교회는 종교개혁이라는 새로운 요구에 직면했지만 스스로 개혁하지도 않았고 개혁 세력의 요구에 귀를 기울이지도 않았다. 가톨릭 군대는 1572년 성 바르톨로메오 축일에 신교도 1만 명을 죽였다. '위그노 대학살'이라 불리는 사건이다. 가톨릭 세계는 1618년부터 30년간 개신교 세력과 전쟁을 벌였다. 우르바누스2세가 촉발한 십자군 운동은 대항해 시대를 맞아 식민주의로 모습을 바꾸어 지속되었다. 신대륙 원정대는 겉모습을 바꾼 십자군이었다. 원정대는 신대륙에 새로운 식민지를 건설할 때마다 먼저 십자가를 세우고 교회를 지었다.

두 차례에 걸친 미국의 이라크 침공은 미국 행정부의 대외 정책 수립에서 강력한 영향력을 행사하는 세력 집단인 네오콘(neocon, 신보수주의자)이 주도했다. 네오콘 가운데 일부 이론가들은 실제로 "유대-그리스도교 문명과 이슬람 문명의 대결"이라고 규정하며 이라크 전쟁을 20세기판 십자군 전쟁으로 몰고 갔다. 팔레스타인 해방기구 의장이었던 야세르 아라파트는 이렇게 말한 적 있다. "우리 조상들은 백년 동안 십자군과 싸웠고 나중에는 영국과 프랑스의 제국주의와 싸워야 했다." 팔레스타인 자치 정부는 이제 미국과 맞서 싸워야 하고, 미국의 전폭적인 지원을 받는 이스라엘의 공격과 탄압에 맞서 싸워야 한다. 그 땅에 종교적 자비란 없다.

History Tip 16세기에는 가톨릭 내에서 신교도에게 빼앗긴 땅을 되찾자는 움직임이 일어났다. 유럽의 인문 정신을 대표하는 에라스무스는 당시 병사를 앞세우고 행진하는 교황 율리우스2세를 보며 세속 권력을 휘두르는 가톨릭을 비판하고 조롱했다. 〈우신예찬〉도 이 시기에 쓴 작품이다.

중앙 집권 국가: 최후의 승리자로 남은 왕

각 지방의 실질 통치자였던 영주와 기사 계급이 오랜 전
란 끝에 몰락하자 왕은 이 틈을 놓치지 않고 헤게모니를
쥐었다.

중세를 지탱하던 봉건제의 세 가지 요소는 지방 분권(정치), 장원(경제),
기사제(군사)다. 13세기부터 이 세 요소가 무너지기 시작했다. 귀족이 차
지했던 자리에 전문 행정 조직에서 배출한 관료들이 들어서기 시작했다.
정해진 영토 안에 비슷한 인종적, 언어적, 문화적 특성을 공유하는 '국민'
이라는 개념이 생겼다.

상비군의 등장은 국민국가의 필수 요소

흑사병 때문에 농민 인구가 급감하자 영주가 농노에게 노동력 제공 대신
화폐를 요구하기 시작했다. 폐쇄적 장원제가 무너지면서 경제 시스템은
개방적 경제로 바뀌기 시작했다. 십자군 전쟁 같은 장기간 원정길에 오
른 기사들과 봉건 제후들이 자기 영지 관리에 소홀했던 것도 장원 시스
템 붕괴의 한 원인이다. 14세기 중반에 화포가 보급되면서 갑옷으로 무
장하고 말을 탄 채 성을 공략하거나 방어하던 기사전은 총과 대포로 무
장한 보병들의 전투로 바뀌기 시작했다. 이로써 정치, 경제, 군사 측면이

모두 근대적으로 변하면서 세상도 변했다.

십자군 원정이 끝나자 이번에는 프랑스와 잉글랜드 사이에 백년전쟁이 일어났다. 양쪽의 군주에게 얽힌 기사 계급과 귀족들은 이 장기간의 전쟁통에 죽거나 재산을 탕진하면서 자멸했고 왕은 유일한 승리자로서 국민국가Nation State라는 전리품을 얻었다. 왕은 국민이라는 낯선 개념을 친숙하게 만들기 위해 애썼다. 작가들과 화가들은 민족 영웅들을 발굴해 작품으로 표현했다. 아서왕 신화도 12세기에 이런 목적에서 탄생한 것이다. 인쇄술과 종이가 보급되면서 문자 통일과 표준 언어 도입이 용이해진 것도 국민국가 탄생에 한몫 했다.

1066년에 노르망디의 공작 윌리엄이 잉글랜드를 정복한 이후 2세기 동안은 국왕이 정치 체제를 자신에게 유리하게 고쳐가는 과정이었다. 존왕이 귀족들의 압력에 굴복해 서명한 '대헌장'은 역설적으로 평민의 권리를 보장하는 의회 정치의 초석이 되었다. 중세 연구자 스트레이어는 이렇게 적었다. "대헌장은 왕이 자의적으로 정부를 만들지 못하게 했지만, 그렇다고 해서 중앙 집권 정부를 불가능하게 한 건 아니다." 대헌장이후 오히려 중앙 집권화에 가속이 붙었다. 관료들은 효율적인 사법 행정 제도를 만들기 위해 노력했고, 1274년 즉위한 에드워드1세는 강력한 군주 국가의 위용을 과시했다. 그는 동로마제국의 번영을 이끈 황제의 이름을 본딴 '잉글랜드의 유스티니아누스'라는 찬사를 받았다.

백성들이 원한 건 오로지 안정
프랑스에서는 조금 느리게 그리고 다른 방식으로 중앙 집권화가 이루어졌으나 1300년 무렵에는 잉글랜드와 거의 비슷한 수준에 이르렀다. 백년전쟁은 왕위 계승권을 둘러싸고 영국과 프랑스 왕조의 가문들이 대를 이어 싸운 전쟁이다. 프랑스의 승리로 끝난 백년전쟁을 기점으로 봉건제가 완전히 붕괴했고 새로운 신분 계급이 출현하기 시작했다. 구시대의 모든 것

백년전쟁은 1337년부터 1453년까지 영국과 프랑스 사이에서 일어났다. 프랑스의 승리로 끝난 백년전쟁을 기점으로 장원이 해체되면서 봉건제가 완전히 붕괴했고 새로운 신분 계급이 출현하기 시작했다.

들이 쇠락하고 있을 때 홀로 강해진 것이 왕권이다. 예를 들어 백년전쟁 이전 프랑스의 왕은 여러 힘 있는 대영주들 가운데 하나일 뿐이었으며 국가 역시 영주들의 느슨한 동맹체에 가까웠다. 그러나 백년전쟁이 끝나자 상비군을 갖춘 강력한 국왕이 탄생했다. 백년전쟁 결과 프랑스 지역에 점유하고 있던 영토를 거의 다 빼앗긴 영국의 상실감은 대단했는데 이 상실감은 강력한 권력에 대한 국민의 열망을 부추겼다. 그런데 이 와중에 백년전쟁에서 돌아온 기사들이 대귀족의 권력 쟁탈전에 또 다시 투입되었다. 영국에서는 붉은 장미 문양을 쓰는 랭커스터 가문과 흰 장미 문양을 쓰는 요크 가문이 30년(1455~1485)에 걸쳐 또 전쟁을 치렀다. 장미전쟁이라 불리는 귀족 가문들 간의 혈투는 귀족들의 공멸로 끝났다. 이제 더 동원할 기사도 없고 서로 이권을 놓고 또는 명분을 놓고 싸울 만큼 거대한 귀족 가문도 거의 다 사라졌다. 헨리7세가 절대왕권을 구축하게 된 배경이 그러하다.

평범한 백성들은 끝도 없이 벌어지는 분쟁을 모두 끝내줄 수 있는 강

력한 통치자를 열망했다. 왕은 이에 부응했다. 지금이야 누구나 자연스럽게 받아들이지만 천년 전만 해도 국민국가란 사람들에게 무척 낯선 개념이었다. 그들에게는 제국 아니면 도시국가만 있을 뿐이었다. 제국은 자칫 방만하게 운영되기 십상이었기에, 시민들은 제국의 일원이라는 소속감이 미약했다. 한편 도시국가는 효율적으로 운영되긴 했으나 시민들은 나라가 각종 이권에 따라 언제든 분열될 수 있다는 불안감을 안고 살아갔다. 그 둘의 장단점을 보완한 새로운 통치 체제가 국민국가라는 가상 공동체다. 1300년경 유럽에 현대적인 국민국가의 모습이 생기기 시작했다. 그러니 21세기에 200개 이상으로 늘어난 국민국가는 칠백 살 정도 나이를 먹은 셈이다.

History Tip

14세기 말에는 유럽 전역에 흑사병이 창궐해 인구 3분의 1이 죽었다. 1358년 프랑스에서 일어난 '자크리 난'이나 1381년 영국에서 일어난 '와트 타일러 난' 같은 사건은 처절하게 생존하고자 했던 그 시절 농민들의 절규다.

신성하지도 않고 로마도 아니며
제국도 아닌 신성로마제국

계몽사상가 볼테르는 신성로마제국을 가리켜 신성하지도 않고 로마도 아니며 제국도 아닌 이상한 권력 집단이었다고 폄하했다. 신성로마제국이란 로마 교회를 추종하는 유럽 국가들을 묶은 가상 제국으로 세속에 구현한 가톨릭 연합체다. 탄압받는 종교였던 그리스도교는 313년에 콘스탄티누스 황제에 의해 정식 종교로 인정받으며 그 모진 역사를 일단락지었다. 테오도시우스1세는 391년에 그리스도교를 국교로 제정했다. 이때부터 보편적 종교란 뜻인 '가톨릭Catholic'이 널리 쓰이기 시작했다. 395년에 테오도시우스1세가 죽자 통치권은 두 아들에게 각기 분할 양도되었고 제국은 동서로 나뉘었다. 동로마의 가톨릭은 그리스정교회로 발전했고 나중에 러시아 등으로 전파됐다.

476년에는 게르만족 용병 오도아케르가 서로마를 정복함으로써 짧았던 서로마제국의 역사는 막을 내렸고, 아울러 로마 교회도 쇠락기로 접어드는 듯했다. 로마 교회의 부활 기획은 795년부터 816년까지 재위한 교황 레오3세에 의해 실현되었다. 레오3세는 800년 12월 25일 성 베드로 성당에서 성탄 미사를 집전하면서 프랑크제국의 통치자 샤를(카를)에게 왕관을 씌워 주며 그를 서로마제국의 황제라고 선언하였다. 버젓이 하나로 존재하는 로마제국인 동로마는 거세게 반발했다. 교황은 여기서 멈추지 않고 '신성로마'라는 새로운 로마를 하나 더 만들어냈다. 교황청은 962년에 도이칠란트의 왕 오토1세를 신성로마제국의 황제로 추대했다. 신성로마제국이란 명칭이 아직 사용되지는 않았어도 신성로마제국의 역사를 모두 살펴 보건대 그 정통성이 시작된 시점은 962년으로 보는 게 타당할 것 같다. 그러나 권력을 나눠갖기는 어려운 법, 황제들은 교황의 원래 기획대로 움직여 주질 않았다.

신성로마제국에서 벌어진 일 중에 가장 극적인 사건은 교황권과 황제권의 정면 충돌이 빚은

'카노사 굴욕'일 것이다. 성직자의 임명 권한을 두고 싸우던 황제 하인리히4세가 교황 그레고리우스7세에게 굴복한 다음 눈이 쌓인 카노사 성 안뜰에서 맨발로 3일간 용서를 빌었다는 일화는 후대에 각색된 면이 없진 않지만 현실 권력을 독점하려는 황제와 교황의 대립을 그처럼 진실되게 보여주는 일화도 없다. 하인리히4세는 권력 집단으로 변해버린 교회를 개혁하려던 하인리히3세의 아들이다. 하인리히3세는 클뤼니 수도원을 중심으로 펼쳐진 개혁 운동을 전폭적으로 지원했는데 그 개혁 운동의 열렬한 일원이었던 청년 성직자 힐데브란트가 나중에 교황 그레고리우스7세가 된다. 교황 그레고리우스는7세는 자신의 현재를 만들어 준 하인리히3세의 아들에게 비참한 굴욕을 안긴다. 역사는 이렇게 역설적 인간 관계로 얽히고설켜 있다. 교황 선출은 초창기에는 성직자와 신도들이 함께 참여하는 방식으로 진행되었지만 시간이 흐르면서 점점 황제나 귀족의 입김이 선출 과정에 거세게 작용하며 변질됐다. 힐데브란트는 교황이 되기 전, 세속 권력을 배제하고 추기경들끼리 선거로 교황을 정하는 '콘클라베conclave' 방식을 만들었다. '카노사 굴욕'을 기점으로 그레고리우스7세는 자신의 승리를 확신했겠지만, 굴욕을 딛고 일어난 하인리히4세의 군대가 자신을 향해 공격해 오자 피신해 있다가 얼마 지나지 않아 죽었다. 그렇다고 황제권이 승리한 것도 아니었다. 하인리히4세는 꿈을 이루지 못하고 56세 나이로 갑자기 죽었다. 1122년 보름스협약이 체결되고 서임권이 교황에게 있다는 점이 확인되면서 양자 대결은 교황의 우세승으로 마무리되었다.

아메리카 대륙 지배 시대를 이끈 카를5세(에스파냐의 왕 카를로스1세)는 '신성로마제국'이란 용어를 공식적으로 가장 많이 사용한 황제인데, 루터가 촉발한 반가톨릭 운동 때문에 골머리를 썩었다. 저항하는 자라는 뜻인 프로테스탄트Protestant라는 명칭이 생긴 것이 이때다. 1618년부터 시작된 가톨릭과 신교 사이의 30년 전쟁이 끝난 후 체결된 1648년의 베스트팔렌 조약은 신성로마제국의 시한부 선고였다. 베스트팔렌 조약을 기점으로 개신교 나라들이 제국에서 완전히 탈퇴했기 때문이다. 거대 정치 권력에 의한 지배가 사라지고 유럽 여러 나라들의 자치가 시작됐다. 신성로마제국은 주로 도이칠란트 역사 안에서 1806년까지 명맥을 이었다. 〈파우스트〉에 이런 대목이 나온다. "사랑하는 신성로마제국이여 어떻게 여지껏 존립할 수 있었느냐?" 괴테가 〈파우스트)를 구상한 때가 20대 중반인 1780년 무렵이었는데 그의 눈에는 실체도 없으면서 어렴 풋이 존속하는 신성로마제국이라는 존재가 무척 의아했을 것이다. 1806년 8월 6일 도이칠란트 신문들에는 "도이칠란트제국 해산"이라는 헤드라인이 실렸다. 그 도이칠란트제국이란 신성로마 제국을 가리키는데 이미 신성하지도 않고 로마도 아니었던 이름뿐인 제국의 적절한 말로였다.

종교개혁: 인쇄술과 잉크 기술이 없었다면?

아무리 **훌륭한** 개혁이라도 환경과 조건이 갖추어지지
않으면 성공하기 어렵다.

포르투갈과 에스파냐가 새로운 항로를 개척하고 있을 때 도이칠란트의
수도사 루터는 인간 구원을 향한 새로운 항로를 모색하고 있었다. 이제
까지 이해 관계가 판이하게 달랐던 귀족과 민중 그리고 종교 개혁가들을
한데 묶어주어 가톨릭 세계를 변화시킨 원동력은 새로운 인쇄 기술이었
다. 1450년경 고안된 구텐베르크 활판인쇄술은 30년 만에 전 유럽으로
전파되었다. 대중화되기까지 시간이 조금 더 필요했지만 1500년대가 되
면 누구든 돈만 지불하면 인쇄물을 마음껏 복사할 수 있었다.

아무리 고상한 사상도 전파되지 않으면 무의미한 것

에라스무스는 10년 연구 끝에 1516년에 라틴어 번역과 주해를 단 그리
스어 성서를 펴냈다. 이를 계기로 유럽에서 가장 훌륭하고 유명한 인문
주의자라는 영예를 얻었다. 에라스무스는 그리스어 성서 완역이라는 어
려운 지적 과업을 훌륭하게 해냈을 뿐만 아니라 당시로서는 매우 드물게
폭넓은 계층의 독자들까지 확보했다. 인쇄술 덕이다.

활판 인쇄는 금속 활자와 인쇄기만 있다고 해서 되는 게 아니다. 금속에 잘 붙고 종이에 잘 찍히며 금세 마르는 잉크 기술이 없다면 문서를 두 장도 못 찍는다. 네덜란드 장인들이 잉크 기술을 개발해두지 않았다면 구텐베르크는 금속 활자와 인쇄기를 창고에 넣어둔 채 잉크 개발에 매달렸을 것이다. 인쇄술은 어느 날 하늘에서 번개처럼 뚝 떨어진 발명품이 아니다. 그 시대가 인쇄술을 요구했고 기술자들이 그 요구에 충실히 응답했기 때문에 가능했다. 종이가 값싸게 보급되었기에 인쇄 기술이 날개를 달았다. 1300년대까지 책 만드는 재료는 주로 양피지였는데 양이나 송아지를 도축하면 양피지는 마리당 기껏해야 넉 장이 나온다. 그렇게 치면 성서 한 권을 펴내려면 양을 3백 마리나 잡아야 한다. 종이는 양피지의 6분의 1에 해당하는 가격으로 시장에 등장해 단숨에 시장을 독점해버렸다. 이 시기에 문맹률이 낮아져서 책에 대한 수요가 늘어났다는 분석도 있다. 그 말도 틀리진 않지만 반대 측면이 더 중요하다. 책값이 싸지니까 책 수요가 늘어난 것이다. 재미있고 풍부한 정보를 책에서 얻으려다 보니까 자발적으로 글을 깨우치는 인구가 늘어나 문맹률이 낮아진 측면도 크다.

면벌부에서 면죄부로, 부패의 진화

성 베드로 성당 건축에 의욕을 보인 교황 레오10세는 갖은 방법을 동원하여 공사 비용을 모았다. 면벌부와 면죄부가 그 묘안이었는데 천국행 급행 열차표를 끊기 위해 교회마다 장사진이 펼쳐졌다. 당시 이런 노래가 유행했다. "잔돈을 돈궤 속에 짤랑 넣자마자 영혼은 연옥을 빠져나오네." 루터는 이렇게 외쳤다. "진심으로 회개한 모든 신자들은 면죄 증서 없이도 벌과 죄를 완전히 사할 수 있느니라(95개조 반박문 제35조)." 1517

중세 로마 교회에서 발급하던 면죄부. 죄를 지었어도 처벌을 면할 수 있다는 면벌부는 면죄부라는 이름으로 바뀌어 판매되었다. 처벌만 면하는 게 아니라 죄 자체를 없애주는 것이었기에 면죄부를 사려는 사람들로 교회마다 장사진을 이루었다.

년에 95개조 반박문을 비텐베르크 교회 대문에 붙인 루터는 원래 조용한 토론으로 교회의 잘못을 바로잡고자 했다. 교회 대문은 게시판 같은 역할을 했으므로 루터는 교황청의 신학자나 관료를 상대로 사상 논쟁을 벌이고자 했던 것이다. 그런데 일이 엉뚱한 방향으로 흘러갔다. 루터의 지지자들과 동료들이 반박문을 대량으로 복사해 배포하기 시작한 것이다. 루터는 일약 유명인사가 되었고 종교개혁의 선봉에 서게 되었다. 역사의 인물은 그렇게 만들어진다. 인쇄술의 위력을 깨달은 루터는 팸플릿을 만들어 민중을 선동하는 데 적극 활용했다. 1520년에 찍은 팸플릿인《도이칠란트 크리스트교 귀족에게 고함》에서 루터는 대중성을 염두에 두고 강렬한 구어체 도이칠란트어로 역설했다. "적그리스도가 통치한들 지금보다 나쁘겠습니까?" 초판 4천 부가 며칠 만에 매진됐다. 루터는 25년 동안 2주일에 한 번 꼴로 팸플릿을 찍었다.

루터가 펼친 일들 중에서 덜 알려진 중요한 업적이 하나 있는데, 바로 도이칠란트어로 번역한 성서를 보급한 일이다. 루터는 개인이 신앙의 주체가 되어 스스로 영혼을 구원할 수 있는 길을 열어주고자 했다. 자신이 주도하여 신과 직접 대면하려면 무식한 백성들도 쉽게 읽을 수 있는 그 나라말 성서가 필요하다. 루터의 번역 작업은 현대 표준 도이칠란트어가 정착되는 데 기폭제가 됐다는 점에서도 각별한 의미를 지닌다. 도이칠란트 민족주의와 민중의 지지, 여기에 교회가 차지한 광대한 토지를 돌려받거나 더 갖고 싶었던 귀족들의 경제적 이해 관계까지 절묘하게 맞물려 루터의 종교개혁 프로젝트가 진행되었다. 루터는 애초 순진무구하고 용감하게 교회 개혁을 주창했고, 이해 관계가 다른 집단의 열망을 영악하게 하나로 모았다. 그러나 무엇보다 결정적인 건 각광받는 새로운 미디어 기술의 위력을 현명하게 활용했다는 점이다.

History Tip

유럽 각 도시에 인쇄술이 전파된 시기를 살펴 보면, 쾰른 1465년, 베네치아 1468년, 파리 1470년, 발렌시아 1473년, 런던 1476년, 스톡홀름 1483년이다. 1480년대에 이르러 이미 전 유럽에 구텐베르크 인쇄술이 완전히 대중화됐다. 이 물적 조건의 최대 수혜자는 종교개혁 세력이다.

르네상스: 베네치아와 피렌체의 경제가 이끌다

도시의 경제적 번영과 자유로운 분위기는 예술가들의
창작혼을 일깨우며, 인문정신으로 무장한 학자들은 정
신사의 새 지평을 열기 위해 지적 모험에 나선다.

베네치아는 십자군 원정의 운송권을 맡은 도시이고, 피렌체는 교회의 자
금을 관리하던 도시다. 이 두 도시의 경제적 풍요가 르네상스의 도래를
앞당겼다. 역사가 부르크하르트는 이렇게 적었다. "인류사에 커다란 의
미를 주는 두 도시가 있다. 300년 동안 격동에 휘말렸던 피렌체, 그리고
외면적으로 볼 때는 정치적으로 정체한 듯 보이는 도시 베네치아가 그
곳이다. 우리는 두 도시가 보여준 것보다 더 선명한 대립을 생각할 수 없
다."

독재자 코시모 메디치의 예술 사랑

기원전 59년 율리우스 카이사르는 이주민을 위해 '꽃의 도시'라는 뜻을
지닌 도시 플로렌티아를 세웠다. 완벽한 계획 도시로 건설된 플로렌티아
는 도로나 상하수도, 공중목욕탕, 포룸, 반원형 극장, 원형 경기장을 두루
갖춘 작은 로마였다. 흔히 메디치 가문이 피렌체의 문예 부흥을 이끌었
다고 말하는데, 맞는 말이긴 해도 이미 메디치가 등장하기 이전에 적어

도 피렌체의 경제력은 충분히 막강했다. 피렌체는 17세기에 전 세계의 상권을 주물렀던 소국 네덜란드의 롤 모델이었다. 피렌체는 정치적으로 극렬한 내분을 겪다가 1434년 메디치 가문의 코시모가 권력을 잡으면서 비로소 안정됐다. 독재자 코시모가 예술과 학문을 사랑한 합리적 지도자였던 점은 다행스러운 일이었다. 코시모는 능력에 따라 인재를 채용했고 누진세를 채택해 자신을 포함한 부유층에게 더 많은 세금을 걷

피렌체 공화국의 번영에 기여한 코시모 메디치. 금융업으로 거대한 재산을 모은 그는 적극적인 문예 후원자로서 레오나르도 다 빈치 같은 훌륭한 예술가들을 배출시켰다.

었다. 피렌체는 통계의 도시였다. 도시에서 벌어지는 모든 상거래와 행정 기록이 통계로 남아 있다.

413년 파도바 이민자들이 세운 도시국가 베네치아는 권력 투쟁이 극심했던 피렌체에 비해 정치적으로 평온했다. 베네치아에는 언론, 출판, 사상의 자유를 중시하는 유구한 전통이 숨쉬고 있었다. 금서 목록에 오른 루터나 마키아벨리의 책을 베네치아에서 어렵지 않게 구할 수 있었던 것도 그러한 전통 때문이다. 동로마가 멸망하고 그리스 학자들이 베네치아로 대거 망명한 까닭도 여기에 있다. 그러나 베네치아가 개인의 자유를 보장한 가장 중요한 이유는 상업의 촉진과 공화국의 번영에 도움이 되기 때문이었다. 베네치아에는 이런 말이 유행했다. "베네치아인이 먼

볼로그니노 잘티에리의 1565년작 〈베네치아의 풍경〉. 15세기에 번영한 베네치아 공화국은 출판과 사상의 자유를 중시했다. 특히 베네치아의 실용 정신은 문예 부흥 운동의 견인차가 되었다.

저, 그리스도교 신도는 그 다음." 베네치아 사람들은 늘 실용을 추구했다. 1171년에 콘스탄티노플에서 베네치아 상인을 배척하는 폭동이 일어난 것을 보면, 셰익스피어가 〈베니스의 상인〉(베니스는 베네치아의 영어권 이름)에서 파렴치한 인물로 묘사한 샤일록 같은 상인은 베네치아에 실제 존재했을 것 같다. 노골적인 이해타산 역시 베네치아의 정신이기 때문이다. 한 상인은 유언장에 이런 메시지를 남겼다. "국가에 탄원합니다. 내 자식들이 안정된 수익을 내는 정규 직업에 종사하지 않으면 금화 1천 굴덴을 벌금으로 물리십시오." 베네치아의 출판업자들 역시 실용성을 강조했다. 이들은 오랜 세월동안 쓰이던 유려하고 고상한 고딕체를 버리고 읽기 좋은 이탤릭 서체를 고안해 보급했다. 더 많은 독자들에게 더 많은 책을 판매하기 위한 실용 전략이 결과적으로 지식 보급과 문맹률 감소, 그리고 문예 부흥 운동으로 이어졌다.

르네상스, 중세의 가을인가 근대의 봄인가

베네치아는 모든 상선을 국유화했다. 그래서 자본이 별로 없는 사람들도 누구나 이 상선을 대여해 사업을 할 수 있었다. 국가는 오늘날 주식과 비슷한 '콜레간차' 제도를 운영해 시민 누구나 원하는 금액을 상선에 투자

할 수 있도록 했다. 베네치아인은 다른 무엇보다 상업적 이익을 중시하여 '전쟁 사업'에도 참여했으나 모든 삶을 시장의 논리에만 맡기지는 않았다. 개처럼 번 돈을 정승처럼 썼다. 베네치아는 유족연금을 탄생시킨 도시다. 가장이 사망하면 국가는 유족들에게 생활비를 지원했다. 국가는 식량 창고를 매달 철저히 점검하여 최저 확보량 이상을 늘 유지했다. 그 덕분에 이 나라에는 한 번도 기근이 발생하지 않았다. 전투에서 부상당한 적군도 모두 국비를 들여 치료해 주었다.

역사가 하위징아는 『중세의 가을』에서 중세에 이미 르네상스가 시작됐다고 말했다. 부르크하르트는 르네상스를 중세와 단절한 '근대의 봄'이라 불렀다. 마지막이면서 시작인 그 역설적인 시기에 르네상스라는 찬란한 꽃이 피었다. 인간이 지닌 지적 능력과 가능성을 실험하는 데는 돈이 든다. 부를 쌓은 사람들이 그 실험을 후원하면 경제적 근심을 던 학자, 기술자, 예술가는 마음껏 새로운 영역을 개척한다. 그 새로운 세계는 많은 부를 창출하며 자비로운 후원자를 합리적 투자자로 변화시킨다. 재생과 부활을 의미하는 르네상스는 단순한 과거 회귀가 아니라 바로 이러한 선순환에서 나온 달콤한 열매다. 꽃의 도시와 물의 도시가 강력한 경제력으로 그 결실을 이루어냈다.

대학의 탄생

중세The Middle Ages라는 용어는 그 시대를 산 사람들에게는 무척 언짢은 표현일 것이다. 이탈리아 르네상스를 이끈 인문주의자들이 자신들의 시대를 찬란했던 고대의 부활renaissance로 규정하면서 만들어낸 말이기 때문이다. 근대인이라 자처한 15세기 이탈리아 사람들은 중세를 훌륭한 두 시대 사이에 낀 어정쩡한 단절기라고 규정했다. 중세를 이른바 문명의 암흑 시기The Dark Age라고 부르는 건 더욱 가혹하다. 중세는 찬란한 근대 문명의 출현을 차근차근 준비했던 시대이며, 중세 지식인들은 고대와 근대를 연결하는 문화 계승자 역할을 충실히 수행했기 때문이다. 르네상스라는 말에서 우리는 흔히 이탈리아의 피렌체를 중심으로 꽃핀 문예 부흥 운동을 떠올린다. 그러나 이것은 여러 르네상스 운동, 즉 여러 문예 부흥 시도의 하나일 뿐이다. 9세기의 카롤링 르네상스, 12세기의 플라톤 부활 운동, 13세기의 아리스토텔레스 수용 모두 르네상스의 본래 말뜻(부활, 재생)에 충실한, 고전 문화를 향한 복고 운동이니 르네상스는 중세에도 매우 어울리는 용어인 셈이다. 그 중에서도 대학의 출현은 중세 문화가 낳은 가장 빛나는 성과다.

사람들은 교회에 의무적으로 나가면서 종종 자신들이 왜 교황에 복종해야 하는지 납득하고자 했고, 때로는 하느님이 실제 존재하는지 의심도 품었다. 중세 철학자들은 무조건 신을 섬기라는 계시만을 강조하는 교부들과 달리 인간이 이해할 수 있는 합리적 방법으로 신의 존재와 교회의 당위성을 증명하고자 했다. 그 방법은 치밀하고 논리적이어야 했으며 수준 높은 교양을 담고 있어야 했다. 고등 교육의 필요성이 처음으로 제기된 게 이 시점이다. 중세 지식인들이 치열하게 고민한 문제들 중에서 가장 중요한 것은 '계시'와 '이성'의 조화로, 이는 오늘날 학문 전 분야에 걸쳐 여전히 치열하게 논의되는 주제다. 중세 지식인들에게 해답의 실마리를 준 건 아리스토텔레스였다. 아리스토텔레스는 계시적인 플라톤의 이데아 사상을 현실에 적용 가능할 수 있도록 재해석하여 천상과 지상을 조화롭게 통일했다. 요약하자면 플라톤이 '신적인 원리가 먼저 있고 그러한 원리에 따라 만물이 생긴다'고 주장했다면, 아리스토텔레스는 '현실에 존재하는 사물들

속에 신적인 원리가 깃들어 있다'고 말한 것이다. 신이 저 멀리 있는 게 아니라 우리 안에 존재한다는 말이다.

당시 유럽보다 훨씬 많은 그리스 원전과 번역본을 보유했던 아랍권에서는 특히나 아리스토텔레스의 실용적 학문이 큰 위상을 떨치고 있었다. 그 서적들이 유럽에 다시 유입되자 고대 그리스의 학문은 다시 각광받게 되었다. 12세기는 수도원 활동이 정점에 달한 시기인데 이때 대학이 설립되었다. 대성당 부속 학교와 저명한 교사들이 이끄는 사설 도시 학교들의 세력이 수도원 학교를 능가하면서 수준 높은 학문적 성과를 이루기 시작했다. 이 학교와 학파를 가리켜 '스콜라'라 부른다. 스콜라의 학풍과 교육 내용은 곧이어 등장할 대학 교육의 모태가 되었다. 1088년경 유럽 최초 고등 교육 기관인 볼로냐 대학이 설립되었다. 이보다 조금 앞선 1067년에 셀주크 제국의 바그다드에도 대학이 설립되었다. 볼로냐 대학에 뒤이어 생긴 파리 대학교는 인문학부, 신학부, 법학부, 의학부 등 네 개 학부로 구성되어 종합 대학의 면모를 갖추었다. 1200년대에는 발렌시아(1208), 살라망카(1218), 파도바(1222), 나폴리(1224), 리스본(1288)에 대학이 잇따라 설립되었다. 이슬람권의 학문을 적극 수용한 살레르노에서는 의학 전문 대학이 등장했다.

여기서 놓치지 말아야 할 점은 대학이라는 고등 교육 기관이 탄생하려면 아주 튼튼한 초중등 교육이 마련돼 있어야 한다는 점이다. 샤를마뉴 시대의 카롤링 르네상스가 그 점을 입증한다. 751년 카롤링 가문 출신으로 프랑크의 왕이 된 피핀은 교회 조직을 쇄신하는 정책을 추진했고, 아들 샤를이 그 과업을 이었다. 샤를은 여러 민족들과 전쟁을 치르며 영토를 확장했으며 프랑크 왕국을 비잔틴, 이슬람 세력과 견줄 만한 거대 세력으로 성장시켰다. 황제 자신은 문맹에 가까운 얕은 지식 수준만 갖추고 있었을 뿐이면서도 학문에 대한 사랑만큼은 각별했던 샤를은 그리스와 라틴 문화를 특히 동경하며 고대의 지식을 학문의 모범으로 삼았다. 이 시대의 학자들은 고대 저작의 여러 사본을 열정적으로 수집하여 권위 있는 원전을 확정하고자 애썼다. 따라서 자연스럽게 도서관의 장서량과 질적 수준도 높아졌다. 올바른 기초 교육 없이는 수준 높은 고등 교육도 없다는 신념을 지닌 샤를은 어린이들에게 시, 속기, 성가, 산수, 문법 같은 기초 교육을 적극 실시했다. 프랑크왕국의 수도가 된 파리는 유럽 지성계의 중심으로 발전했다. 이 시기를 후세 학자들은 카롤링 르네상스라 부른다. 샤를의 목적은 단순히 고대로 회귀하는 것이 아니라 유럽 문화의 정신적 기반을 마련하는 일이었다. 네덜란드의 역사가 요한 하위징아는 『중세의 가을』에서 14세기에서 15세기에 이르는 중세말의 비관적이며 우울한 풍경을 묘사한다. 그렇지만 그는 중세를 낀 시대로 보지도 않고 암흑기로 보지도 않는다. 그는 이탈리아를 중심으로 펼쳐진 문예 부흥 운동의 원동력이 중세인들의 혼과 열정에서 나왔다고 본다. 중세는 고대의 지적 유산을 되살려내고 보존함으로써 문명의 단절 없이 근대를 준비했던 시대다. 타고난 운명을 받아들이라는 것은 중세 교회의 가르침이었으나, 타고난 운명에 구애받지 않고 노력으로 개척하는 인간에 대해 중세는 오히려 자아실현의 장을 묵묵히 열어주었다.

2장 – 대항해 시대

포르투갈: 세상의 반을 가졌던 해양 제국

에스파냐에서 독립한 작은 나라 포르투갈은 지중해를
포기하고 반대편으로 눈을 돌렸다.

지중해의 변방인 이베리아 반도의 작은 나라 포르투갈이 해양 강국이 된 데는 항해왕자라고 일컬어지는 엔히크의 노력이 있다. 나중에 마젤란이 대서양과 태평양을 두루 거쳐 세계를 한 바퀴 돈 것도 엔히크가 닦아 놓은 기반 때문이다. 포르투갈 국왕 후안1세는 1300년대 국경 분쟁에서 에스파냐를 물리치고 평화로운 시대를 열었다. 엔히크는 그의 아들이다. 엔히크 왕자의 머릿속은 온통 항해에 관한 것으로 가득차 있었기에 각지에 항해 학교, 천문대, 도서관, 항구, 조선소를 세우며 해양 강국을 향한 꿈을 불태웠다. 인프라가 잘 갖추어지자 유럽 각지의 고급 항해사들과 기술자들이 포르투갈로 몰려왔다. 선박은 장거리 항해에 적합하게 개량되고 발전되었다.

헤게모니를 쥘 수 있었던 포르투갈

포르투갈은 1415년 북아프리카의 항구 세우타를 점령했다. 포르투갈이 세우타를 노렸던 것은 그곳이 아시아에서 오는 향신료의 유통 중심지

중세 말의 유럽에서는 향료에 대한 수요가 폭발적으로 증가했다. 당시 후추, 정향, 육두구(사진), 계피 같은 향료는 유럽인의 식생활에서 필수품에 가까웠다.

였고, 적대적인 이슬람 도시였기 때문이다. 포르투갈은 교황의 전폭적인 지지를 얻었다. 새로운 세계에 가톨릭을 전파한다는 사명과 일치했기 때문이다. 1455년에 교황은 서아프리카의 이교도를 정벌한 공로를 치하하며 포르투갈이 해안 지역을 독점할 수 있는 권리를 부여했다. 포르투갈은 1463년에 카사블랑카를 점령했다. 1487년에는 바르톨로뮤 디아스가 희망봉을 발견했는데, 인도로 갈 수 있는 희망을 연 곳이라 하여 그런 이름이 붙었다. 그 꿈은 1498년에 바스쿠 다 가마가 인도로 가는 항로를 개척함으로써 실현됐다.

포르투갈은 이베리아 반도의 경쟁자 에스파냐와 매번 충돌했다. 교황청은 이 두 해양 강국의 충돌을 중재하려고 1494년 에스파냐의 작은 도시 토르데시야스에서 협약을 하나 주선했다. 에스파냐와 포르투갈 사이의 이권 합의 조약의 내용은 지구를 세로로 양분하여 한쪽은 에스파냐에 다른 한쪽은 포르투갈에 할당하겠다는 것이다. 교황이 심판을 맡은 라이벌의 지구 쟁탈전이 시작됐다. 두 나라를 제외한 나라들이 보면 기가 찰 일이었다. 경도를 정확하게 측정하는 도구인 크로노미터가 개발되어 실제 사용된 것은 1700년대에 들어서야 가능했으니 이 조약이 체결될 당시에는 그저 대략적인 기준에 의존할 수밖에 없었다. 1502년 알베르토 칸티노가 제작한 지도에는 이른바 '교황 자오선'이 표시돼 있다. 자오선(子吾線, meridian)은 북극과 남극을 잇는 경도의 기준이 되는 세로선이다. 당시 지도상에 수직으로 늘어서 있는 아로레스 섬과 까보 베르데 섬을 통과하는 선을 긋고, 이 선을 기준으로 서쪽으로 100레구아(약 600킬로미터) 떨어진 공해상에 경계선을 그었는데, 포르투갈의 항의로 370레구아 떨어진 지점으로 기준선이 조정되었다. 다른 나라들이 반발한 것은 당연하다. 프랑스의 프랑수아1세는 실질 지배만이 해당 영토에 대한 유일한 권리 증명이라고 선언하며 독자적으로 식민지를 개척했다.

에스파냐에 밀리고 네덜란드에 지고

1494년 이래 포르투갈은 서류상 세상의 반을 가진 해양 제국이 되었다. 1500년에 알바르스 카브랄은 표류하다가 브라질 지역을 발견했다. 아메리카 대륙 개척에서 포르투갈은 에스파냐에게 주도권을 뺏기긴 했으나 자국 영토 면적의 100배에 달하는 광대한 땅 브라질을 획득했다. 브라질이 포르투갈어를 사용하게 된 것도 이 때문이다. 제국의 시대로 접어든 포르투갈의 역사는 1580년 에스파냐에 다시 병합되는 위기를 겪긴 했으나 아프리카와 아시아 등지에서 여전히 막강한 영향력을 발휘했다. 인도, 말라카, 마카오를 상업 거점으로 구축했고 중국과 무역을 독점했다. 그렇지만 육두구와 정향 같은 귀한 향신료가 많이 생산되던 인도네시아를 두고 네덜란드와 이른바 '향료 전쟁'을 벌였다가 대패했다. 육두구는 유럽에서 흑사병을 치료하는 유일한 열매라고 알려지면서 값이 천정부지로 치솟았다. 인도네시아와 필리핀과 뉴기니 지역을 일컫는 몰루카 제도에만 이 식물이 자랐기 때문에 해상 강국들은 이 지역을 차지하려고 애를 썼다. 육두구를 독점하려는 포르투갈의 시도는 대실패로 끝나고 인도네 시아는 그 후 350년간 네덜란드의 식민지가 되었다.

1415년에 이슬람 사람들의 항구 세우타를 점령한 사건은 단지 포르투 갈의 역사에 그치지 않고, 대부분 역사서에서 세계주의 혹은 상업 식민 주의가 시작된 기원으로 기술된다. 유럽의 세계 지배 시대를 개척했고 한때 세상의 반을 가졌던 해상 제국 포르투갈은, 21세기 세계에서 심각 한 부채로 세계 경제를 위협하는 유럽 국가들을 조롱하여 일컫는 표현인 '돼지 국가들(PIGS: 포르투갈, 이탈리아, 그리스, 스페인)'에 포함되었다. 끈 질긴 라이벌인 에스파냐(스페인)와는 여기서도 경합을 벌였다.

에스파냐: 불가피한 항로 선택이 빚은 발견

지구가 둥글다는 점이 입증된 이후 탐험가들은 지구를
한 바퀴 도는 대모험을 꿈꾸었다. 제노바 출신 모험가
콜론(콜럼버스)이 대서양을 거쳐 지구 반대편인 인도로
가겠다며 도전장을 던졌다.

1469년에 카스티야 왕국의 통치자 이사벨라1세와 아라곤 왕국의 통치
자 페르난도2세가 혼인하면서 에스파냐는 통일 국가에 성큼 가까워졌다.
이 두 사람 사이에서 태어난 공주 후아나는 펠리페1세(미남왕)와 결혼했
는데 잘 생긴 남편이 부정한 짓을 저지를까봐 늘 노심초사하다가 정신
이상 증세를 보여 나중에 '광녀 후아나'라는 별명이 붙었다. 이 두 사람
사이에서 태어나 16세라는 어린 나이에 에스파냐 왕에 오른 인물이 카를
로스1세다. 1519년에 오스트리아의 왕 카를5세가 되고 신성로마제국 황
제를 겸임하는 등 명함이 무척 많았던 왕으로 아메리카 대륙 발견 이후
의 영광과 위기를 두루 겪었다.

콜론이라는 모험가의 도박이 성공을 거두다

터키의 이스탄불은 에게해와 흑해 사이의 길목에 있는 도시로 비잔티움
시절부터 동서 교역의 중심지였다. 비잔티움의 다음 이름이자 이스탄불
의 전 이름인 콘스탄티노플은 동로마제국의 황제 콘스탄티누스가 그곳

으로 수도를 옮기면서 이름 붙인 것인데 1453년에 오스만제국이 이 지역을 점령하면서 유럽은 동방으로 가는 중요한 길목 하나를 잃어버렸다. 포르투갈과 에스파냐는 신비롭고 풍요로운 땅 인도로 가는 반대편 길을 발굴해야 했다. 포르투갈의 바스쿠 다 가마는 1497년이 돼서야 겨우 아프리카를 돌아 인도로 가는 항로 하나를 개척했다. 대서양 항로의 개척자인 포르투갈과 후발 주자인 에스파냐는 불필요한 충돌을 피하기 위해 1479년에 알카소바스 조약을 맺었다. 에스파냐는 포르투갈이 이미 개척한 항로를 침범하지 못하며, 포르투갈은 에스파냐의 새 항로 개척에 대해서는 관여하지 않기로 결정했다. 콜론이 아메리카를 발견하게 된 것도 이런 배경에서 나왔다. 콜론과 에스파냐 왕실은 다른 방도가 없었기에 예측하기 힘든 무모한 결정을 내렸지만 결과적으로 그게 최선이었다.

알카소바스 조약은 여러모로 포르투갈에게 유리한 조건이 많았기에 엄밀히 따지면 콜론이 발견한 땅도 포르투갈의 기존 관할 구역 안에 속해 있었다. 그렇지만 이사벨라1세와 페르난도2세 부부왕이 교황청에 로비를 펼친 덕에 교황칙서로 에스파냐 소유권이 인정되었다. 대서양의 패권 향방이 에스파냐 쪽으로 조금씩 기울기 시작했다. 포르투갈은 무척 후회했을 것 같다. 에스파냐 왕실에 제안하기에 앞서 1484년에 후안2세에게 콜론의 투자 제안서가 먼저 제출되었기 때문이다. 그렇지만 포르투갈이 당시에 그 제안을 거절한 건 콜론의 제시 조건이 너무 까다롭고 계획도 황당무계했기 때문인데, 이사벨라1세 역시 제안 내용을 처음 듣고는 바로 거절했으며 계약서에 도장을 찍기까지는 5년 이상이나 걸렸다. 1492년 봄에 맺은 산타페 조약에서 에스파냐 왕실이 콜론에게 약속한 주요 내용은 다음과 같다. 기사 작위 수여, 귀족의 영예를 후손에게 승계,

해군 제독으로 임명, 식민지 총독으로 임명, 식민지 통치 독립 보장, 향후 개척하는 모든 지역에서 발생하는 수익의 10퍼센트 제공, 식민지에 정박하는 모든 선박에 세금 징수 가능. 언뜻 콜론에게 지나치게 유리한 것처럼 보이는 조건을 이사벨라1세는 받아들였다.

1500년대 '무적함대'라 불린 에스파냐 해군.

콜론 원정대는 1492년 11월 카리브해의 작은 섬에 도착한 이래 모두 네 번에 걸친 원정으로 바하마 제도, 쿠바, 아이티, 도미니카, 트리니다드 토바고를 발견하여 식민 제국 시대의 거점을 마련했다.

영원할 것 같던 에스파냐의 패권이 잉글랜드로

1500년대를 찬란하게 열어젖힌 에스파냐의 자신감은 해상 전투의 높은 승률로 이어졌다. 에스파냐 축구 국가대표팀의 별명이기도 한 '무적함대'는 1500년대의 해군을 가리키던 말이다. 막강한 해군력을 갖춘 에스파냐는 베네치아 해군과 연합하여 1571년 지중해 남동부 레판토 만에 정박 중인 숙적 오스만제국의 함대까지 격파했다. 〈돈 키호테〉의 작가 세르반테스도 이 전투에서 싸웠다. 에스파냐의 함대가 무적으로 불린 것은 주변의 유리한 조건 때문이기도 했다. 카를로스1세가 각국과 치른 전쟁 때문에 다른 국가들은 회복할 여력이 필요했고, 가장 큰 위협이었던 오스만제국은 왕위 계승 투쟁에 여념이 없었기 때문에 에스파냐는 도전자 없는 챔피언이나 다름없었다. 1588년에 잉글랜드로 출정하던 에스파냐 해군의 칭호는 '라 그란데 이 펠리치시마 아르마다(La Grande y

Felicísima Armada, 위대하고 축복 받은 함대)'였다. 에스파냐와 가톨릭 세계에 정면으로 맞선 잉글랜드를 간단히 무너뜨리고, 내친김에 독립 투쟁을 벌이는 네덜란드까지 진압하고 돌아오려던 펠리페2세의 기획은 1588년의 전투가 처참한 패배로 끝나면서 꺾여버렸다. 필연적 발견이란 행운을 거머쥐었던 에스파냐의 식민지 아메리카에 잉글랜드의 마수가 뻗칠 것이라는 불길한 예측 역시 필연적 숙명이었다.

메르카토르 도법

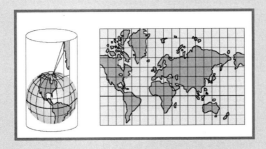

종이 지도 제작의 딜레마는 지구가 둥글다는 사실이다. 3차원 입체를 2차원 평면으로 완벽하게 옮기는 건 불가능하다. 1569년에 독창적인 세계 지도를 발표한 헤라르뒤스 메르카토르 역시 이 딜레마에 빠져 있었는데 과감한 취사선택으로 이 난점을 극복했다. 그가 추구한 원칙은 '평면 지도에 항로를 직선으로 표시하자'는 것이었고 나머지는 과감히 포기했다. 그래서 그가 고안한 지도에는 북극과 남극으로 갈수록 면적이 끝도 없이 늘어난다. 극 지방으로 갈수록 심해지는 오류를 감수한 것이다.

1589년에 수학자 에드워드 라이트가 메르카토르 도법에 관해 알기 쉽게 설명했다. "높이와 지름이 같은 투명한 실린더(원기둥)가 있다. 여기에 원기둥과 지름이 동일하고 경선과 위선이 그려진 풍선을 넣는다. 이 풍선에 공기를 계속 주입한다고 상상해 보라. 그러면 적도 부분만 원래 상태로 있고 아래위 양쪽으로 풍선이 늘어날수록 변형이 일어날 것이며 양쪽 끝부분은 거의 보이지 않을 것이다." 메르카토르가 평면 지도에 표시한 직선 항로는 지구의 실제 지형을 감안하면 최단 거리가 아니다. 그러나 당시 항해에 가장 필요한 것은 올바른 방향이었기에 조금 돌아간다 해도 그건 크게 문제될 것이 없었다. 장거리 여행인 경우 몇 번에 나눠 작도를 하면 여행 거리를 조금 더 단축할 수 있다. 메르카토르가 발표한 지도에 적힌 글귀가 제작 의도를 잘 설명해준다. "항해용으로 적절하게 조정된 지구의 새롭고 좀 더 완전한 표현."

메르카토르 도법에 이의를 제기한 사람들이 있다. 1970년대 초에 도이칠란트 역사학자 아르노 페테스는 메르카토르 세계 지도가 지나치게 유럽 중심적이라 열대 지방에 몰려있는 제3세계 국가들의 면적이 북미나 유럽 국가들에 비해 상대적으로 작게 표현되기 때문에 공정하지 않다는 주장을 펼쳤다. 그러나 그가 대안으로 제시한 지도 역시 왜곡을 피할 수 없었다. 메르카토르 도법이 위험하다기보다 메르카토르를 악용한 사람들이 실제로는 더 위험했다. 메르카토르 도법은 공산주의의 위험성을 경고하는 서구 사회의 선전 도구로 자주 활용되었다. 냉전 시대 극우 단체인 존 버치 협회John Birch Society는 소련과 중공을 진한 붉은색으로 물들인 메르카토르 지도를 배포했다. 극쪽으로 갈수록 넓게 과장되어 표현되는 메르카토르 지도 특성상 상단을 대부분 점령한 붉은 소련은 미국 사람들에게 거대한 위협처럼 보였을 것이다.

각종 통계 자료가 세계 지도에 점으로 표시될 때가 있는데 이럴 때는 메르카토르 도법을 쓰면 안 된다. 예를 들어 인구 50만 이상 도시를 점으로 찍어 보여주는 메르카토르 지도가 있다면 실제 같은 면적과 같은 규모 도시를 보유한 국가라 해도 적도에 가까운 나라는 빽빽하게 표시되겠지만 극에 가까운 나라에는 점이 듬성듬성 찍힐 것이기 때문이다. 이럴 때는 실제 면적을 잘 반영하는 정적 도법을 써야 한다. 사무실이나 교실의 벽걸이 지도를 비롯해 우리는 일상생활에서 여전히 메르카토르 도법으로 제작된 지도를 가장 많이 본다. 메르카토르의 본래 의도를 알면 그 왜곡은 전혀 위험하지 않다.

아메리카 탄생: 유럽의 콘도미니엄이 된 신대륙

에스파냐와 포르투갈의 세력이 약해지자 네덜란드, 프랑스, 영국이 아메리카를 수탈했고, 북아메리카의 신흥 강국인 미국이 쟁탈전에 뛰어들자 상황은 일단락됐다.

콜론이 인도를 발견했다고 흥분하며 에스파냐로 돌아오자 일부 사람들은 고개를 갸우뚱거렸다. 둥근 공처럼 생긴 지구는 우리가 생각한 것만큼 크지 않단 말인가? 지구를 한 바퀴 돌아야 인도에 닿을 수 있다고 여겼는데 콜론의 항해는 예상한 것보다 너무 짧았기 때문이다. 더구나 동방 세계에 대한 그 시대의 상식이라고 할 수 있는 마르코 폴로의『동방견문록』에 나오는 아시아 세계와 콜론이 기술한 '인도'에 관한 내용이 매우 달랐기에 그런 의심은 더욱 커졌다. 이런 풍조를 잘 이용한 인물이 아메리고 베스푸치다. 베스푸치는 콜론이 인디아스라고 부른 땅이 실은 인도가 아니라 우리가 그동안 알지 못했던 새로운 대륙인지도 모른다는 주장을 펼쳤다.

아메리카로 굳어지는 대륙 이름

1507년 도서 박람회에서 세계 지도를 첨부한『지리학 입문』을 펴내면서 지도 제작자 발트제밀러는 이렇게 기록했다. "지구상의 대륙 탐사가 광범하게 이루어졌고 이제 넷째 대륙을 아메리쿠스 베스푸치우스가 발견했다. 유로파와 아시아도 여성 이름이므로 이 대륙을 발견한 아메리쿠스의 이름을 따서 아메리게 혹은 아메리카로 불러도 괜찮을 것 같다." 이 지도에는 현재의 남아메리카 일대를 아메리카라고 표시했고 북아메리카 지역은 여전히 미지의 땅이라고 남겨 두었다. 발트제뮐러는 나중에 이를 후회하며 최초 발견자도 아닌 베스푸치에게 지나친 영예가 가는 것을 우려하여 '아메리카'란 이름 대신 '미지의 땅'으로 다시 고쳐서 지도를 펴냈으나, 유명한 지도 제작자 메르카토르가 1538년에 세계 지도를 펴내면서 남아메리카와 북아메리카를 합쳐서 아메리카로 표기한 이래 되돌릴 수 있는 여지를 완전히 잃어버리고 말았다. 부르기 쉬운 단어인 아메리카의 어감도 이 명칭이 널리 퍼지는 데 한몫 했다.

1552년 무렵 카를로스1세가 지휘하던 상비군은 15만 명에 달했는데 이 막대한 군대 유지비를 충당할 수 있었던 것은 오로지 아메리카 대륙에서 흘러들어오는 금과 은 덕분이었다. 포토시Potosi 은광이 없었다면 불가능했던 일이다. 현재는 볼리비아의 영토인 포토시는 에스파냐의 지배를 받던 시절 '꿈의 도시'라 불렸는데, 1500년대 중반부터 무한정 쏟아져 나오던 은 때문이다. 포토시의 번영기에는 말발굽도 은으로 만들었다는 일화가 전한다. 〈돈 키호테〉에 '포토시만큼 가치 있는'이라는 비유가 나올 정도였다. 에스파냐로 금은이 대량으로 유입됐지만 방만한 재정 운영 때문에 에스파냐 왕실은 결국 빚더미에 앉고 말았다. 에스파냐는 그저 은이 지나가는 통로였을 뿐 실질적 이익은 다른 나라들이 누리고 있었다. 당시 국가들을 현대의 이름으로 바꾸면 네덜란드가 30퍼센트, 프랑스가 25퍼센트, 이탈리아가 20퍼센트, 영국과 도이칠란트가 10퍼센트에 해당하는 수익을 챙겼고, 그 미미한 나머지 돈만 에스파냐에 머물렀다. 콘도미니엄은 '공동Con'의 '소유물Dominium'을 가리키는 말인데 당시 라틴아메리카야말로 유럽 국가들의 콘도미니엄이었다. 공동 소유했고 돌아가며 사용했다.

계속 바뀌는 소유주, 계속 고통받는 원주민

라틴아메리카라는 명칭은 북아메리카에서 영국의 영향력이 강해지자 앵글로색슨에 대한 거부감을 드러내는 동시에 중앙 아메리카 이남으로 미국의 지배권이 미치는 것을 경계하기 위해 프랑스가 만들어 널리 퍼뜨린 명칭이다. 이베리아 반도의 두 나라인 포르투갈과 에스파냐의 영향을 많이 받았다 하여 '이베로 아메리카'라고 부르거나 에스파냐의 영향을 부각하여 '히스패닉 아메리카'라고 부르기도 한다. 그렇지만 이름이 어떠하고 실질 지배권이 누구에게 있든 간에 해를 입고 고통받는 쪽은 늘 아메리카 원주민이었다.

비유하자면 에스파냐라는 전문 경영자가 아메리카 식민지라는 현지 법인을 열심히 경영하여 막대한 수익을 낸 다음 대주주인 유럽 국가들에게 배당금을 돌려주고 자신도 보너스 급여를 받았다고 하는 편이 적절하겠다. 대주주 순위만 바뀔 뿐 주주총회 참석자는 별로 바뀌지 않았다. 네덜란드는 다른 주주와 경쟁을 피하고 고수익을 올리려고 동남아시아 일대로 눈을 돌려 투자했지만 여전히 투자 금액만큼 아메리카에 대한 지배권도 쥐고 있었다. 아메리카의 실소유주는 계속 바뀌었다. 포르투갈과 에스파냐에서 영국과 프랑스로 그리고 네덜란드와 미국으로 소유권이 이양되고 이전됐다. 1900년대부터는 미국이 라틴아메리카의 경영과 소유를 독점했다. 2003년에 미국 의회 도서관은 도이칠란트 정부에 1천만 달러를 주고 아메리카를 명시한 발트제뮐러의 지도를 사들였다. 가로 125센티미터에 세로 228센티인 아메리카 대륙의 출생증명서가 현 아메리카의 실소유주에게 전달된 것이다.

History Tip

1560년에 고안된 아말감법은 포토시의 번영을 촉진했다. 아말감은 치과 치료에도 사용되는 수은 합금을 가리키는 것으로, 아말감법은 원석 상태에서 암석과 뒤섞여 있는 금이나 은을 쉽게 추출하는 새로운 방법이다.

아메리카의 수난: 유럽에서 온 악마들

에스파냐 정복자들은 아메리카 원주민을 가축처럼 다루 었기에 함부로 생명을 빼앗아도 별다른 죄책감을 품지 않았다.

아메리카 원주민들에게 에스파냐 정복자들은 단순한 정복자가 아니라 아메리카 문명을 철저히 파괴하고 생명을 유린한 악마들이었다. 에스파냐 정복자들이 죽인 아메리카 원주민 수는 1500만 명에 달하는데, 바르톨로메 데 라스 카사스 신부가 본국 왕실에 보낸 문서인 「인디아스 파괴에 관한 간략한 보고서」에 그 실상이 고스란히 기록돼 있다. "에스파냐인들은 누가 단칼에 사람을 두 동강 내는지 혹은 말뚝으로 머리를 자를 수 있는지 창자를 들어내는지 내기를 하곤 하였습니다. 어떤 이들은 자신 앞에 있는 모든 갓난아이들을 그 어머니와 함께 칼로 찔렀습니다. 어떤 에스파냐인이 개들을 데리고 사냥을 나갔습니다. 사냥감을 발견하지 못하자 개들이 배고파하는 것을 보고선 한 어린애를 그의 어머니에게서 빼앗아 칼로 두 다리를 조각조각 잘라 개들에게 던져주었습니다."

악마라고 불린 에스파냐 사람들

단테의 〈신곡〉 지옥편에는 지옥문에 대한 묘사가 나오는데, 그 문에는

에스파냐 정복자들에 의해 잉카 제국은 철저히 짓
밟히고 무너졌다.

이런 문구가 새겨져 있다. "여기에 들어오는 자 모든 희망을 버릴지어다." 희망을 내려둔 현실은 곧 지옥이나 다름없을 것이다. 아메리카 원주민들에게 에스파냐 침략자들은 사탄이었고 그들이 지배하던 자신들의 땅은 희망 따위는 없는 생지옥이었다. 원주민들에게 에스파냐인은 그저 악마를 달리 부르는 표현에 불과했다. 원주민들은 에스파냐인들을 자기들 말로 야레스(yares, 악마)라고 불렀다.

에스파냐의 국왕 카를로스1세는 라스 카사스의 주장을 받아들여 에스파냐인들이 아메리카 원주민에게 가혹 행위를 하지 못하도록 1542년에 신법을 공포했지만 실효를 거두지는 못했다. 본국과 식민지의 거리가 너무 멀었고, 식민지의 통치자들이 누리는 권력과 이익이 너무 컸기에 그들 중 누구도 본국의 명령에 쉽사리 수긍하려고 하지 않았다. 에스파냐 출신의 정복자 에르난 코르테스는 1521년에 아스테카 왕국의 수도 테노치티틀란을 함락하여 원주민의 터전을 쑥대밭으로 만들었다. 잿더미로 변한 도시 곳곳에 쌓인 동족의 시체더미를 보고 비탄에 빠진 아스테카 시인은 침통한 심정을 이렇게 표현했다. "지붕이 무너져 내린 가옥과 핏빛으로 물든 담벼락, 거리와 광장에는 벌레가 우글거리고 벽마다 선혈이 낭자하구나, 염색을 한 듯 우물은 붉게 물들어, 한 모금 마셨더니 짜디짠

맛이 나네." 미국의 역사 저술가 케네스 데이비스는 이렇게 적었다. "콜론의 카리브 해 도착은 놀라운 업적이었으나 역사상 가장 무자비한 사건들의 출발점이다. 콜론을 비롯한 유럽 식민주의자들이 주도한 학살의 시대가 개막된 것이다. 이후 아메리카 대륙 원주민들은 전쟁, 강제 노역, 가혹한 형벌, 유럽에서 온 질병들로 인해 황폐해졌다."

네덜란드가 개척한 뉴욕과 월스트리트

1532년 5월에 불과 200명 남짓되는 에스파냐 정복자들이 잉카를 침략했다. 신형 무기인 철제 대포에 혼비백산한 잉카 병사들은 저항 한번 못해 보고 굴복했다. 정복자들은 원주민들을 닥치는 대로 죽였다. 인류 역사에서 이처럼 손쉽게 한 문명이 철저히 절멸한 사례는 아스테카와 잉카 외에는 찾아보기 어렵다. 콜론에 관한 이야기를 들은 이탈리아 제노바 출신 존 캐벗은 잉글랜드 왕실의 후원으로 원정을 떠나 1497년 캐나다 동부의 뉴펀들랜드에 상륙해 잉글랜드 깃발을 꽂았다. 추후에 잉글랜드는 이 땅을 독점하지 못하고 프랑스와 나눠 가졌다. 1530년대 프랑스 탐험대가 세이트 로렌 강 일대를 원정하고 1612년 사뮈엘 드 샹플랭이 퀘벡 땅을 발견함으로써 프랑스 식민지인 누벨 프랑스가 탄생했다. 캐나다는 100년에 걸친 끈질긴 협상 끝에 1876년 영연방에서 탈퇴했다. 미국 지역에 처음 식민지를 건설한 나라는 네덜란드다. '뉴 암스테르담' 지역은 나중에 영국 소유가 되면서 이름이 '뉴욕'으로 바뀌었다. 잉글랜드는 1583년에 버지니아를 필두로 동해안을 따라 식민 도시를 차례차례 건설했다.

일제강점기에 일본군으로 전장에 나서야 했던 조선 청년이 있다. 그가 속한 일본 군대가 소련군에게 패하여 그는 소련군의 포로가 되었다. 소련의 사병이 된 청년은 도이칠란트군이 침공하면서 도이칠란트 포로가 되었다. 도이칠란트군으로 전투에 투입되지만 도이칠란트가 연합군에 패하면서 이제 미군의 포로가 됐다. '노르망디의 코리언'이라고 불린 이 기구한 조선 병사의 이야기는 작가 조정래의 소설 〈오 하느님〉의 소재가 되기도 했다. 약소국 조선의 설움이 응축된 비극적 이야기다. 아메리카의 수난을 단순화하자면 그 조선 청년의 고단한 삶과 비슷하다.

History Tip

에스파냐 세력이 물러간 자리에 영국이 경제적 지배권을 뻗쳤다. 1919년까지 라틴아메리카 각국이 외국에 진 빚의 68퍼센트가 영국에 편중되었다.

잉글랜드: 무적함대 격파하고 해상 패권을 쥐다

1588년의 역사적인 승리 이후 해가 지지 않는 제국의
시대가 서서히 열리기 시작했다.

세금을 걷지 않고서 전쟁이나 대규모 국가 사업을 진행할 수는 없을까?
엘리자베스1세는 늘 이 문제를 고민했다. 그리고 이전 시대 어느 왕도 시
도하지 않은 정책을 시행했다. 방대한 왕실 소유의 토지를 국민에게 판
매한 것이다. 스코틀랜드의 개신교를 지원할 때도, 에스파냐 무적함대와
싸울 때도, 아일랜드 반란을 진압할 때도 평소보다 세금을 많이 걷지 않
고 왕실의 부동산을 공개 처분함으로써 모든 프로젝트를 훌륭히 완수했
다. 국가를 사유 재산처럼 사용하고 무리하게 세금을 걷었던 이전 군주
들이 취한 방식과 무척 달랐기에 국민들의 폭넓은 지지와 존경을 이끌어
냈다.

국가와 결혼한 군주 엘리자베스

엘리자베스는 정치 수완이 뛰어난 인물이었다. 영국 역사상 첫 여성 군
주인 메리 튜더가 가톨릭 세계로 되돌아가자고 역설하며 에스파냐와 동
맹하려 애쓰다가 민중의 반감을 산 것과 달리 엘리자베스는 민중의 반가

톨릭, 반에스파냐 정서를 잘 조율하며 국가 역량을 하나로 모으는 데 집중했다. 25세에 왕에 오른 엘리자베스가 메리에게 물려받은 나라는 전쟁 중에다 종교가 극심하게 분열되고 교역은 침체돼 있으며 국고는 텅 빈, 파탄나기 직전인 위태한 잉글랜드였다. 엘리자베스는 절망하지 않고 뛰어난 정치 역량을 발휘하며 하나씩 문제를 개선해 나갔다. 여왕은 잉글랜드를 개신교로 복귀시켰다. 자신의 사재를 털었고 국익에 도움이 된다면 해상 노략질도 묵인했다. 에스파냐 상선을 약탈하던 해적 드레이크는 국민에게 위대한 모험가로 미화됐다.

잉글랜드는 꾸준히 에스파냐를 성가시게 했다. 자국의 상선을 노략질하는 잉글랜드 해적 때문에 골머리를 썩고 있던 에스파냐의 심기는 제국에 반기를 든 신교도 상인들의 나라 네덜란드를 잉글랜드가 지원하면서 분노로 바뀌었다. 1585년에 잉글랜드가 네덜란드를 위해 지원군을 파견하자 전운이 감돌았다. 1587년 메리 스튜어트의 처형 소식을 들은 에스파냐의 펠리페2세는 전쟁을 결심했다. 1588년 5월, 드디어 병사 1만4천 명을 태운 함선 130척이 엘리자베스를 무너뜨리기 위해 출정했다. 에스파냐는 잉글랜드에 대패했다. 1570년대 이후 근대적 시스템으로 재정비하고 장거리 신형 대포로 무장한 엘리자베스의 해군력은 낡은 시스템과 무기를 사용하는 에스파냐 함대에 대해 이미 승리할 조건을 갖추고 있었던 것 같다. 게다가 장거리 원정 항해 내내 에스파냐 함대를 괴롭힌 폭풍우는 잉글랜드에게 행운까지 가져다 주었다. 에스파냐 해군이 전투에서 겪은 피해보다 폭풍우로 인한 피해가 훨씬 컸다. 잉글랜드 국민은 이 폭풍우를 '개신교의 신풍Protestant God's wind'이라 부르며 승리를 자축했다. 1588년의 극적인 승리는 엘리자베스에게 큰 선물을 안겨 주었다. 무

1575년, 1588년, 1600년에 각기 그려진 엘리자베스1세 초상화. 엘리자베스1세는 영국인이 가장 사랑하는 군주이자 연인이 되었다.

엇보다 국민의 애국심이 매우 높아졌고 공동체 의식이 확대됐다. 국익을 위해 솔선수범하는 군주와 일사분란한 행정 시스템, 그리고 단결하는 국민이 합치니 국력은 막강해졌다.

1588년의 위대한 승리

엘리자베스 시대의 극작가 셰익스피어는 파멸하는 인간상을 집요하게 표현했다. 〈줄리어스 시저〉에서 브루투스는 지나친 결벽증 때문에 파멸하고 〈햄릿〉은 우유부단한 성격 때문에 무너진다. 〈오셀로〉는 협잡꾼 이야고의 간사함에 쉽게 속아 넘어가 파멸했고 〈리어왕〉은 허영심 때문에 파멸했으며 〈맥베스〉는 권좌를 부당하게 차지하려는 야심 때문에 끝내 비극을 자초했다. 사적인 개인으로서 엘리자베스는 이 모든 파멸의 요소를 두루 지닌 인물이었다. 그러나 이 단점투성이 여인은 공인으로서는 개인적인 약점들을 전혀 드러내 보이지 않았다. 엘리자베스는 1588년의 승리를 축하하는 자리에서 병사들에게 이렇게 말했다. "그대들은 나보다 더 위대한 군주를 가질 수 있을지 몰라도, 나보다 그대들을 더 사랑하

는 군주는 가질 수 없을 것이오." 이 처녀 군주는 일생 동안 누구의 부인
도 아니었으나 평생 모든 국민의 연인이었다. 입버릇처럼 '난 국가와 결
혼했다'고 말하던 잉글랜드의 연인 엘리자베스는 1603년 세상을 떠났다.
탐험대장 월터 롤리는 북아메리카 노스캐롤라이나 지방을 정복한 뒤 그
곳을 처녀 여왕을 위한 땅 '버지니아'라고 이름 붙였다. 초상화에 등장하
는 엘리자베스는 나이를 먹을수록 젊어진다. 젊은 미모를 보여주는 〈무
지개 초상화〉는 엘리자베스가 일흔에 가까웠을 때 그려졌다. 영국 역사
가 진행될수록 엘리자베스라는 인물은 나날이 젊어져 영국인이 가장 사
랑하는 군주이자 연인이 되었다.

네덜란드: 상인의 DNA를 지닌 신인류

네덜란드 사람들은 신용 거래를 목숨보다 중히 여긴 새
로운 인간형이었다.

자본에는 국적도 국경도 없다. 신자유주의 체제와 자본주의를 가장 잘
요약한 이 말은 500년 전의 네덜란드에 무척 어울린다. 유럽의 자본이
국경을 넘어 네덜란드에 모였다. 네덜란드 사람들의 피에는 상인 정신이
흐른다. 네덜란드가 상업을 지키려고 독립한 국가이기 때문이다.

상거래가 종교인 사람들

초창기 네덜란드는 20여 상업 가문들이 회사를 경영하듯 번갈아 통치했
다. 오라녜(Oranje, '오렌지'란 뜻) 가문의 공작 빌럼은 '오렌지 공 윌리엄'
이란 이름으로도 알려진 인물로 네덜란드 건국의 아버지다. 가톨릭 세계
의 수호자인 에스파냐의 펠리페2세와 정면으로 맞서 1568년부터 독립
전쟁을 치렀다. 네덜란드 상인들의 정신 세계에는 상인에게 걸맞은 종교
인 칼뱅교가 파고들었다. 정당한 노력으로 부를 축적하는 것이 하느님
의 은총을 확인하는 길이라고 역설하는 칼뱅의 사상은 상인 계급의 전폭
적인 호응을 이끌어냈다. 그들에게 로마 가톨릭은 형식과 고루한 인습에

얽매인 구시대의 종교일 뿐이었다. 네덜란드 독립 전쟁은 종교 전쟁이자 상업 전쟁이었다.

이런 말이 있다. "하느님이 세상을 만들었지만 네덜란드는 네덜란드인이 만들었다." 여기에는 바다를 땅으로 바꾸고 척박한 땅을 일구어 농지로 만든 네덜란드 사람들의 자립 정신이 담겼다. '홀란드'는 네덜란드를 가리키는 영어식 명칭인데 네덜란드에서 가장 큰 주인 '홀란트Holland'에서 나온 말이다. '화란和蘭'이라는 한자식 표기 역시 이것을 음차한 것이다. 홀란트와 네덜란드 모두 '낮고 우묵한 땅'이라는 뜻이다. 해수면보다 낮은 곳을 농토로 개척하는 데 사용한 도구가 풍차다. 풍차의 동력을 활용해 바닷물을 다 퍼내고 나면 귀한 소금도 얻을 수 있었다.

네덜란드의 상업 번영을 이끈 도시는 현재는 벨기에 영토가 된 안트베르펜이다. 안트베르펜은 바다와 접해 있으면서 커다란 스헬데 강을 끼고 있는 곳이라 바다와 내륙을 잇는 물자 수송 요충지로 손색이 없다. 후추나 육두구 같은 향신료를 가득 실은 배들이 아시아에서 출발해 포르투갈 리스본에 도착했지만 상품 거래는 주로 네덜란드에서 이루어졌다. 그곳이 유럽의 수요를 감당하기에 더 좋은 위치이기도 했지만 무엇보다 이 지역이 물건을 제때 공급받을 수 있는 곳이자 돈을 떼일 염려도 가장 적은 곳이었기 때문이다.

목숨보다 중히 여긴 신용 정신

1595년에 빌렘 바렌츠 선장이 이끄는 화물선이 아시아 고객들에게 전달할 물건을 가득 싣고 출항했다. 그런데 북극해로 진입했다가 이상 저온 때문에 얼음 바다 가운데에 갇혀 버렸다. 살아남기 위해 악전고투를 벌였지만 결국 선장과 선원 7명이 죽었다. 몇 달 뒤 배가 고국으로 돌아오자 네덜란드 사람들은 깜짝 놀랐다. 식량, 의류, 약품 등 생존에 필요한 모든 물품이 미개봉 상태로 배에 가득 실려있었기 때문이다. 후대에 각색되기는 했어도 이 일화는 우리에게 네덜란드 사람들이 신용 거래를 얼마나 중시하는지 잘 알려준다. 네덜란드 정부에서 발행하는 채권은 신용도가 매우 높고 수익률도 좋아서 전 유럽의 투자자들에게 늘 인기가 좋았다. 안트베르펜이 제조업의 유통을 장악했다면 암스테르담은 금융업의 유통을 장악했다. 유통에서는 재고 관리가 아주 중요한데 번거롭고 비용이 많이 드는 창고업보다야 이윤도 더 많이 남고 깔끔한 금융업이 더 나았다. 투자자와 자본이 암스테르담에 모였으니 그곳에서 증권거래소와 주식회사가 세계 최초로 탄생한 것도 당연했다.

에스파냐 국왕 카를로스1세는 왕위를 아들인 펠리페2세에게 넘기고 수도원에서 말년을 보냈다. 펠리페2세가 아버지한테서 물려받은 나라는 계열사를 잔뜩 거느리면서도 계속 영업 손해만 내는 거대한 회사 같았다. 펠리페2세는 1557년에 재정 파산을 선포해야만 했다. 카를로스1세는 국가 파산 선고 이듬해에 숨을 거두었다. 카를로스1세의 고향은 네덜란드다. 그가 고향 어른들의 상업 감각을 조금 더 잘 물려받았다면 제국을 방만하게 운영하지도 않았을 테고 파산에 이르게 하지도 않았을 것같다. 네덜란드에 영국 대사로 와 있던 윌리엄 템플은 이렇게 말한 적 있다. "타고난 상인인 네덜란드 사람들은 검소하기도 해서 직접 잡은 물고기나 손수 기른 채소만 먹는다. 고급 옷감은 프랑스에 비싸게 팔고 자신들은 영국에서 들어온 값싼 천으로 옷을 지어 입는다." 네덜란드 사람들이 놀라운 것은 상거래 독립을 위해 목숨을 던지며 거대 권력인 에스파냐와 싸웠다는 점인데, 그렇지만 그보다 더 놀라운 것은 에스파냐와 사활을 건 전쟁을 치르면서도 그 80년간 두 나라 간의 교역을 한 번도 끊지 않았다는 점이다.

History Tip

1550년 무렵 네덜란드에 튤립이라는 신기한 꽃이 부유층 사이에서 거래되기 시작했다. 너도나도 튤립을 구매하고 재판매하며 이익을 얻었다. '거품 경제'의 말로가 그렇듯, 천정부지로 오르던 튤립 알뿌리 가격은 일순간 폭락했고 많은 이들이 알거지가 되었다.

역사를 바꾼 르포 문학

1800년대에 인도네시아를 지배한 네덜란드는 식민지 자바의 농업 생산 효율을 극대화하려고 '강제재배제(Cultuur-stelsel, 쿨투어슈텔셀)'라는 제도를 시행한다. 원주민 노동자들은 재배 면적의 5분의 1에 무조건 네덜란드 본국이 지정한 작물을 재배해야 하는데, 생산된 양이 할당치보다 적으면 그 부족분에 해당하는 돈을 세금으로 내야 했다. 토지가 없는 주민은 66일 이상을 총독이 관할하는 농장에서 강제로 일해야 했다.

식민지 사정이야 어떻든 네덜란드 정부는 일정액 이상의 수입을 보장받았다. 잔인했던 강제 재배제는 1840년대에 더욱 잔혹하게 시행되었다. 많은 자바 노동자들이 가족도 부양하지 못할 정도로 낮은 급료를 받았다. 먹고살려면 기초 곡물을 재배해야 하는데 이것도 허락되지 않았다. 1840년대 중반이 되자 수십 만 자바 주민들이 기아와 질병에 죽어 나갔고 생존자들은 극심한 굶주림과 비참을 참아내야 했다. 자바인들의 고혈을 짜내 축적한 부는 네덜란드 재정 수입의 30 퍼센트를 웃돌았다. 네덜란드의 일반 국민은 자바에서 어떤 일이 일어나는지 알지 못했고 또 무관심했다.

"장사의 생리라는 것이 결국 이익을 남겨야만 되는 것이고 보니, 이윤을 취할 만한 곳은 다름 아닌 생산자들에게서뿐이다. 자바인들이 꼭 굶어죽지 않을 만큼만, 잘못했다간 국가적 산출력을 저하시킬 우려가 있으므로, 꼭 그만큼만 자바인에게 지불했다. 독자에게 고하건대 요 몇 년 전만 해도 기아로 지역 전체가 몰살을 당한 실례가 있었다. 어느 어머니들은 식량이 궁해 자식을 팔려고 내놓았고, 어떤 어머니들은 자식을 잡아먹기도 했다."

1860년 〈막스 하뷜라르Max Havelaar〉가 출간되었을 때 높은 교양 수준을 갖춘 문화인으로서 자긍심을 갖고 있던 네덜란드 사람들은 커다란 충격에 빠졌다. 〈막스 하뷜라르〉는 '물타툴리

(Multatuli, '나 고생 많이 했다'는 뜻인 라틴어)'라는 필명을 쓰는 작가가 지은 책이다. 나중에 작가의 정체가 밝혀졌다. 그는 인도네시아에서 벌어진 네덜란드의 착취를 직접 집행하는 관리 에두아르드 데커였다. 이 소설을 읽은 본국의 독자들은 자바의 비참함에 탄식했고 네덜란드 관리들의 잔인함에 치를 떨었다. 네덜란드 정부는 1882년에 강제재배제를 폐지했다. 르포르타주 문학 작품 한 편이 역사를 바꾼 것이다.

아스테카: 무력 숭배 제국의 무력한 몰락

유럽에서 건너온 천연두나 홍역 같은 전염병이 건장한
아스테카 전사들을 쓰러뜨렸다.

기원전 4세기경 톨테카족이 유카탄 반도에서 조금 떨어진 내륙 도시 툴라에 자리를 잡으며 발전하다가 1100년대 후반에 몰락했다. 중앙 아메리카 일대를 떠돌던 아스테카 부족은 어느 날 '콘도르가 뱀을 물고 선인장 위에 앉은 곳을 터전으로 삼으라'는 신의 계시가 실현된 곳을 발견했다. 오늘날 멕시코시티가 그곳이다.

끊임없이 논란이 되는 인신공양 의식

아스테카족은 톨테카와 마야 등 기존 문명을 흡수했지만 기존 문명과 달리 무력을 유독 숭배했다. 로마의 콜로세움에서 벌어지는 잔인한 볼거리인 검투사 경기처럼 인신공양 의식을 지배권 유지의 한 방편으로 삼았다. 산 사람의 심장을 도려내어 신에게 바치는 이 제례는 1년에 18번 정도 행해졌고 한 번에 수백 명씩 희생되었다. 인류학자 마빈 해리스는 이것을 주민들에게 부족한 단백질을 공급하기 위한 계획이었다고 주장하지만 곡물이나 채소도 풍부했고, 파충류나 곤충 등 단백질 공급원도 널

산 사람의 심장을 도려내는 아스테카족의 인신공양 의식은 지배권 유지의 한 방편이었다.

려 있었던 점을 보건대 별 신빙성은 없는 것 같다. 인신공양은 지배권 유지를 위한 선전 의식이라고 보아야 할 것이다.

아스테카는 거칠고 남성적인 사회였다. 남자들은 누구나 의무적으로 군사 훈련을 받아야 했고 언제든 전투에 참여할 준비가 돼 있었다. 1325년에 호수 위에 건설된 도시인 테노치티틀란의 규모와 발전된 기술 수준을 보고 깜짝 놀란 정복자 에르난 코르테스는 인신공양 의식을 목격하고 그 야만성에 몸서리를 쳤다. 에르난 코르테스나 프란시스코 데 아길레르는 에스파냐 본국의 카를로스1세에게 보낸 보고서에, 살아있는 사내의 가슴을 갈라 심장을 꺼내어 제물로 바치는 모습을 보고 지금껏 목격한 것 중 가장 잔인하고 소름 끼치는 미개한 장면이라며, 이 미개한 종족을 문명화하는 것이 자신들의 임무라고 적었다. 본국에 보낸 이 보고 기록은 '인디오들은 인간이 아닌 동물에 가깝다'는 인상을 만들어 냈고 추후에 펼쳐질 잔인한 원주민 대학살의 명분이 된다. 나중에 라스 카사스 신부가 바로잡으려고 했던 선입관도 이것이다. 유럽의 근대 사상에서 중요한 역할을 차지하는 볼테르, 베이컨, 보댕, 몽테스키외, 흄 같은 후대 지식인들조차 계몽사상이 널리 퍼진 수백 년 후까지 아메리카 원주민을 미개한 종족이라고 표현했을 정도이니 1500년대의 에스파냐인들이 아메리카 원주민을 어떻게 취급했을지 짐작하는 건 어렵지 않다.

너무나 낯선 신적인 사람들의 방문

에스파냐 원정대가 아스테카 전사들과 처음 맞닥뜨렸을 때는 두 달간 '신의 종기'라 불린 천연두가 크게 유행했다. 에스파냐 병사들은 천연두를 '신의 은총'이라고 불렀다. 천연두 덕에 아스테카를 쉽게 정복했기 때문이다. 천연두는 아메리카 대륙에는 없던 질병으로 바이러스가 유럽인들과 더불어 유럽에서 넘어왔을 것으로 추정된다. 2500만 명에 육박했던 아스테카 제국의 인구는 이 시기에 크게 줄었고 줄곧 급감했다. 용맹한 아스테카 전사들도 천연두 앞에서는 맥을 못차렸다. 무기 없이 병사수로만 밀어붙여도 간단히 제압할 수 있었을 에스파냐의 소부대에 속수무책 무너졌다.

그렇지만 아무리 그렇다 해도 여전히 대규모 병력이었던 아스테카 전사들이 무기력하게 패배한 것을 모두 바이러스 때문이라고 돌리기에는 뭔가 탐탁치 않다. 다른 요인들도 복합적으로 작용했을 것이다. 아스테카 사람들은 코르테스 일행을 아스테카의 창조주 케찰코아틀의 방문으로 착각했을 가능성이 있다. 아스테카의 달력인 '태양의 돌'을 해독하면 코르테스 원정대가 도착한 1519년은 케찰코아틀의 귀환이 이루어지는 해와 일치한다. 아스테카 사람들은 세상이 52년을 주기로 돌아간다고 여겼는데 1519년은 52년 주기에 해당하는 해였다. 철옷을 입고 피부색도 다르고 아메리카 대륙에 살지 않는 동물을 타고 온 사람들. 신 또는 신이

보낸 사절일지도 모르는 이들을 황제 목테수마와 아스테카 사람들은 극
진히 환대했다. 코르테스는 산 사람의 심장을 도려내는 야만적인 이 종
족을 문명인으로 바꾸기 위해 아스테카를 정복하는 데 성공했지만 아스
테카가 사라진 아메리카에는 문명은 커녕 더 끔찍한 야만이 펼쳐졌다.

History Tip

아메리카 땅의 최초 거주민은 몽골 지역에서 넘어왔을 확률이 높다. 그렇지만 멕시코
저지대 지역의 고대 문명인 올메카의 거대 두상을 보면 아시아인이라기보다는 아프
리카인에 가까운 형상을 하고 있기에 아프리카 기원설을 주장하는 학자들도 있다.

3부 | 근대 세계의 전개

인간에겐 고대인의 모습과 근대인의 모습이 섞여 있다. 고대인은 신적인 절대 원리와 계시적인 앎을 신봉한다. 근대인은 인간의 이성을 사용하여 증명가능한 방식으로 세계를 파악하고자 한다. 사람들은 신의 대리인이라 자처한 교황이나 왕의 계시적 권위에 점차 의심을 품고 불평등한 삶의 조건을 합리적으로 개선하고자 했다. 근대 의식이 싹트기 시작했다. 풍부한 경제력으로 무장한 귀족들은 자신들의 동의 없이 왕이 권력을 마음대로 휘두를 수 없게끔 정치 제도를 새롭게 세웠고 그 제도 아래에서 시민의 권리는 더 확장되었다. 대헌장에서 명예혁명에 이르는 잉글랜드의 정치 혁신이 그 과정을 잘 보여주었다. 영국보다 뒤처지긴 했지만 프랑스에서도 지식인들이 주도한 시민혁명을 완수하고 구체제와 결별했다.

코페르니쿠스에서 시작하여 갈릴레오와 케플러를 거쳐 뉴튼에 이르는 장대한 과학혁명은 인간 가능성이 입증되는 거대한 드라마였다. 순수과학 영역에서 큰 진보를 이루자 실용기술 영역도 발전했다. 와트는 증기 기관을 혁신적으로 개량해 산업 현장에 투입했고, 스티븐슨이 고안한 증기 기관차가 맨체스터 리버풀 구간에 투입되자 산업 생산은 폭발적으로 증가했다. 교통 수단의 발달은 자본주의적 생산의 버팀목인데 미국에서 증기선이 고안되고 영국에서 철도망이 확충된 것은 자본주의적 확장의 선언과 같은 사건들이다. 부르주아지는 기술을 상품 생산에 최대로 활용하여 대량 생산, 대량 유통, 대량 소비라는 자본주의적 생산양식을 창조했다. 미국에서는 컨베이어벨트가 등장해 생산 효율을 더 끌어올렸다. 자본주의의 성장은 인간 삶에 어두운 면도 드리웠다. 부가 소수 자본가에게 집중되자 다수인 노동자들의 삶은 점점 더 궁핍해졌다. 마르크스와 엥겔스는 자본주의의 문제점을 비판하며 공동체의 구성원이 필요한 것을 공동으로 생산하고 공동으로 소비하는 새로운 경제 체제인 공산주의를 주창했다.

　개인의 인권과 경제적 자유가 최고 가치인 가장 근대적인 나라가 유럽이 아닌 아메리카 대륙에서 탄생했다. 영국 이민자들이 이주하여 개척한 북아메리카 대륙의 식민지 연합은 영국에 맞서 싸워 독립된 연방 국가를 세웠다. 프랑스의 정치학자 토크빌은 미국에서 꽃을 피운 민주주의의 효용을 상세히 기록해 유럽에 알렸다. 그러나 개인의 자유를 그토록 강조하는 이 나라가 오랫동안 노예제를 고수했다는 점은 참으로 모순적이다. 아프리카 대륙에서 짐짝처럼 배에 실려 이주해 온 흑인들은 주로 면화 농장의 노예로 부려졌고 그들의 자손 역시 노예로 태어나 노예로 죽었다. 남북전쟁에서 북군이 승리를 거두며 노예 해방이 이루어졌지만 법률상 모든 차별이 사라지게 된 건 그보다 훨씬 나중의 일이다.

　초월적이며 확고부동한 가치를 설정하는 고대적인 사고는 근대인에게 부합하지 않았다. 근대인은 현실 지향적이고 이해타산에 자연스러우며 조건에 따라 판단을 유연하게 바꾼다. 공리주의는 고통 감소와 쾌락 증진이라는 단순한 두 원칙에서 출발하는 근대인의 가

1687년
뉴턴, 『프린키피아』 발표

1707년
대영제국 탄생
(잉글랜드와 스코틀랜드 병합)

1765년
와트, 증기기관 개량

1789년
프랑스혁명

1798년
토머스 맬서스, 『인구론』 발표

1830년
리버풀-맨체스터 철도 개통

1835년
모스, 전신기 발명

1848년
마르크스·엥겔스,
『공산당 선언』 발표

1859년
다윈, 『종의 기원』 발표

치관으로서 최대 다수의 최대 행복을 목표로 삼았다. 공리주의는 다수결 원리 위에 선 민주주의나 대량 생산 위에 서 있는 자본주의와 잘 어울리며 근대인의 정신을 지배했고 실용주의나 도구주의 같은 현대 사상 출현의 기반이 되었다. 동기가 아닌 결과만 따지는 사회 분위기 역시 공리주의가 원류다. 맬서스가 창안한 무자비한 적자생존 이론은 종족 개량을 추구하는 우생학이나 다윈의 자연 선택 이론, 스펜서의 사회진화론 등에 영향을 끼치며 진화를 거듭했고 현대 사회의 당연한 덕목이 돼 버린 무한경쟁 풍조를 만들었다.

1장 – 근대인의 탄생

영국혁명 : 엇갈리는 운명, 잉글랜드와 프랑스

종교 박해로 프랑스에서 쫓겨난 장인과 전문가들이 영
국으로 모여 들었다.

17세기 영국은 전성기를 구가했지만 경쟁자 프랑스는 만년 2인자에 머
물렀다. 한쪽은 힘을 모았고 한쪽은 힘을 쓰느라 정신 없었기 때문이다.
1588년에 에스파냐 무적함대를 무찌르면서 세계를 놀라게 한 잉글랜드
는 100년이 지난 1688년에 피 한 방울 없는 혁명을 완수하며 또 한 번
세계를 놀라게 했다. 전제군주정이 무너지고 입헌군주정이 들어섰는데
그 과정에서 아무런 무력 충돌이 없었다. 다른 국가들은 그저 경이롭게
바라볼 뿐이었다. 엘리자베스의 잉글랜드가 착실히 국력을 키워나갈 때,
프랑스는 1562년부터 1598년까지 8번이나 되는 종교 전쟁을 치르느라
국력을 소진하고 있었다. 국가 재정은 물론 국민의 정서도 피폐해졌다.
1590년경 한 펨플릿의 문구가 이런 상황을 대변해 준다. "오, 파리어! 이
제 더 이상 파리가 아닌 것 같다. 야수들의 어두운 동굴이요, 새로운 정치
도당의 아성일 뿐이요, 날강도, 살인자, 암살자들만 우글거리는 은둔처이
도다." 악천후로 인한 흉작과 1580년대 이후 닥친 흑사병의 참상은 1594
년과 1595년 농민 폭동으로 분출됐다.

태양왕의 빛은 꺼져 가고

1600년대부터 야금야금 오르던 프랑스의 조세는 1648년에 이르러 50년 전에 비해 3배나 인상되었다. 왕실은 재정 확보를 위해 매관매직을 방관하거나 조장했다. 1648년부터 1652년 사이에는 귀족들이 주도하고 민중이 동참한 프롱드 난('fronde'는 투석기란 뜻으로 저항을 의미)이 일어났다. 17세기 중반 프랑스는 루이14세를 군주로 맞이했다. 국왕은 "한 국가에 한 종교"라는 모토를 내세워 신교도(위그노)를 대대적으로 탄압했다. 낭트 관용령으로 종교 자유를 얻었던 신교도들에겐 시련이 다시 시작되었다. 이것이 루이14세를 몰락시키는 단초가 되었다. 국왕의 신교 탄압 때문에 전문직에 종사하거나 숙련 노동자였던 25만 신교도들이 라이벌 국가인 잉글랜드, 네덜란드, 도이칠란트로 떠났다. 기술자와 지식인이 대거 조국을 버렸으니 국가 경쟁력이 하락하는 건 당연했다. 1623년 세계 최초로 특허법을 제정하여 기술과 학문을 장려한 잉글랜드와 대조를 이룬다. 루이14세가 죽었다는 소식이 전해졌을 때 프랑스 국민들은 조금도 슬퍼하지 않았다. 사상가 페늘롱은 루이14세가 죽기 직전 프랑스를 이렇게 표현했다. "프랑스는 황량하게 버려진 거대한 병원 같다." 태양왕은 후대에 아무런 빛과 온기도 주지 못하고 엄청난 재정 부담과 정치적, 종교적 갈등만 떠넘겨 주었다. 내부의 힘을 소진해 버린 프랑스는 내부의 힘을 축적한 잉글랜드와의 세계 패권 경쟁에서 밀려났다.

이와 달리 잉글랜드는 차근차근 정치 혁명의 2막을 준비하고 있었다. 시민 계급의 힘이 축적되면서 상상하기 어려운 사건이 벌어졌다. 1649년에 찰스1세가 처형되고 올리버 크롬웰에 의해 공화정 체제가 수립된 것이다. 자신을 모세 같은 존재라 여긴 청교도로서 크롬웰은 몸소 금욕적인 생활을 실천했다. 번영을 누리던 엘리자베스 시대를 가리켜 셰익스피어는 '즐거운 잉글랜드merry England'라 불렀다. 활기와 자유가 넘치던 잉글랜드는 크롬웰 이후 침울한 도덕 국가로 바뀌었다. 크롬웰은 모든 유흥을 금지했고 성서와 시편 읽기만 장려했다. 해외에서 유입되는 부는 계속 증가했지만 엘리자베스 시대의 활기는 오간 데 없었다. 크롬웰의 도덕 국가에 신물을 느낀 탓이었던지 잉글랜드 국민은, 네덜란드 브레다에 피신해 있던 찰스 왕자가 1660년 '자신이 복귀하는 대신 누구의 잘못도 묻지 않고 모든 사항을 의회 결정에 따른다'는 데 합의(브레다 선언)했다는 소식을 듣고 열렬히 환영했다. 왕자는 찰스2세가 되었으며 잉글랜드는 다시 왕정으로 돌아갔다.

귀족의 권리에서 시작해 시민의 권리로

잉글랜드 국민에게는 대헌장, 권리청원權利請願, Petition of Rights으로 이어지는 국민 승리 경험이 축적돼 있었다. 권리청원은 1628년에 찰스1세가 승인한 포괄적인 시민 권리 선언이다. 의회 동의 없이 과세하는 것은 안 되고, 법에 의하지 않고서는 누구도 체포되거나 구금되지 않으며, 군대는 자의적으로 민가에 숙영할 수 없다는 점 등을 국왕에게 요청하였다. 권리청원은 1689년에 이루어지게 될 권리장전의 모태가 되었다. 1666년 런던 대화재와 흑사병 창궐, 그리고 네덜란드와 치른 전쟁으로 엄청난 국가 재난을 맞이했으나 잉글랜드는 이 위기를 의연하게 극복했다. 시인 존 드라이든은 1667년에 '기적의 해'라는 시를 발표해 잉글랜드의 저력을 찬양했다.

1688년 잉글랜드는 반란이나 혁명 없이 전제군주정을 입헌군주정으로 평화롭게 전환했다. 이는 유럽에서 어느 나라도 이룩하지 못한 거룩한 승리다. 명예혁명이라 불린 이 극적인 전환은 이듬해 취해진 권리장전權利章典, Bill of Rights으로 절정에 달했다. 권리장전은 권리청원에서 요구한 사항들이 거의 다 확정되어, 의회 승인 없이는 국왕이 과세나 징병을 하지 못하도록 규정되었고 언론 자유가 보장되었다. 국왕의 절대왕권은 역사 속으로 사라졌다. 잉글랜드는 1707년 스코틀랜드를 통합하여 대영제국을 출범시켰다. 역사가들은 1668년부터 1815년까지 시기를 프랑스와 영국 간의 '제2백년전쟁기'라고 부른다. 대서양에서 태평양에 이르기까지 이 두 열강은 끊임없이 충돌했다. 그러나 승리는 대개 영국 편이었으며 프랑스에게는 잔 다르크 같은 영웅이 더 이상 나타나지 않았다.

과학혁명 : 세계를 새로 설계한 과학자 뉴튼

뉴튼은 과학자이자 정부 관료로서, 질서정연한 이론과
무질서한 현실 세계를 조화롭게 통일하고자 했다.

17세기의 과학혁명을 이끈 뉴튼은 자연철학을 자연과학으로 전환한 인물이다. 그는 과학자였을 뿐 아니라 경제 관료이자 정부의 싱크탱크인 왕립학회의 대표였고, 계시적 전통 교회에 도전한 혁신적 그리스도교 사상의 정초자였다. 1665년 런던에 흑사병이 창궐해 시민이 5만 명 넘게 죽고 1666년에는 대화재가 발생해 일대 사회 혼란을 불러일으켰다. 휴교령이 내려지자 뉴튼은 고향으로 돌아가 조용히 책을 읽으며 사색에 몰두하는데 이 짧은 시기(1665~1666)에 자신의 주요 사상 체계를 거의 다 정립했다. 유명한 사과 에피소드의 배경도 이때다. 후대의 뉴튼 연구자들은 이 시기를 '기적의 해annus mirabilis'라고 부른다. '기적의 해'란 원래 흑사병과 대화재, 네덜란드와 치른 전쟁 등을 모두 극복하고 우뚝 일어선 영국의 저력을 찬양하며 시인 존 드라이든이 읊은 구절이다.

학문의 왕이 된 자연과학의 성과
코페르니쿠스의 지동설을 이론적으로 뒷받침한 도이칠란트의 천문학자

1687년 뉴튼이 출간한『자연철학의 수학적 원리』. '프린키피아'로 불리는 이 책에서 뉴튼은 만유인력, 관성, 작용과 반작용 등 자연의 제반 운동 법칙을 증명했다.

요하네스 케플러는 뉴튼이 만유인력 법칙을 정립하는 데 중요한 원천을 제공했다. 갈릴레오 갈릴레이는 이론적 정립에 몰두한 케플러와 달리 천동설에 집착하는 교회를 조롱하고 풍자하며 사람들에게 널리 지동설을 알리는 데 기여했다. 철학자이자 수학자인 르네 데카르트는 인간을 포함해 신이 창조한 만물은 기계처럼 정해진 법칙에 따라 움직인다는 새로운 우주관을 세웠다. 데카르트는 갈릴레이의 말을 빌어 '자연은 수학이라는 언어로 쓰인 책'이라고 말하곤 했다. 데카르트의 이론에 영감을 받은 뉴튼은 자신만의 독창적인 우주관을 세웠다. 1687년에 뉴튼이『자연철학의 수학적 원리(Principia, 프린키피아)』를 출간함으로써 1543년 코페르니쿠스가『천체의 회전에 관하여』에서 지동설을 제기한 이래 계속돼 온 장대한 과학혁명이 드디어 완성되었다.『프린키피아』는 학자들이 읽기에도 무척 난해한 책이지만 아주 기초적 교양을 갖춘 일반 시민들조차도 이 책이 어떤 내용인지 대강 알고 있었다. 그것은 읽기 쉬운 대중서를 펴내던 휘스턴, 그라베잔데, 퍼거슨 같은 뉴튼 추종자들 덕분이다. 라틴어로 작성된『프린키피아』초판이 3백여 부 판매에 그친 반면 영어로 작성되고 수학 기호도 거의 안 나오는 휘스턴의『더 쉽게 설명한 뉴튼 경의 수리철학』은 4천 부 넘게 팔렸다. 뉴튼은 학계의 스타를 넘어서 대중의 스타가 되었다.

뉴튼은 과학뿐 아니라 철학에도 깊은 영향을 끼쳤다. 이미 정해진 완벽한 법칙에 따라 세계가 움직인다고 본 그의 절대적 우주관은 『순수이성 비판』 등의 저작으로 새로운 철학 체계를 정립하고자 한 프로이센(도이칠란트)의 철학자 칸트의 세계관에 깊이 각인되었다. 뉴튼은 독실한 신앙인이었으나 정통 가톨릭 옹호자는 아니었다. 뉴튼은 하느님을 믿었지만 예수가 곧 하느님이라는 가톨릭의 삼위일체설은 부정했다. 그는 자연과 인간의 삶속에 하느님의 뜻이 깃들어 있기 때문에 인간의 정신적 능력으로 그것을 밝혀낼 수 있다고 믿었다. 정통 그리스도교에 맞서 자연현상과 자연법칙의 틀 안에서만 하느님의 뜻을 인정하고 찾으려는 사상을 이신론理神論, Deism이라 부르는데 뉴튼이 대표적인 이신론자였다. 뉴튼의 사상을 따른 존 로크(영국), 볼테르(프랑스), 칸트(도이칠란트), 벤자민 프랭클린(미국) 같은 근대를 건설한 주요 인물들 역시 이신론자였다. 뉴튼의 사상은 그렇게 과학적 토대 위에 종교적 호소력까지 갖추고 유럽과 아메리카에 퍼져나갔던 것이다.

이론가이자 실천가였던 사상가 뉴튼

뉴튼은 자신의 사상이 사회 전반을 움직여 천구의 회전처럼 영국이 완벽하게 굴러가기를 바랐다. 뉴튼은 정치인이기도 했다. 1688년 명예혁명 이후 온건파에 속한 그는 신의 섭리, 재산의 신성함, 사회적 위계의 불가피함, 계몽적 합리성을 옹호했으며 그 정신은 1776년 미국 독립전쟁과 1789년 프랑스 혁명에 영향을 주었다. 뉴튼 시대에 과학은 이처럼 사회 이데올로기였다. 뉴튼은 평생 한 번도 외국에 가본 적이 없다. 잉글랜드

내에서도 고향 링컨셔와 케임브리지, 런던만 오가며 살았을 뿐이다. 그렇지만 그의 사상은 전 세계에 안 미친 곳이 없을 정도로 광대하다. 그는 훌륭한 인격자는 아니었지만 위대한 과학자였고 유능한 관료였으며 열정적인 사회 사상가였다. 그가 평생토록 연구한 주제는 광학, 즉 빛이다. 그리고 스스로 빛이 되어 어둠 속에 있던 우주의 신비를 풀었다. 1642년 성탄절에 태어나 85년을 살다 간 뉴턴을 기리며 시인 알렉산더 포프는 이렇게 송가를 읊었다. "자연법칙들은 어둠에 있음에, 신께서 말씀하시길, 뉴턴이 있으라 하시니 모든 것이 밝아졌다네."

프랜시스 베이컨의 우상 타파론

프랜시스 베이컨

프랜시스 베이컨은 과학 시대를 뒷받침하는 경험주의 사상을 펼쳤다. 우상(偶像, Idolum)은 실제 대상을 닮은 가짜나 허상을 가리키는 말이다. 십계명에 "우상을 만들거나 숭배하지 마라"라고 나온 것도, 동로마에서 일어난 성상(聖像, icon) 파괴 운동도 다 같은 목적에서 비롯됐지만, 인간은 끝없이 우상을 만들고 자신이 만든 우상에 사로잡혀 일을 그르친다. 전근대적인 모든 우상에서 탈피하자고 선언한 프랜시스 베이컨의 라틴어 저작 〈노붐 오르가눔Novum Organum〉은 '새로운 기관'이란 뜻을 지녔는데 아리스토텔레스의 논리적 체계를 가리키는 '오르가논Organon'에 반대하여 새로운 체계를 세우겠다는 의도에서 지은 제목이다. 1부인 파괴편에는 인간의 지적 활동을 가로막는 우상 등의 문제가 나오고 2부인 건설편에서는 인류가 지향해야 할 경험적 학문 탐구 방법이 나온다.

1. 종족 우상

종족 우상은 생물학적 인류가 빚은 오류로서 인간 중심주의에서 빚어진 잘못된 지식까지 두루 가리킨다. "인간의 감각이 만물의 척도다the sense of man is the measure of things"라는 구절에서 베이컨은 독자로 하여금 고대 그리스의 소피스트(실용 지식을 가르친 사람들)인 프로타고라스를 떠올리게 한다. 감각이 경험의 주요한 경로인 것은 분명하지만 진짜 앎을 가로막는 걸림돌이 될 수 있다는 점을 상기시키는 것이 베이컨의 의도였다. 베이컨은 종족 우상에 갇힌 인간의 앎이 상을 왜곡하여 비추는 거울 같다고 적었다.

콜라나 사이다 같은 탄산 음료는 눈이나 코를 가리고 마셔 보면 언뜻 맛을 구별하기 어려운

데 가린 것을 치우고 보면서 다시 마시면 맛이 아주 다르다. 감각이 판단에 다른 영향을 끼치는 것이다. 온도가 같은 물이라도 차가워진 손을 넣을 때와 따뜻하게 데워진 손을 넣을 때의 느낌은 무척 다르다. 우리는 인간의 감각이 믿을 것이 못된다는 점을 인정하면서도 어떤 때는 감각처럼 확실한 지식도 없다고 믿는다. 이런 이중적 태도 사이에서 종족 우상은 생긴다. 옛날 사람들은 누구든 해가 뜨고 지며 별이 뜨고 진다고 생각했다. 하늘이 지구 주위를 돈다고 여겼다. 인간이면 누구든 비슷한 시각이나 청각 등의 능력을 지녔기에 착각하는 것도 비슷하다. 케플러가 1609년에 행성의 타원 궤도를 밝히기 전까지 사람들은 별이 동심원을 그리며 돈다고 여겼다. 이것도 종족 우상이다.

2. 동굴 우상

동굴 우상은 문화적 인류가 빚은 오류다. 베이컨이 밝혔듯 동굴 우상은 플라톤이 『국가』에서 제시한 '동굴 비유'를 본딴 것이다. 플라톤은 허상에 불과한 가짜 앎에 머물러 있는 사람들의 모습을 설명하려고, 등 뒤에서 비치는 횃불 하나에 의지해 온몸이 묶인 채 컴컴한 동굴 속에서 살아가는 수인의 삶을 비유적으로 보여 준다. 플라톤은 어두운 동굴 안에 머물러있는 단계인 앎을 '의견doxa'이라고 불렀고 환한 동굴 밖 세상으로 나온 앎을 '지식episteme'이라고 불렀다. 온몸이 묶인 사람들 뒤에서 마치 그림자 인형극을 하듯 어떤 이들이 인형이나 사물 형상을 치켜 들고 지나가면 횃불에 비친 그림자가 묶인 사람들 앞의 동굴 벽에 비친다. 묶인 사람들은 그 그림자가 진짜라고 믿으며 살아간다. 베이컨은 플라톤의 동굴 비유를 그대로 본따서 우리 안에 자리잡기 쉬운 편견과 선입관을 설명했다. 인상만 보고 사람을 평가해 버리거나 과거 경험 때문에 비슷한 것들을 획일적인 잣대로 판단하는 사람들의 습관이 동굴 우상이다. 흑인이나 이슬람교도는 폭력적이라고 믿는 유럽인이 있다면 동굴 우상에 사로잡힌 것이다. '한 손에는 칼 한 손에는 코란'이란 근거 없는 표현이 떠돈 것도 그런 유럽인 때문이다.

3. 시장 우상

표준어라든지 언어 규범은 대중의 이해 수준에 맞추어 정해지기 때문에 학문의 발전을 더디게 하거나 퇴보시키기도 한다. 시장 우상이라는 이름이 붙은 것은 시장에서 물건 값을 흥정하며 주고받는 말을 관찰하면 대중의 언어 표현 수준이 다 보이기 때문이다. 한국어 표현에도 물론 시장 우상이 무수히 많다. 예컨대 원래 뜻을 잘 표현하는 '삭월세'나 '희한하다' 대신 그저 발음하기 좋아서 선택된 '사글세'나 '희안하다'가 널리 쓰이게 된 것도 시장 우상이다. 크레파스나 물감 표기에서 '살색'이 사라지고 '살구색'이 등장한 것은 시장 우상을 깬 경우다. '아직 전향하지 않는 장기 수감자'란 뜻으로 쓰이던 '미전향 장기수'란 표현이 '비전향 장기수'로 바뀐 것도 시장 우상 극복 사례다.

4. 극장 우상

극장 우상은 동굴 우상의 일종으로 다양한 학설과 그릇된 증명 방법 때문에 생긴 우상이다. 교양인이 흔히 겪는 오류는 특정 학자나 학설을 맹신하는 일이다. 그것은 무대 위에 펼쳐지는 화려한 공연에 넋을 잃는 관객의 모습 같다. 극장 우상을 깨뜨리지 않으면 학문은 발전하지 않는다. 가령 중세 사람들은 아리스토텔레스를 가리켜 '철학자'라고만 불렀다. 철학자가 아리스토텔레스를 가리키는 고유 명사처럼 쓰일 정도로 누구도 아리스토텔레스가 구축한 학문 체계에 의심을 품지 않았다. 오랫동안 극장 우상에 갇혀 있었다.

불완전한 인간이기에 편견과 선입관이 생기는 건 어쩔 수 없다. 그렇지만 인간은 자기 안에 생긴 잘못된 관념을 스스로 깰 수 있는 능력도 지녔다. 불완전한 인간은 아무리 노력해도 완전한 인간은 될 수 없다. 그렇지만 인간의 노력으로 앎의 지평은 조금씩 넓어진다. 참다운 앎은 완벽한 존재를 전제하는 형이상학적 태도에서는 나오지 않는다. 참다운 앎은 인간 스스로 개척해 나가는 경험적 태도에서 나온다. 개미처럼 차곡차곡 경험과 자료를 수집하여 참다운 앎에 접근하고자 하는 태도를 베이컨은 "아는 것이 힘이다"라고 표현했다.

인클로저: 두 차례에 걸친 자본주의 정착 운동

제1차 인클로저 운동 때 농지에서 목초지로 전환되었던
토지가 제2차 인클로저 시기에 전문 경영인들에 의해
매각되거나 합병되기 시작했다.

인클로저(Enclosure, 울타리 치기) 운동이란 공유지였던 곳이 사유지로 변해가던 시대 현상을 가리키는 말이다. 농경지였던 땅을 대지주가 목초지로 바꾸자 농민들은 터전을 잃고 도시로 떠나야 했다. 인클로저는 영국에서 12세기에 처음 시도되었다가 15세기에 활발하게 펼쳐졌고 19세기까지 지속되었다. 영국 민주주의의 기틀을 마련했다고 알려진 대헌장 Magna Carta은 민주주의 선언이라기보다 귀족들의 권리 선언이다. 군주의 권력을 제한하여 자신들의 경제적 이익을 확충하려는 것이 그 목적이었다. 이것은 인클로저 운동에 고스란히 반영되었다.

농토가 없어지면 농민은 임금노동자로 전락한다

인클로저라는 변화가 일어나기 전에는 가난한 농민이라도 자투리 농지나 숲, 들 같은 공유지 덕에 그럭저럭 굶지 않고 목숨을 연명할 수 있었다. 과일이나 버섯을 채취할 수 있었고 땔감도 구할 수 있었으며 운이 좋으면 토끼 같은 짐승을 잡아 가죽이나 고기를 얻을 수도 있었다. 목초지에 양을 키워 양모를 생산하는 것은 적은 비용을 들이고도 더 큰 수익을 낼 수 있는 사업이었다. 인클로저의 확대는 단순히 이 이유 때문이다. 보통 인클로저 운동을 거론할 때 토머스 모어의 소설 〈유토피아〉의 한 구절인 "순하디 순한 양들이 이제 사람을 잡아먹는다"가 자주 인용된다. 순한 양들이 무슨 잘못이겠냐마는 그 양들 때문에 쫓겨난 농민들은 도시의 밑바닥을 전전하며 짐승보다 비참하게 살아가야 했다. 〈유토피아〉의 일부를 살펴 보자.

"아주 조금밖에 먹지 않는 이 순한 짐승이 이제는 사나운 식욕을 갖게 되어 사람까지 먹어 치웁니다. 들과 집과 도시, 모든 것을 삼켜 버립니다. 지주들이나 성직자들은 선임자들이 거두던 이익에 불만을 갖게 되었습니다. 더 큰 이익을 거두려 그들은 소유지를 모두 목장으로 만들어 버렸습니다. 터전을 잃은 농민들은 세간을 헐값으로 팔아치우고 유랑민이 됩니다. 수많은 농민들이 떠난 그곳에 울타리를 치고 짐승을 먹이니 양치기 하나로 족합니다."

사적 소유가 인류 불행의 기원이라고 인식한 사람들

통계를 보면 1500년대의 인클로저는 아주 작은 규모로 진행되어 전체 토지의 3퍼센트 정도만 목초지로 바뀌었다. 우리가 주목해야 하는 것은 잘 알려지지 않은 제2차 인클로저다. 1700년대는 세계의 경제 시스템을 바꾼 세기인데 그 신호탄이 제2차 인클로저였다. 토지가 전문인에게 위탁 운영되기 시작한 것도 이때다. 대지주가 장악한 의회가 통과시킨 법안의 골자는 농업 생산력 증대였다. 작은 농장은 경쟁에서 밀려 사라졌고 영주들이 소유한 농지들의 인수합병도 일어났다. 대를 이어 농사를 지어오던 농민들의 토지는 소유권을 인정받지 못해 모두 몰수되어 대지주들에게 결국 흡수되었다. 농지를 더 넓히기 위해 개간 사업이 활발히 이루어졌고 공유지는 사라져 버렸다. 땅을 적게 소유하고 자급자족하며 살아가는 농민도 이제 사라졌다. 대농장에 소속되어 농민이 아닌 농업 노동자로 일할 수 있는 것도 그나마 운이 좋은 편이었다. 더 이상 농민이 아닌 이들이 갈 수 있는 곳은 도시의 밑바닥뿐이었다. 자본주의의 엔진을 돌리는 임금노동자들이 대거 생산되었다. 값싸고 풍부한 노동력, 그것이 제2차 인클로저의 최대 성과다.

카를 마르크스는 『자본』에서 자본주의는 자본가가 농민들의 토지를 박탈함으로써만 발생할 수 있다고 분석했다. 자본가와 노동자가 대립하게 된 원인은 토지가 줄어들었기 때문이다. 자본주의 이전 시대는 농업이 항상 중심에 놓이므로 자본가가 농민의 토지를 박탈해야 자본주의가 발생할 수 있다. 농민이 임금노동자로 변모하지 않으면 자본주의는 성립이 불가하기 때문이다. 마르크스는 이런 과정을 입증하려고 영국의 인클로저 현상을 예로 들었다.

History Tip

육우를 키우려면 에너지가 어마어마하게 소요되고 엄청난 환경 오염이 유발되며 방대한 목초지가 필요하기에 삼림이 파괴되고 농지가 줄어든다. 농부들은 도시의 하층 임금 노동자로 전락하기 쉽다. 2억 마리 넘게 소를 사육하는 브라질은 전 세계 육우 수출량 1위 국가다. 아마존이 소 사육장으로 변해가는 것을 하늘에서 토머스 모어가 본다면 이렇게 말할 것 같다. "순하디 순한 소들이 사람들을 잡아먹겠다."

미국혁명: 제국의 세금 폭탄에 저항하다

철두철미하게 합리적인 미국 사람들에게 불합리한 과세
는 견딜 수 없는 폭력이었다.

모든 생활 터전을 버리고 아무 기약도 없이 새로운 곳으로 떠나는 사람
의 심정은 어떨까? 거대한 두려움과 작은 기대가 공존할 것이다. 종교 박
해를 피해 영국을 떠나 아메리카를 향하던 청교도의 심정도 그러했을 것
이다. 1620년에 메이플라워호를 탔던 청교도들은 똘똘 뭉쳐서 그 두려움
을 점차 자신감과 희망으로 전환했다. 그들은 아메리카 대륙에 도착하기
전에 배 안에서 이미 건국 이념을 민주적으로 합의했다. 성인 남자 41명
이 합의하고 서명한 문서에는 '시민 정치 공동체'를 만들겠다는 의지가
담겨 있다.

"본 증서로 우리는 더 바람직한 질서를 수립하고 보존하기 위해 신과
우리의 얼굴을 마주보며 엄숙히 계약을 체결하고 시민적 정치 단체로 결
속한다. 이에 바탕을 두고 식민지의 일반적 복지를 위해 가장 적합하고
적절하다고 판단하는 정의롭고 공평한 법률을 결정하고, 관직을 수시로
제정하고 구성하며 조직하기로 한다."

이것이 모든 미국 역사서의 첫장을 장식하는 메이플라워호 선언이다. 이 선언에 깃든 정신은 150년이 지난 1788년 11개주가 비준한 아메리카합중국 헌법에 그대로 반영되었다. 이 헌법은 근대적 성문 헌법으로는 세계에서 가장 앞선 것으로 연방제, 삼권분립, 대통령제를 규정했다. 고대 그리스 아테네에서 꽃피었던 민주정이 시공간을 가로질러 아메리카 대륙에서 완전히 근대화한 새로운 모습으로 활짝 만개하기에 이른다.

민주 정부, 민주적인 경제 질서

아메리카합중국의 이념을 탄생시킨 것이 내부의 민주적 합의라면, 아메리카합중국이라는 독립국의 실체를 만든 건 외부의 비민주적 압박, 즉 영국의 무리한 과세 때문이었다. 힘없던 식민 정부 미국이 대제국인 본국 영국에 맞서 싸워 이기고 민주정을 수립한 혁명 과정을 요약하면 다음과 같다.

식민지 건설 ⇒ 본국의 세금 증액 요구 ⇒ 반대 시위 ⇒ 강제 진압 ⇒ 보복 조치 ⇒ 전쟁

미국혁명은 이렇게 본국의 부당한 과세에서 시작되어 독립으로 마무리되었다. 1765년 5월 9개 주 식민지 대표 28명이 선언한 '버지니아 결의'는 독립 선언의 예행 연습이었다. "어떠한 세금도 국민의 동의 없이 부과할 수 없다는 것은 본질적인 것이다. 영국 의회가 제정한 법률은 식민지인의 권리와 자유를 억압하려는 의도를 명백히 드러냈다." 1776년 7월 4일 발표된 독립선언서 내용을 보자. "국왕은 우리 인민을 괴롭히고 인민의 재산을 축내려고 수많은 관직을 새로 만들고 수많은 관리를 식민

지에 보냈다. 우리와 전 세계의 무역을 차단하고, 동의 없이 세금을 부과했다. 이에 아메리카 주 대표들은 엄숙히 선언한다. 이 국가는 영국의 왕권에 대한 모든 충성 의무를 벗으며 독립 국가가 당연히 누릴 완전한 권리를 갖는다."

50만 부가 팔린 소책자인 『상식론』에 이런 내용이 실려 있다. "세계를 피와 잿더미로 만드는 재주뿐인 군주 정치와 화해하기를 단념해 버리고 자유로운 독립국 아메리카를 세워 폭정과 압박에서 벗어나자!" 어린 시절 겪은 굶주림과 고통 때문에 '고통Pain'이라는 말을 일부러 넣어 이름을 고쳤다는 토머스 페인Thomas Paine은 이 팸플릿 하나로 미국 독립 전쟁의 정신적 지주가 되었다. 당시 인구가 300만이었으니 모든 청년과 어른이 이 글을 읽었다 해도 과언이 아니다. 페인은 그동안 당연스럽게 쓰이던 '식민지 연합United Colonies'이라는 표현 대신 '아메리카합중국United States of America'이란 표현을 쓰자고 처음 제안한 사람이다. 그는 또 '싸움이 격렬할수록 승리는 빛난다'며 독립전쟁에 참여한 청년들의 피를 뜨겁게 끓어오르게 했다.

대표자의 동의 없는 세금 부과는 위헌

영국이 식민 정부에 내린 경제적 제재와 중과세를 보면 전쟁까지 촉발한 미국의 분노가 어떻게 일어났는지 가늠할 수 있다.

1732년 모자법: 식민지의 모자 수출을 제한한다.
1733년 당밀법: 서인도 제도 이외 지역에 설탕과 당밀을 수출할 때 중과세한다.

1750년 제철법: 식민지의 제철 투자를 제한한다.

1764년 설탕법: 프랑스, 에스파냐령 지역과 설탕 거래를 금지한다.

1764년 화폐법: 식민지의 지폐 발행을 금지한다.

1765년 인지세법: 신문, 달력, 유언장, 면허증 등 모든 문서에 세금을 부과한다.

1767년 타운센드법: 군대 주둔 비용을 식민지가 부담한다. 본국은 차, 기름, 종이, 유리 수입에서 보호 관세를 부과한다.

이 가운데 모든 문서에 세금을 매기는 인지세법이 결정타였다. 신문이나 책, 공문서, 학위 증명서는 물론 심지어 편지나 엽서에도 인지세가 부과됐다. 8월에 일어난 폭동은 6개월간 지속됐다. 11월에는 뉴욕에서 농민 반란이 일어나 이듬해 9월까지 해결되지 않았다. 보스턴에서는 '자유의 아들들'이라는 과격 애국 단체가 결성되어 인지를 취급하는 영국 관리에게 테러를 가하고 인지를 불살랐다. 미국인들은 대헌장 이래 영국이 고수한 원칙인 "대표 없이 과세 없다No taxation without representation"를 주장하며 영국인들을 압박했다. 그 원칙대로라면 식민지 대표들의 동의 없이 본국이 세금을 마음대로 부과해선 안 되기 때문이다.

인구 1만6천 명인 보스턴에는 당시 영국 상비군이 1만6천 명 주둔하고 있었다. 본국에서 지급하는 적은 급료에 제대로 생활을 유지하기 어려웠던 병사들은 부업 전선에 뛰어들었고 보스턴 노동자들의 일감은 줄어들었다. 이 갈등 국면에서 1770년 3월 영국군의 발포로 노동자 5명이 사망하는 사건이 일어났다. 시민 1만 명이 참여한 장례식은 거대한 반영국 시위로 변했다. 독립 전쟁의 도화선으로 알려진 보스턴 차 사건은 이런 흐

름에서 보면 여러 폭동 중 하나일 뿐이다. 1774년 9월 필라델피아에 모인 13개 식민 정부 대표들은 영국과 통상을 끊기로 결의했다. 전쟁 선언이었다. 1775년 4월 시작된 독립 전쟁은 7년간 계속됐다. 전쟁은 1783년 9월 파리조약에서 미국 독립이 공식적으로 선언되면서 종료되었다.

프랑스혁명: 민중의 선도자가 된 사상가들

지식인 집단이 혁명의 최전선에 나선 것은 역사상 유례
가 없는 일이었다.

프랑스혁명의 의의는 단순히 국왕을 폐위하고 처형한 데 있는 게 아니
라 새로운 사상으로 무장한 계몽된 민중이 구시대 질서를 깨뜨려버리고
시민의 자유와 권리가 우선시되는 세상을 열었다는 데 있다. 그 무렵 프
랑스 시민들의 집 책장에는 『백과전서』가 꽂혀 있었다. 각 분야의 전문
가와 사상가들이 함께 참여해 만든 『백과전서』는 '프랑스혁명의 성서'
였다. 백과전서는 겉으로는 '입술 연지 제작법' 같은 실용 정보가 담긴
생활 백과처럼 보였다. 그러나 조금만 유심히 살펴보면 계몽 사상가들
이 국왕을 포함해 봉건 시대의 잔재인 귀족 세력에게 보낸 무척 집요한
경고장이라는 점이 드러난다. 볼테르, 루소, 몽테스키외 등이 필자로 참
여했다. 계몽주의자들은 크게 다음 세 가지를 전하고자 했다. 1) 이성에
기반을 둔 법을 제정하시오, 2) 신분 불평등을 제거하시오, 3) 보편 교육
을 확대하시오.

계몽주의는 보편적 인간의 이성을 믿는 사상

루이15세 시대부터 자리 잡은 살롱에는 볼테르, 루소, 디드로 등 당대의 문인과 사상가들이 모여들었다.

"만일 소수를 위한 특권이 허용되지 않고, 재정 제도가 부를 집중시키지 않도록 유지된다면 졸부는 덜 생겨날 것이다. 부자가 되는 수단이 더 많은 시민들에게 분산된다면 부는 점차 사람들 사이에 평등하게 분배될 것이다." 공산주의 선언문처럼 보이는 이 구절은 디드로가 기술한 경제편에 나온다. 27권에 달하는 방대한 양에 가격도 만만치 않은 이 전집이 출간될 당시 사전 예약자만 4천3백 명에 달했다. 귀족의 서재와 지방 상인의 가게와 평민의 가정에 백과전서가 들어차기 시작했다. 불평등한 제도에 불만을 느낀 하급 성직자들도 앞다투어 백과전서를 구매했다.

살롱은 부유한 집안의 여자들이 담소를 나누던 저택의 응접실을 가리키는 말이다. 살롱은 루이15세 시대부터 여론 형성의 장으로 자리잡았다. 18세기 사상가들은 거의 다 이 살롱 출신이다. 프로이센(도이칠란트)의 국왕 프리드리히2세는 볼테르의 사상을 듣고자 그에게 장기간 체류해줄 것을 요청했고, 러시아 황제 에카테리나는 디드로에게 팬레터를 보냈으며, 미합중국 건국의 선구자 토머스 제퍼슨은 프랑스 사상가들의 책과 팸플릿을 열심히 모으고 구독했다.

장 자크 루소(Jean-Jacques
Rousseau, 1712~1778)

볼테르는 3년간 영국에 체류하면서 놀라운 경험을 했다. 먼저 자신이 꿈꾸던 정치 체제를 영국이 완전하게 실현했다는 점에 놀랐다. 1688년 명예혁명 이후 자유와 평등을 이룬 영국을 그는 이렇게 칭송했다. "인간이 노예적 공포에서 벗어나 해방되어 자유롭고 고상한 사상을 가질 수 있는 국가가 여기 이렇게 있다." 볼테르는 국가 행사로 치러진 뉴튼의 장례식을 보면서 또 한 번 놀랐다. 과학자 뉴튼을 모르는 영국 사람이 없고, 누구나 그를 존경했기 때문이다. 열정적으로 정치 영역에 뛰어든 사상가이기도 한 뉴튼은, 행동하지 않고 은둔하는 것이 미덕이라 여기는 프랑스 지식인이 배워야 할 모범처럼 보였다. 루이14세 치하에서 갓 벗어난 어두운 프랑스에 볼테르는 영국의 빛나는 지식과 성과를 전파하기로 결심했다. 영국에 체류하면서 볼테르는 『영국 통신』이란 저술을 남겼다. 여기에는 프랑스 정치 현실을 비판하는 내용도 담겼다. 볼테르는 어려운 개념을 쉽고 재미있게 전달하는 데 탁월했다. 이는 루소를 비롯해 여러 프랑스 사상가들에게 영향을 끼쳤고 쉽고 재미있게 쓰는 방식은 프랑스 작가들의 전형적 스타일이 되었다.

이론적 지식을 실천적 지식으로

시대의 반항아이자 아웃사이더였던 루소는 당대에 지식인 집단 내에서 외면당했으나 프랑스 국민에게 가장 넓고 오래 영향을 끼친 사상가다. 그가 말한 공동체의 작동 원리인 일반의지는 혁명기부터 오늘날까지 민주주의의 기초 개념으로 받아들여지며, 나폴레옹 시대에는 강력한 군주의 통치력이라고 자의적으로 해석되기도 했다.

매사추세츠공과대학MIT 언어학과 교수 노엄 촘스키는 이렇게 말한다. "지식인이란 특정 분야에 전문 지식을 갖춘 사람이 아니라 자신의 지식 특권을 활용해 정치 문제에 깊이 관여하고 세계를 개선하고자 노력하는 사람이다." 민중의 선도자였던 과거의 프랑스 사상가들이 그 모범이었다. 프랑스혁명은 프랑스 지식인들이 만든 작품 중 최고 걸작이다.

History Tip

1789년 혁명 때 평민 계급의 대표격으로 의회에 참여했던 오노레 가브리엘 리케티 미라보는 이렇게 말했다. "혁명을 추진하며 곤란한 점은 혁명을 일으키는 게 아니라 혁명을 수습하는 일이다."

공산주의: 만국의 노동자여 단결하라

겨우 생존할 만큼만 임금을 받으며 일하는 노동자들이
잃을 것이라곤 노예 같은 삶의 속박뿐이었다.

소수 자본가에게 노동력을 팔며 생계를 꾸리는 노동자들은 세계 어느 곳에서나 빈곤하다. 『공산당 선언』에 나오는 말처럼 이들에게 국가란 자본가들의 업무를 대신 처리해주는 대행사에 불과하다. 그래서 자본주의를 철저히 분석한 어떤 학자들은 노동자들에게는 조국이 없다고 선언하며 만국의 노동자들이 단결하여 이 사태를 혁명으로 뒤바꾸어야 한다고 역설했다. 이들이 카를 마르크스와 프리드리히 엥겔스다. 신흥 상업 계급으로 출발한 부르주아지는 혁명 세력이었다. 대량 생산 방식을 신봉했던 이들로 인해 모든 사회 시스템이 바뀌고 중세 봉건제는 종결되었다.

유산 계급은 생산 수단을 가진 계급

부르주아지를 일컫는 다른 이름인 유산有産 계급은 재산을 많이 보유한 이들이 아니라 생산 수단을 소유한 계급을 가리킨다. 유산 계급인 부르주아지는 무산 계급인 프롤레타리아트를 고용해 이윤을 창출해야 한다. 하지만 노동자가 죽거나 병들면 이윤의 근원인 노동력이 줄어들기 때문에 노동자가 가족을 겨우 부양하며 죽지 않을 만큼 임금을 주며 노동력을 재생산할 수 있도록 조치한다. 노동자는 생산 수단을 갖지 못한 무산 계급이기에 자기 몸뚱이의 일부인 노동력을 조각내 자본가에게 팔고 임금을 받는다.

마르크스의 친구이자 공동 연구자이며 평생의 후원자인 프리드리히 엥겔스의 저서 『영국 노동자 계급의 상태』에는 19세기 영국 노동자들의 비참한 상황이 잘 묘사돼 있다. 마르크스도 영국으로 망명한 뒤 그 실정을 두 눈으로 확인했다. 부유한 집안에서 태어난 엥겔스는 고결하고 강직하며 성실한 인물이었다. 급진적 사회주의자가 된 엥겔스는 1844년 가을 파리에서 마르크스와 처음 만났으며 그 후 평생 같은 이상을 공유하는 동지가 되었다. 엥겔스는 마르크스의 난해한 설명을 일반 노동자들도 쉽게 이해할 수 있도록 단순화하여 표현하는 데 탁월했다. 그는 『공산당 선언』의 공동 저자이자 마르크스가 『자본』 1권만 남기고 세상을 떠난 뒤 후속편을 완성시킨 탁월한 저술가다. 군 복무를 마치고 영국 맨체스터에서 1840년대를 보낸 엥겔스는 당시 산업혁명 중심지인 맨체스터 노동자들의 생활을 보고 그 비참한 현실에 큰 충격을 받았다.

자본가의 아들로 태어나 노동자의 동지가 된 엥겔스

동반자인 엥겔스와 마르크스는 도무지 개선되지 않는 계급 불평등을 개선할 새로운 세상이 오기를 열망했다. '지금까지 존재한 모든 역사는 계급 투쟁의 역사'라고 정의하고, 노동자들을 옭아매는 불평등한 사회 구조를 깨뜨려야 한다며 "프롤레타리아가 잃을 것은 사슬밖에 없으며 얻을 것은 온 세상이니 전 세계 노동자여, 단결하라"라고 외쳤다. 마르크스는

마르크스(좌)와 엥겔스(우)는 평생 동반자이자 공동 연구자로서, 노동자들이 고통에서 해방되는 새로운 세상을 기획했다.

철학의 진정한 역할은 세계를 해석하는 것이 아니라 세계를 변혁하는 것이라고 역설했다. 1848년의 '선언' 이후 각국의 노동자들이 실제 단결하기 시작했다. 그 결실은 1864년 9월 28일 국제노동자협회(제1인터내셔널)의 창설이었으며 마르크스 역시 열렬한 회원이 되었다. 1880년대 초기 러시아에서는 마르크스 사상을 표방한 사회주의 정당이 출현했다. 노동자와 무산 계급을 해방시키고 제국주의를 극복하고자 한 혁명가 레닌은 자신의 구상에 마르크스 사상을 적극 활용했다. 레닌이 이끈 혁명 세력은 1917년에 승리를 거두고 『공산당 선언』이 지향한 것처럼 최초로 사회주의 국가를 건설했다. 부가 소수에게 편중되는 것을 막고 소외 없는 평등 사회를 구축하려는 사회주의의 이상은 파시즘과 국가 사회주의를 옹호하는 독재 세력에 의해 번번이 좌절됐다. 그러나 소련이 붕괴하고 도미노처럼 공산권이 몰락했다고 하여 그 이상마저 사라진 것은 아니다.

'풍요 속의 빈곤'은 오늘날 가장 심각한 세계 문제다. 아프리카 대륙에는 굶주린 어린이들이 수없이 죽어가는데 카길 같은 다국적 농산물 유통 기업은 수익률을 유지하기 위해 태평양에 멀쩡한 농산물을 그대로 버린다. 이런 불행한 역설이 벌어지는 시공간이 자본주의 세계다. "어느 곳, 어느 국민이든 반란을 일으켜 정부를 타도하고 국민들에게 더 적합한 새 정부를 세울 권리가 있다. 이는 가장 귀하고 신성한 권리다." 이는 『공산당 선언』에 나온 구절이 아니라 미국 하원의원이었던 링컨이 의회에서 행한 연설의 일부다. 21세기를 맞은 세계 곳곳에서 반세계화, 반신자유주의, 반금융자본주의 시위가 벌어진다. 그들이 제기하는 문제는 19세기 노동자들의 생각과 같다. '부의 독점을 깨뜨리자!'

2장 – 근대인의 완성

산업혁명 : 사상 최초로 과학이 권력을 창출하다

증기 기관이 산업 현장에 투입되면서 생산력은 어마어
마하게 증대됐다. 일자리를 기계에 빼앗긴 노동자들은
생계가 막막해졌다.

증기 기관을 발명한 사람은 제임스 와트가 아니라 토머스 뉴커먼이다. 뉴커먼이 증기 기관을 발명하기에 앞서 아랍에는 이와 유사한 기술이 이미 개발되어 양고기를 빨리 굽는 용도로 활용되고 있었다. 아랍인들이 개발한 기술은 일부 부유한 귀족층에서 잠시 이용되다 사라졌다. 뉴커먼은 이 기술을 산업에 적용하려고 노력했지만 성공하지 못했다. 와트는 그 기술을 효율성 높게 개량함으로써 산업혁명의 엔진인 증기 기관의 진정한 선구자 자리에 올랐다. 역사는 최초가 아니라 최대 성과를 거둔 인물에게 더 많은 지면을 할애한다.

역사는 최초가 아닌 최대 성과에 더 주목한다

뉴커먼에 앞서 대기의 압력에 눈을 뜬 사람은 영국 귀족 에드워드 서머싯과 도이칠란트의 기술자 오토 폰 게리케다. 서머싯은 어느 날 저녁 식사를 준비하다가 냄비 뚜껑이 쉴새없이 들썩이는 것을 보고 그 힘을 다른 곳에 이용할 수는 없을지 궁리했다. 그렇지만 구체적인 연구 성과물을 내지는 못했다. 게리케는 기술자답게 과학 지식을 응용해 실험을 계속했다. 그는 금속으로 만든 반구를 밀착하여 공기를 빼면 말 16마리가 당겨도 떼어놓을 수 없는 힘이 생긴다는 사실을 증명했다. 이 실험은 로버트 보일과 로버트 후크 등 후대 과학자들에게 연구 동기를 제공했다. 드디어 뉴커먼에 이르러 증기 기관이라는 실용 기술이 결실을 이루는 듯 보였다. 그의 발명품은 1712년부터 광산에 투입되었으나 열손실이 너무 커서 널리 보급되기에는 부족함이 많았다.

1764년 글래스고 대학에서 기구 제작에 종사하던 청년 제임스 와트 역시 물이 끓는 주전자를 주목한 점에서는 선배들과 같았다. 그러나 과학 지식을 최대한 활용해 실용 기술과 절묘하게 결합함으로써 와트는 그 어떤 기술자보다 빛나는 업적을 이루었다. 제임스 와트 이후에야 비로소 실질적인 응용 과학, 응용 기술의 시대가 활짝 열린 것이다. 와트는 수완 좋은 사업가 매튜 볼튼을 만나 볼튼-와트사Boulton & Watt를 설립하고 기술 상용화에 성공했다. 와트의 친구이자 동업자이자 조언자인 볼튼에 관한 유명한 일화가 있다. 국왕 조지3세가 볼튼-와트사 공장을 방문했는데 왕이 자신들에게 무슨 일을 하냐고 묻자 볼튼이 이렇게 대답했다고 한다. "어떤 것을 만들고 있사온데, 국왕께서도 무척 갈망하고 계신 것이옵니다. 바로 파워power입니다. 전하."

이 프로젝트는 대번에 국왕의 환심을 샀다. 볼튼이 사업면에서 영리했다면 와트 역시 자신이 잘 하는 영역에서 매우 영리했다. 그는 기술이 보급되려면 그 기술을 이용할 일반 시민들의 환심을 사는 게 중요하다고 생각했다. 와트는 힘의 크기를 일반인에게 알기 쉽게 보여주는 것이 아주 중요한 일이라는 점을 간파했다. 그는 말을 이용해 일정 시간에 일정한 무게를 들어올리는 힘을 수치로 정의했는데 이것이 지금까지도 엔진의 힘을 측정하는 기준으로 통용되는 마력馬力이다. 제임스 와트의 엔진을 구매하는 사람은 말이 하던 힘든 일을 기계가 얼마나 대신할 수 있는지 금세 파악할 수 있었다. 볼튼-와트사의 기술자 윌리엄 머독은 증기 기관 기술을 활용해 기관차를 만들었다. 첫 운행 실험은 작은 소동으로 끝났다. "기관차는 달리기 시작했고 머독은 전속력으로 뒤를 쫓았다. 교회에서 걸어나온 목사는 무서운 속력으로 불꽃을 내뿜으면서 자신에게 달려오는 검은 물체를 악마라고 여기고 비명을 질렀다." 이 실험 이후에도 결함투성이인 수많은 기관차가 등장했는데, 그 모든 어설픈 실험에 종지부를 찍은 것은 1814년에 출시한 조지 스티븐슨의 기관차였다.

교통과 통신망의 발달은 자본주의적 확장의 필수 요건

영국의 산업혁명은 증기 기관을 활용한 방적기의 혁명이었고, 증기 기관을 탑재한 열차의 혁명이었다. 제임스 와트의 증기 기관 기술과 결합해 개선된 방적기가 1767년 리처드 아크라이트에 의해 선보이는데 최초로 동력을 이용해 만든 작업 기계라는 점에서 혁신적이었다. 아크라이트 방적기는 노동자들의 일손을 크게 덜어주었을 뿐 아니라 노동자들의 임금역시 크게 덜어준 결과를 초래하여 자본가에겐 탄성을 노동자에겐 원성을 샀다. 증기 기관은 철도 교통망을 낳았다. 교통 수단의 발달은 자본주의의 버팀목인데 철도망 확충이야말로 산업혁명을 진정 혁명답게 만든주인공이다. 1830년 리버풀-맨체스터 간 철도 개통은 자본주의 확장의 선언과도 같은 사건이다. 그 후 1844년부터 1847년 사이에 광범한 철도 붐이 일어난다. 자본주의의 동맥으로 자리잡은 철도는 새롭게 출현한 산업 질서의 중심이 되었다. 제임스 와트는 산업 시대의 본격적 개막을 알렸다.

사람들이 활판인쇄술을 떠올릴 때 고려의 금속활자 기술보다 구텐베르크의 인쇄술을 더 많이 기억하는 것은 상용화 여부 때문이다. 지식은 고려가 앞섰으나 구텐베르크는 기술의 응용적 측면에서 앞섰고 대중화 측면도 뛰어났다. 제임스 와트도 그러했다. 그는 최초가 아니었으나 최대치를 이끌어냄으로써 진정한 선구자가 되었다. 물론 제임스 와트 혼자 모든 걸 이룬 건 아니다. 과학과 기술이 부강한 나라를 만든다는 생각을 공유한 지식인 집단이 있었기에 가능했다. 300여 년 전 제임스 와트는 산업혁명에 '힘'을 불어넣었고 영국에는 '권력'을 부여했다. 와트 이후 지상 최대 권력으로 부상한 과학 기술은 왕좌를 한 번도 내놓지 않고 지금까지 장기 집권 중이다.

1811년에 직물 공장에서 일하던 노동자들이 자본가의 횡포에 저항해 작업 기계를 파괴하는 사건이 일어났는데, 러드Ned Ludd가 주도한 이 저항은 나중에 러다이트 운동 Luddite Movement이라고 불리게 됐다.

무한 경쟁: 자유 경쟁의 세계관을 심은 맬서스

찰스 다윈은 '적자 생존'이라는 말 대신 '자연 선택'이라
는 용어를 썼다.

적자 생존은 찰스 다윈의 용어가 아니라 토머스 맬서스가 창안한 용어
다. 성직자 출신인 맬서스는 『인구론』(1798)에 이렇게 적었다. "동식물은
생존 수보다 훨씬 많은 자손을 낳는데, 생존 경쟁을 거쳐 적합한 개체만
살아남고 부적합한 개체는 절멸한다. 식량 생산량이 인구 증가를 따라잡
지 못하는 인간 사회 역시 자연과 비슷한데, 경쟁에서 진 인간이 사회에
서 도태되는 건 어쩔 수 없다. 따라서 사회가 그들을 위해 자비를 베푸는
건 자연의 순리를 거스르는 일이다. 하등 동물이나 다름없는 하층민 역
시 많은 자손을 낳는데 이것이 생존 경쟁을 부추기는 원인이다." 이 무시
무시한 주장은 젊은 다윈에게 자연 도태, 자연 선택이라는 관념을 각인
시켰다. 그가 비글호를 타고 먼 탐사를 시작하게 한 계기도 거기에 있다.
19세기를 뒤흔든 다윈의 진화론은 맬서스에서 비롯했다. 허버트 스펜서
는 사회를 살아 있는 유기체로 보면서 사회 선택 이론을 발전시켰다. 스
펜서는 강자의 시장 독식이나 불평등한 사회 계급을 어쩔 수 없는 사회
선택의 결과로 파악했다. 이런 논리의 연장선에서 그는 제한이 없는 기

업 경쟁을 옹호하고 적자 생존의 원칙을 깨는 국가의 구빈 사업을 반대
했다. 그 역시 맬서스의 자식이었던 것이다.

다윈의 이론은 적자생존이 아닌 자연선택설

1601년 엘리자베스1세는 구빈법을 실시해 빈민을 구제하는 일이 국가
의 의무라고 규정했다. 여러 가지 한계를 안고 있기는 했지만 사회 부조
를 공식 도입한 것이다. 나중에 영국이 산업 자본주의 단계에 들어서면
서 본격적인 실업 대책으로 발전한 구빈법은 18세기에 이르면 영국 정
부에 심각한 재정 압박을 불러오게 된다. 그 결과 1830년대에 이르러 국
가 예산의 20퍼센트를 차지할 정도로 부담을 주었다. 이런 상황에서 산
업혁명으로 크게 성장한 자본가 계급은 구빈법을 자신들이 내는 세금만
축내는 사악하고 쓸모없는 정책이라 치부하며 법 개정을 강력히 촉구했
다. 맬서스의 이론이 급속도로 영국 사회에 뿌리를 내릴 수 있었던 것은
1800년대 영국을 사실상 움직였던 이 자본가 계급 덕이다. 자유 경쟁 논
리와 자유 무역을 주장한 그들에게 맬서스는 그야말로 신이 내린 선물이
나 다름없었다. 자본가 계급은 맬서스의 『인구론』을 들먹이며 나라가 나
서서 빈민 구제 사업을 벌이는 것에 대해 극도로 불만을 표시했다. 맬서
스는 경쟁에서 도태된 잉여 인구인 약자를 자연이 처벌해야 한다고 굳게
믿었다. 그에 따르면 빈곤이 초래한 과잉 인구는 사회가 굶겨 죽임으로
써 없애야 한다.

엘리자베스가 제정한 초기 구빈법과 맬더스의 인구론 사이의 격돌은
1834년 영국 정부가 빈민 구제 사업에서 발을 빼고, 각 교구가 알아서 빈
민을 지원하는 내용을 골자로 한 신구빈법이 통과되면서 맬서스의 승리

로 마감됐다. 하층 빈민 계급은 비로소 국가의 공적 보호에서 완전히 배제되어 민간 사업자의 손에 내맡겨지게 된다. 신구빈법이 실시된 이후 빈민은 사회에 해를 끼치는 범죄 집단처럼 간주됐다. 노동력을 제공하지 못하는 노약자는 인간 쓰레기나 다름없는 처지가 됐다. 사회적 강자이자 적자인 자유주의자들은 경제 활동에서 정부의 간섭을 몰아내려 했고, 시장 논리에 따라 질서가 재편되기를 원했다. 불행한 일이지만 세상은 그들의 바람대로 변했다.

『인구론』에서 "식량은 산술급수적으로 증가하는데 인구는 기하급수적으로 증가한다"라고 밝힌 맬서스는 적자 생존 원리를 직시했다. 19세기 시장의 자유 경쟁 논리와 자유 무역을 주장한 영국의 자본가 계급에게 맬서스의 이론은 신이 내린 선물이나 다름없었다.

현대 사회의 경쟁 시스템의 원조, 맬서스

맬서스는 현대인의 가치관에 심각한 각인을 남겼다. 그 위력은 '식량은 산술급수적으로 증가하는데 인구는 기하급수적으로 증가한다'는 간단한 문구 정도에 머무는 게 아니다. 그는 1798년 적자 생존 원리를 체계적으로 정리하면서 인류가 지녔던 자연관을 180도 바꿔 버렸다. 자연은 더 이상 자비로운 신의 원리가 깃든 세계가 아니라 그저 냉혹한 생존 경쟁이 펼쳐지는 장일 뿐이다. 인간 사회 역시 마찬가지다. 인류와 동식물이 조화롭게 공존한다는 고대의 세계관은 파탄났다. 맬서스의 생각대로라면 고등 생물인 인류가 하등 생물인 동식물을 지배하고 이용하는 것 역시 당연한 근대적 사고다. 약자를 보호하는 것이 강자의 당연한 도리라는 생각에서, 그런 자선이 인류의 발전을 더디게 하는 쓸데없는 짓이라는 의심을 품게 한 것도 그랬다. 노력하면 함께 잘 살 수 있다는 아이 같은 순진함을, 누군가는 살아남지만 누군가는 반드시 도태된다는 어른 같은 단호함으로 뒤바꾼 것도 맬서스다. "인간 사회를 지탱하는 원리는 협력이 아니라 투쟁과 경쟁이다. 그것을 인정해야 인류 문명이 발전한다. 우리가 냉혹한 현실에서 살아남는 유일한 길은 적자, 즉 강한 자가 되는 것이다." 이 말에 동의한다면 우리 역시 자유 경쟁 원리의 창시자 맬서스의 후손이다.

History Tip

1800년대 후반 프랜시스 골튼이 창시한 우생학優生學, eugenics은 종족 개량 이론으로, 인류의 장래를 위해 열등한 민족은 도태시키고 우등한 민족을 더 발전시켜야 한다는 주장과 일맥상통한다.

공리주의: 최대 다수의 최대 행복과 최소 고통

공리주의는 다수결 원리 위에 선 민주주의나 대량 생산
위에 서 있는 자본주의와 잘 어울리는 윤리 사상이다.
질적인 가치인 쾌락과 고통을 양으로 환산하여 좋고 나
쁨을 쉽게 판단하게끔 돕기 때문이다.

공리주의는 개인의 쾌락과 이익인 '공리(功利, utility, 쓸모)'를 행위의 판
단 기준으로 삼는 윤리 사상이다. 윤리 사상이라기보다 보편적인 윤리가
더 이상 통용되지 않는 근대 사회를 위한 새로운 풍조라고 부르는 게 더
나을 것 같다. 공리주의는 보편적인 선을 인정하지 않고 상황에 따라 달
라지는 상대적인 좋음과 나쁨만 문제 삼는다. 공리주의의 창시자는 영국
의 법률 이론가 제러미 벤담이다. 벤담은 1789년에 지은 『도덕과 입법
원리 서설』에서 "자연은 인류를 고통과 쾌락이라는 두 지배자 아래에 두
었다"라고 적으며 고통과 쾌락이 인간의 모든 생각과 행동과 말을 지배
한다고 선언했다. 개인의 쾌락들을 모두 합친 총량이 사회적 선이며 "최
대 다수의 최대 행복"이란 말로 그것을 표현할 수 있다.

인간의 쾌락과 고통은 수치로 환산 가능하다

공리주의가 꿈틀거리던 시기는 서구 사회에서 신흥 자본가 계급이 급성
장하던 때와 일치한다. 이들은 보편적인 선을 위해서 사적인 이익과 쾌

락을 양보해야 한다는 기존 윤리를 뿌리뽑았다. 개인의 경제적 이익을 추구하는 것이 공적인 이익과 부합할 것이라는 낙관적 믿음은 애덤 스미스가 지은 『국부론』의 기본 입장인데, 이것은 공리주의가 하늘에서 뚝 떨어진 사상이 아니라 당시 사회를 잘 반영한 사상이라는 점을 알려준다. 인간의 행복과 불행을 양으로 계산할 수 있다는 이 대범한 사상은, 모든 상품에 측정 가능한 공통 가치가 들어 있기에 가격이라는 양적 수단으로 서로 비교 가능하다는 자본주의 시장 경제 원리를 윤리적으로 뒷받침한다. 공리주의에 따르면 쾌락의 최대량은 모든 사회 갈등과 분쟁의 조정 근거가 되므로, 부의 총량 증진을 유일한 목표로 삼는 신자유주의 정책의 이론적 근거가 된다.

공리주의가 지향하는 바와 무척 다른 임마누엘 칸트의 윤리설을 잠깐 살펴 보자. 칸트는 『도덕 형이상학』에서 "당신의 행위가 다른 모든 사람들에게 공통된 법칙으로 받아들여지도록 행동하라"라고 적었다. '정의' 강의로 유명해진 하버드 대학의 교수 마이클 샌델은 보편적 선의 규범이 사라진 자리에 들어선 공리주의가 현대인을 철저히 이기적으로 변모시켰음을 경고했다. 정치 영역에서는 민주주의의 원리와 상통하고 경제 영역에서는 자본주의의 원리와 상통하는 공리주의의 실용성은 자칫 소수를 억압하는 면죄부로 악용될 수 있다. '다수의 횡포'가 자유를 저해하는 가장 큰 적이라 규정했던 존 스튜어트 밀은 벤담의 양적 공리주의가 지닌 난점을 해결하고 개인의 쾌락과 공익을 조화시키고자 노력했지만 명확하게 해결책을 제시하지는 못했다.

기원전 4~3세기를 살았던 에피쿠로스는 인간의 본질이 행복과 쾌락을

추구하는 데 있다고 가르쳤다. 에피
쿠로스가 제시한 쾌락은 평정심에
이르는 개인적이며 질적인 가치에
가까웠기에 다른 이의 쾌락과 비교
하는 건 불가능했다. 벤담은 모든
쾌락이 양으로 환산 가능한 것이어
서 어떤 이가 누리는 쾌락이 다른
어떤 이가 누리는 쾌락보다 크거나
작다는 것을 쉽게 판별할 수 있다
여겼다. 어떤 이가 누리는 쾌락의
양보다 다른 이가 견뎌야 할 고통

공리주의를 창시한 제러미 벤담(Jeremy Bentham, 1748~1832)

의 양이 더 크면 그 쾌락은 악이다. 가령 거지가 놀면서 구걸만 하면 편
안함이라는 '작은' 쾌락을 얻지만 그 쾌락은 여러 타인에게 '동정심'이라
든지 '불편함'이라는 '많은' 고통을 유발하므로 사회악이다.

현대인의 기본 심성이 된 개인주의와 공리주의

철학적 고상함과는 거리가 멀었다 해도 개인의 고통 감소와 행복 증진
을 위해 효율적으로 사회를 운용하는 방법을 궁리했던 벤담의 의도는 존
중받아야 할 것 같다. 공리주의의 근간은 개인주의다. "개인이 만물의 척
도다"라고 선언한 프로타고라스와 "쾌락과 고통이 삶의 본질"이라고 주
장한 에피쿠로스 이래 발전한 개인주의는 공리주의와 만나 근대적 가치
관으로 탄생했다. 17세기 영국 정치철학자 존 로크는 『통치론』에서 근
대를 규정하는 가장 중요한 특징이 '자유롭고 평등한 개인free and equal
individual'의 등장이라고 적었다. 밀은 타인에게 해를 입히지만 않는다면

각자 자신이 바라는 쾌락을 추구하는 것이 인간다운 삶을 사는 조건이라고 주장했다.

"누구든 어느 정도 상식과 경험만 있다면 자기 방식대로 사는 것이 가장 바람직하다"라는 밀의 말은 150년이 더 지난 지금도 유효하다. 민주적 절차를 존중하고 자본주의적 생산을 중시하는 현대의 '공리주의적 인간'은 '생각하는 인간'만큼이나 자연스럽다. 다만 최대화라는 함정에 빠지지 않고 고상함의 하한선만 지킨다면 인류를 지탱하는 보편 가치들과 크게 충돌하지는 않을 것이다. 이 기본적인 사유 없이 오로지 자신의 쾌락이나 자신이 속한 공동체의 이익만 추구할 때 어떤 일이 벌어지는지, 우리는 파시즘의 출현과 제2차 세계대전이 초래한 파국을 경험으로 뼈저리게 배운 바 있다.

History Tip

시사 주간지 《타임》은 '2006년의 인물'에 '당신(You, 인터넷 사용자인 개인을 가리킴)'을 선정했다. 개인주의는 시대 변화에 따라 새로운 사조나 매체와 결합해 왔다.

실용주의: 미국의 다른 이름, 프래그머티즘

> 미국은 자국의 이익을 위해서라면 국제적인 망신도 기
> 꺼이 감수하며 이율배반적인 정책을 운용하기도 한다.

실용 정신은 거창한 명분보다는 실익을 중시하는 태도인데 미국에서 가장 잘 구현되었다. 미국은 자영농이나 경영자가 되려고 영국을 떠난 사람들이 일군 나라다. 아메리칸드림을 꿈꾸는 이들에게 관습이나 전통이나 출신 성분 같은 것은 별로 중요한 것이 아니었다. 영국의 식민 지배에서 벗어나고자 한 것도 실용 정신의 발로였다. 1776년에 발간된 팸플릿인 토머스 페인의 《상식》은 독립 의지를 한껏 끌어올리게 한 책자인데, 50만 부 넘게 팔린 이 책의 힘은 단순명료함에 있다. "영국에 충성해도 득 될 것이 없고, 영국과 단절해도 해 될 것이 없다." 그러니 무리한 세금을 요구하고 교역에서 불평등한 조건을 강요하는 영국과 결별하는 일은 지극히 당연한 일이 되었다.

도덕을 대체하는 새로운 선악 기준, 생산 효율성

1636년에 청교도 대학으로 출발한 하버드는 처음에는 영국의 케임브리지 대학을 모범으로 삼았다. 1869년에 35세로 하버드 총장에 취임한 찰

스 엘리어트는 실용 정신을 교육 이념과 교과 과정에 적극 반영했다. 인문학에 치중한 교과 과정을 개편하여 과학을 적극 장려했다. 1908년에 개설된 경영학 석사MBA 과정은 실용적 교과 개편의 결실 가운데 하나다. 1800년대 중반에 미국을 방문한 프랑스의 정치학자 토크빌이 보기에 미국의 민주주의란 선거 제도만 가리키는 것이 아니라 문화와 경제 체제와 모든 사회 규범을 아우르는 실용적인 생활 방식 전반을 가리키는 것이었다. 토크빌은 누구나 같은 조건에서 자유롭게 경쟁하며 사회 발전을 촉진하는 그 풍토에 놀랐다. 사회학자 막스 베버는 『프로테스탄티즘의 윤리와 자본주의 정신』(1920)에서 벤저민 프랭클린을 예로 들면서 미국적인 것의 근본에는 '기독교, 근면, 검소, 절제, 규율, 효율, 합리성, 실용성' 같은 것이 깔려있다고 진단했다. 금욕적인 것을 지향하는 것은 신성함 때문이 아니라 금욕적 경제 활동이 가져다 주는 금전적 이익 때문이다. 근면이나 검소나 절제 같은 덕목은 신용이 중시되는 상거래에서 뚜렷한 장점이 되기 때문이다. 노동자의 동작을 표준화한 1800년대 후반의 테일러식 경영이나 컨베이어 벨트를 설치하여 작업의 절차나 속도를 중앙에서 제어하기 시작한 1900년대 초반 포드식 생산 방식 모두 효율성을 극도로 추구한 실용 정신의 산물이다.

윌리엄 제임스는 실용주의를 널리 주창한 심리학자이자 철학자로서, 찰스 샌더스 퍼스, 존 듀이와 더불어 미국인의 정신 세계에 깊이 영향을 끼친 대표적인 인물이다. 실용주의를 가리키는 프래그머티즘pragmatism 이라는 말도 언어학자인 퍼스와 그가 함께 궁리해 만든 것이다. 제임스는 인간의 사고를 '완고함'과 '유연함'으로 나누면서 실용적 영향력이 없는 관념은 무의미하며 불변하는 절대 진리를 추구하는 것은 공허하다고 주장했다.

실용적 '자기 계발' 분야를 개척한 선구자격인 데일 카네기 역시 미국의 실용 정신에 무척 걸맞은 인물이다. 그는 자신의 원래 성Carnagey을 버리고 철강왕 앤드루 카네기Carnegie의 성을 본딴 이후 크게 성공했다. 데일 카네기가 유명해진 것은 전화 보급이라는 현실을 현명하게 간파했기 때문이다. 전화가 대중에 보급되면서 얼굴을 마주하지 않고서 잘 말하고 잘 표현하는 것이 갑자기 일상생활에서 무척 중요해졌고 카네기는 그 틈을 잘 공략했다.

금지하되 금하지 않는 미국의 이민 정책

겉과 속이 다른 이율배반적인 정책을 취하는 것 역시 실용주의라는 기반에서 살펴 보아야 한다.

멕시코나 쿠바에 취하는 미국의 이민국 태도는 겉과 속이 다르다. 미국과 멕시코 사이의 국경선 3분의 2는 리오그란데('큰 강'이라는 뜻)에 걸쳐 있다. 콜로라도 주와 텍사스 주를 거쳐 멕시코 만에 닿는 리오그란데는 멕시코와 쿠바 주민들이 미국으로 가장 많이 밀입국하는 경로다. 매년 300명 이상이 리오그란데를 건너 미국으로 밀입국을 시도하다가 죽는다. 국경을 넘어 도시로 잠입하고 나면 일자리를 얻을 수 있고 수당은 자기 나라에서 받는 것의 10배쯤 받을 수 있기 때문에 죽음을 감수하며 점점 많은 이들이 밀입국을 시도한다. 미국은 불법 이민자들 때문에 골머리를 썩을까? 그렇지 않다. 적대적인 나라에서 자국으로 주민이 이탈하는 것을 사실상 방조하는 것은 적대국을 압박하는 주요한 전략이 될 수 있다. 가난한 라틴아메리카 사람들이 정상적인 경로로 미국 비자를 받는 것은 불가능에 가깝지만, 미국에 밀입국한 라틴아메리카 사람이 1년 이상만 잘 버텨서 그 체류 기록을 이민국에 제출하면 어렵지 않게 영주권을 얻을 수 있다. 미국은 값싼 노동력을 확보하지만 고급 일자리는 뺏기지 않는다. 불법 이민자들이 미국의 주류 사회로 진입하는 것은 가능하지도 않고 허용되지도 않는다. 그래서 미국의 이민자 정책과 국경 통제 정책은 가장 성공적으로 실패한 정책이라고 불리기도 한다.

미국의 실용주의는 세계적으로 각광 받는 비즈니스 모델이 됐다. 간략히 정리하자면, 실용주의는 현실적 이익을 얻으려고 그동안 지켜온 이념이나 원칙을 융통성 있게 조정할 수 있고 폐기할 수도 있다고 여기는 태도다. 1997년에 세계 각국이 지구온난화 방지를 위해 이산화탄소 배출량을 규제하자는 데 뜻을 모아 교토의정서를 체결했는데, 나중에 미국은 이 합의를 깨 버렸다. 인류 공동체의 복지보다는 자국의 단기적 이익을 선택한 것이다. 한국을 비롯해 실용주의 노선을 취하는 나라들이 많아질수록 인류의 보편적 공공선이라는 이념은 몽상에 가까워질 것이다. 이 변화 풍조는 과연 어디에서 비롯됐단 말인가. 우리가 공공선 같은 것보다는 개인의 자유와 현실적 쾌락과 행복을 최고 가치로 여기는 근대인이 되었기 때문이다.

History Tip

바로셀로나의 명물인 성가족 성당은 가우디가 설계했는데 그가 사고로 죽자 호셉 마리아 수비라치가 건설 책임을 맡았다. 수비라치는 비싼 대리석을 고집하지 않고 싸구려 취급을 받는 자재인 콘크리트를 성당 건축에 쓰기로 결정했다. 저렴하면서도 튼튼하기 때문이다. 이런 게 실용이다.

오스망의 파리 재개발

'발카나이즈Balkanize'란 단어는 동사인데 서로 적대시하다가 분열된다는 뜻이다. 유럽의 화약고인 발칸에서 나온 말이다. '오스망니제이션haussmannization'은 고유 명칭이 보통 명사가 된 경우인데 이 단어를 사전에서 찾아 보면 '도로 정비' 또는 '도시 재개발'이라는 뜻이 나온다. 이 단어의 어원은 19세기 후반 프랑스 파리 재개발을 이끌었던 인물인 조르주 외젠 오스망Georges-Eugène Haussmann이다. 근대적 도시 재개발의 역사를 되짚어 올라가면 이 사람, 오스망에 가 닿는다. 20세기를 대표하는 도시가 뉴욕이라면 19세기를 대표하는 도시는 단연 파리였다. 파리는 유구한 옛날부터 낭만과 예술의 도시였던 것이 아니라 치밀한 계획에 따라 현대적으로 재탄생한 예술 도시다. 파리가 이런 명예를 얻은 것은 오스망의 공으로 돌려야 한다.

오스망은 어떻게 유서 깊은 파리를 모두 갈아엎고 새로운 파리를 건설할 수 있었을까? 루이 나폴레옹은 시민들의 정부인 공화정을 무너뜨리고 1852년에 황제 나폴레옹3세가 되었다. 나폴레옹3세는 주민들의 생활 여건 개선과 도시 장식을 위해 도시를 다시 개발해야 한다고 역설했다. 빅토르 위고가 지은 〈레 미제라블〉에는 그 제목처럼 사회의 밑바닥 인생을 사는 미천한 빈민들이 하수구에 모여드는 장면이 자주 나오는데 그것이 재개발 직전의 더러운 파리다. 그런데 그 자리에 불과 몇 년 뒤에 백화점이 들어선다. 도시 미관을 정비하겠다는 것은 표면상 이유였다. 국제화된 상업 교역에서 파리가 자본의 중심지이자 자본주의의 수도가 되기를 바란 것이 파리 재개발의 본래 목적이다. 이 기획을 집행하려고 나폴레옹3세는 1853년 6월 오스망을 파리 시장에 임명했다. 매사에 치밀하고 강인했던 오스망은 이 거대한 기획을 흔들림 없이 밀어붙이기에 제격인 인물이었다.

1853년부터 1868년에 이르는 오스망의 파리 재개발 계획에는 상품 유통에 방해가 되고 도시 미관을 해치는 낡고 더러운 가옥을 쓸어버리거나 도시 외곽으로 이전시키는 작업이 포함됐다. 좁은 도로를 없애고 대로로 확장한 데는 또 하나 중요한 목적이 있다. 정부 정책에 반대하는 시위자들이 좁은 골목에 바리케이트를 치고 저항하는 것을 차단하겠다는 것이다.

철거 작업이 진행되고 주거 공간이 부족해지면서 파리 시내의 임대료가 크게 올랐다. 집 없는 노동자들은 살아남기 위해 어쩔 수 없이 비싼 임대료를 지급하며 버티거나 외곽으로 밀려났다. 도시 변두리에는 판자촌이 우후죽순처럼 늘어났다. 이는 비단 19세기 파리의 문제가 아니라 현대의 대도시들에서 빈번하게 일어나는 일이다. 오스망의 관심은 도로나 택지 정비뿐 아니라 가스등이나 가판대, 심지어 소변기의 디자인에까지 미쳤다. 1850년대의 파리와 1870년대의 파리 지도나 그림을 비교해 보면 상전벽해라는 말이 실감날 것이다. 개혁은 완수되었고 불만을 표출하던 사람들은 저 멀리 외곽으로 밀려났다. 우아함과 낭만과 화려함이 숨쉬는 패션과 예술의 도시 파리가 탄생했다. 시인 보들레르는 도시 재개발이 한창이던 1850년대 후반부터 시집 〈파리의 우울〉을 집필했는데 여기에 이런 대목이 있다.

가증스런 삶! 공포의 도시!
내가 인간 쓰레기가 아니며,
내가 경멸하는 자들보다 내가 못하지 않다는 것을,
증명할 수 있는 몇 줄의 시구를 낳도록 힘을 주소서.

시인이 절망을 느꼈던 그곳은 바로 오스망이 건설한 파리다.

4부 | 제국주의와 세계대전

미국 대통령 먼로는 아메리카가 유럽 일에 관여하지 않을 테니 유럽도 아메리카 일에 관여하지 말라는 원칙을 내세우며 외교 정책을 폈다. 먼로주의라 불리는 이 정책은 1823년 이래 미국 외교의 기본 노선이 되었다. 이 먼로주의를 고수하며 1차대전과 2차대전에 참여하지 않고 사태를 관망하던 미국은 결국 자국의 이익 때문에 두 대전에 모두 뛰어들었다. 미국이 전쟁에 뛰어들면서 대전은 전 지구적 충돌로 전개됐다. 1차대전은 막강한 유럽 강국들의 팽창욕이 충돌하면서 벌어진 불가피한 결과였다. 유럽 강국들은 아프리카와 아시아와 라틴아메리카를 때로 나눠갖기도 하고 뺏고 뺏으면서 번갈아 지배했다. 그러나 지배 세력이 어느 나라든 식민지 입장에서는 다를 바가 없었다. 20세기 초반만 해도 세계 인구는 15억 명이 조금 넘는 정도였는데 그 중 반이 식민지 백성이었으니 인류 역사는 오히려 노예 상태를 확장하는 방향으로 전개돼 온 셈이다.

공산주의 이념을 실현하고자 했던 러시아의 레닌은 노동자들의 지지를 업고 사회주의 혁명을 이루어 이루어 냈다. 그렇지만 『공산당 선언』에서 마르크스와 엥겔스가 주창한 이념은 소비에트연방에서 제대로 실현되지 못했다. 혼란한 변화 과정에서 1924년부터 1953년까지 소련을 통치한 스탈린은 무시무시한 독재 정치를 펼쳤다. 전체주의라는 망령이 유럽을 잠식했다. 대중 선동에 좌지우지되는 민주주의의 허점을 파고들어 이탈리아의 무솔리니와 도이칠란트의 히틀러가 매우 민주적인 절차로 정치 권력을 획득했다. 파시즘이라 불린 이들의 통치 방식은 카리스마를 발휘한 강력한 독재, 극단적인 국수주의와 민족주의를 수반했다. 히틀러의 나치당은 유대인들을 수백만 명이나 학살했다.

　프랑코는 1936년에 에스파냐 사회주의 정권인 인민전선을 무너뜨리려고 군사 반란을 일으켰고 에스파냐는 내란 국면으로 빠져들었다. 도이칠란트의 히틀러 정권과 이탈리아의 무솔리니 정권이 프랑코를 지원했다. 에스파냐 내전은 파시즘 대 반파시즘 세력, 자본가 대 노동자 대결 양상을 보였는데, 전 세계에서 파시즘에 반대하는 지식인들이 물심양면으로 인민전선을 지원했다. 그 반면에 미국의 주요 정유 회사를 비롯한 여러 거대 기업들이 프랑코 세력에 자금과 물자를 지원했다. 내전은 프랑코의 승리로 1939년에 종결됐다.

　마르크스와 엥겔스가 지적했듯 자본주의는 공황이라는 치명적 요소를 자기 안에 품고 있다. 자본주의의 상징인 미국 경제가 공황에 빠지자 미국 자본과 연결된 전 세계의 경제가 휘청거렸다. 미국은 대량 실업과 생산 축소와 경기 위축의 악순환으로 빠져들었다. 미국의 경제 공황을 극복한 건 뉴딜 정책이 아니라 대규모 전쟁이었다. 일본 군대가 미국령 진주만을 습격하자 일본과 미국 간에 태평양전쟁이 시작되었으며 유럽의 전쟁에 관여하지 않겠다던 미국에게 참전 명분이 생겼다. 전쟁은 다시 세계대전으로 확대됐다. 2차대전은 1차대전과 달리 군인들만의 전쟁이 아닌 정치, 경제, 문화 모든 측면이 동원되는 총력전 형태로 진행되었다. 2차대전이 막바지로 치달을 때 미국 샌프란시스코에 모인 각국의 대표자들은 향후 닥칠 인류의 불행

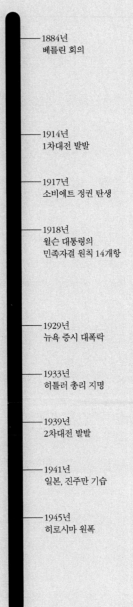

1884년
베를린 회의

1914년
1차대전 발발

1917년
소비에트 정권 탄생

1918년
윌슨 대통령의
민족자결 원칙 14개항

1929년
뉴욕 증시 대폭락

1933년
히틀러 총리 지명

1939년
2차대전 발발

1941년
일본, 진주만 기습

1945년
히로시마 원폭

을 막고 세계대전이 또 일어나는 비극을 방지하자는 취지로 국제연합을 창설했다. 국제연합은 세계 평화를 유지하는 데 큰 역할을 했지만 강대국들의 독자 행동에는 매우 취약했다.

식민주의: 갈가리 찢긴 아프리카를 보라

유럽 열강들은 도이칠란트 베를린에 모여 아프리카라
는 파이를 어떻게 나누어 먹을지 계산하느라 여념이 없
었다.

17세기 말 서아프리카 해안을 포르투갈이 점령하면서 본격적인 아프리
카 식민 지배 시대의 막이 올랐다. 뒤이어 프랑스, 네덜란드, 영국이 식
민지 건설에 뛰어든다. 18세기 산업혁명 시대에 유럽 열강은 아프리카
를 원료 생산, 노동력 수급, 상품 판매 기지로 활용하기 시작했다. 유럽인
에게 아프리카 대륙은 죽음의 땅이기도 했다. 지독한 풍토병인 말라리아
때문이다. 말라리아는 식민 정책의 속도를 늦춘 유일한 방어막의 역할도
했으나 이마저 곧 허물어졌다. 1850년에 말라리아에 특효를 지닌 키니네
가 발견되면서 아프리카를 자유롭게 오갈 수 있게 된 것이다. 유럽의 식
민 정책은 날개를 달았다. 초당 11발을 발사하는 기관총을 장착한 영국
군은 활과 창을 든 아프리카 원주민들을 손쉽게 제압했다. 수단을 점령
한 한 영국 장교는 이렇게 기록했다. "단 한 번 전투로 1만800명을 사살
했다. 아군 피해는 49명뿐이다."

인류의 고향인 아프리카가 수탈의 장으로

오늘날 아프리카에서 벌어지는 내전 대부분은 유럽 열강이 남긴 유산이다. 통일을 이루려는 종족은 되도록 갈라놓고 적대 관계에 있는 종족을 맞붙여 놓는 유럽 열강의 지배 정책은 극심한 종족 분열과 갈등을 초래했다. 아프리카 대륙에서 콩고와 콩고민주공화국은 중심부에 놓여 있다. 지리 조건으로 볼 때 제국주의 세력들이 자주 충돌할 수밖에 없다. 이곳을 둘러싸고 각자 영유권을 주장하던 유럽 각국이 불필요한 싸움으로 큰 손해를 보지 않기 위해 도이칠란트 베를린에 모였다.

도이칠란트 재상 비스마르크가 주재한 1884년의 베를린 회의에는 영국, 프랑스, 도이칠란트, 벨기에, 포르투갈, 이탈리아, 오스트리아-헝가리제국, 덴마크, 네덜란드, 러시아, 에스파냐, 스웨덴, 노르웨이, 오스만제국, 미국 등 15개국 대표가 참가해 아프리카 식민지 분할을 위한 기본 원칙을 논의했다. 이듬해에 베를린협정이 체결된다. 베를린협정에 따르면 식민지 영유권을 인정받기 위해서는 군대와 이주민이 해당 지역에 거주해야 한다. 이 조건을 충족하려고 편법이 난무했다. 대륙 서쪽에서 동쪽으로 영토를 확장하던 프랑스와 남북을 종으로 가르며 땅따먹기 놀이를 하듯 식민지를 넓혀가던 영국이 교차점에서 충돌했다. 이곳이 나일 상류에 위치한 수단의 파쇼다다. 두 나라의 점령군이 대치하는 상황은 프랑스 군대가 철수하면서 전쟁으로 비화되지는 않았다. 프랑스는 양보한 대가로 1899년 사하라 일대의 소유권을 인정받게 된다. 한편 베를린 회의를 주재하는 등 아프리카에 대한 야욕을 키우던 도이칠란트는 아프리카 서안의 토고와 카메룬과 남서아프리카를 점령한 뒤 아프리카 동안의 탕가니카(오늘날의 탄자니아)를 식민지로 삼았다. 이탈리아는 영국과 프랑스가 서로 경쟁하는 틈을 타서 아프리카 북안의 트리폴리와 키레나이카

콩고 식민지에 대한 가혹한 착취를 상징하는 그림(1906년). 아프리카는 1880년대에 시작된 아프리카 쟁탈전으로 20년 사이에 53개의 유럽 식민지로 완전히 분할되었다.

(두 지역이 합쳐져 리비아가 됨)를 점령하고, 이어 에티오피아 북부의 에리트리아와 아프리카 동단의 소말리랜드도 점령하기에 이른다.

　남아프리카 다이아몬드 채굴 사업으로 백만장자가 된 세실 로즈는 1890년에는 영국의 식민지인 케이프의 총독이 되었다. 회고록에 남긴 그의 세계관에 제국주의의 본질이 담겨 있다. "빵을 달라는 영국 노동자의 절규를 들을 때면, 나는 제국주의의 중요성을 더욱 확신한다. 대영제국의 4000만 인구를 피비린내 나는 내란에서 지키기 위해서, 새로운 영토를 개척하고, 새로운 판로를 만들어내야 한다." 제국주의는 민족주의나 인종주의와 결합했다. 세실 로즈 같은 영국 제국주의자들에게는 영국인들이 신의 은총을 입은 최고 민족이다. 그러니 최고 민족이 열등한 아프리카의 나라를 두루 지배하는 건 신의 뜻에 부합할 것이다.

아프리카가 21세기에도 여전히 가난한 이유

1912년 기준으로 아프리카의 96퍼센트가 열강들의 손아귀에 들어가 버렸다. 당시 독립을 유지한 나라는 끈질기게 명맥을 이어갔던 에티오피아

공화국과, 1847년에 노예들이 스스로 건설한 신생국인 라이베리아뿐이다. 식민지로 전락한 아프리카의 현실은 더욱 비참해졌다. 20세기 이후 잇따라 세계대전이 터지고 아프리카인들은 억울하게 강제로 전쟁에 휘말려 들어가야 했다. 거의 200만이 넘는 아프리카인이 자신의 의지와 상관없이 제1차 세계대전의 전장 속으로 투입돼 죽어갔다. 제2차 세계대전 때는 북부 아프리카 전선에서, 서로 적이 된 유럽 주인들의 명령에 따라 수십만 아프리카인들이 서로 총질을 했다. 1차대전 패전국인 도이칠란트는 1919년에 토고, 카메룬을 비롯한 아프리카의 모든 식민지를 국제연맹에 반납했다. 국제연맹은 승전국인 영국, 벨기에, 프랑스에게 전리품 나눠주듯 '위임 통치'라는 명분과 함께 식민지들을 재분배했다.

1984년에 노벨평화상을 수상한 데스먼드 음필로 투투 주교는 이렇게 말했다. "우리는 사람들을 배불리 먹이고도 남을 만큼 충분한 먹을거리를 생산할 수 있다. 그러나 야윈 어린이들이 세계 구호 단체들이 보내는 원조 식량을 받으러 끝도 없이 긴 줄을 서고 있다. 세계는 언제쯤 배우게 될까, 다른 인간을 자신보다 못한 존재로 취급하는 것이 신을 모독하는 일이며 결국 자신에게 화가 돌아올 거라는 사실을." 아프리카는 갈가리 찢긴 육체를 치유하기도 전에 수많은 내전으로 신음하고 있다. 반세기 만에 회복하기엔 제국주의가 할퀸 상처가 너무나 깊고 넓다.

1차대전: 제국주의 충돌이 초래한 범세계 전쟁

사라예보 사건은 1차대전의 촉발 계기에 불과하지 원인
은 아니었다.

20세기 초반에는 세계 인구의 반인 7억 명이 식민 지배를 받았다. 그러
므로 이 시기를 제국주의 시대라고 규정하는 것은 당연하다. 베를린 협
정에 따라 아프리카는 유럽 열강의 마수 아래 찢겨나갔다. 아프리카는
마치 주인 없는 땅처럼 식민지 쟁탈전의 최대 희생양이 돼버렸다. 영국
과 프랑스가 충돌 일보 전까지 가기도 하고, 영국이 네덜란드계 이민 후
손과 전쟁을 벌이기도 했다. 아프리카에서 유럽의 제국주의 열강은 간신
히 대규모 전쟁만은 피해나가고 있었다.

주체하기 힘든 거대 세력의 충돌

아프리카 못지않게 강대국의 이권이 날카롭게 대립한 또 다른 지역은 발
칸 반도였다. 발칸 지역에는 지중해 교두보를 확보하려는 이탈리아, 범
슬라브주의를 업고 이 지역에 부동항을 확보하려는 러시아, 유럽 대륙의
주도권을 놓지 않으려는 전통 강국 오스트리아-헝가리제국, 동유럽과
그리스에 대한 지배권을 고수하려는 늙은 거인 오스만제국, 거기에 산업

암살된 오스트리아-헝가리 제국의 황태자 부부(좌). 사라예보 사건은 제1차 세계대전의 도화선이 되었다.

혁명의 성공에 힘입어 뒤늦게 제국주의 쟁탈전에 뛰어든 범게르만주의의 맹주 도이칠란트의 팽창욕이 복잡하게 얽히고설켜 팽팽한 긴장 속에서 폭발점을 향해 치닫고 있었다. 1914년 6월 28일 한 극렬 세르비아 지지자가 오스트리아의 프란츠 페르디난트 공을 암살한 사라예보 사건은 이미 터질 준비가 된 폭탄의 뇌관에 불만 당긴 것이다. 1914년 7월 23일 오스트리아가 세르비아에 최후 통첩을 하며 10개 요구 사항을 제시했을 때 세르비아는 암살자와 관련성을 부인하면서도 10개 요구 조항의 대부분을 수용한다고 발표했다. 그런데 평화가 오지 않고 전쟁이 터졌다. 범게르만주의의 맹주 도이칠란트가 오스트리아를 부추긴 것이다. 오스트리아가 세르비아에 선전포고를 하자 러시아는 곧바로 범슬라브주의를 내세워 세르비아 지원을 위한 참전을 선언한다. 앞으로 펼쳐질 거대한 전쟁은 오스트리아와 세르비아 두 나라만의 문제가 아니었다. 영국, 프랑스, 러시아, 도이칠란트 등 열강들의 이권이 충돌하지 않았다면 당사국

간의 평화 협정으로 위기는 조기에 해소됐을 것이다.

1차대전을 진정한 전 지구적 전쟁으로 만든 것은 미국의 참전이다. 미국은 애초 중립을 유지했다. '아메리카는 아메리카인들에게'를 천명한 먼로주의는 외형적으로는 반제국주의 선언이었다. 그런데 1915년 도이칠란트가 미국을 자극했다. 도이칠란트는 '무제한 잠수함 작전'을 벌여 영국을 오가는 모든 선박을 공격했는데 이 과정에서 미국 여객선이 격침됐다. 도이칠란트 외상 짐메르만은 멕시코 주재 도이칠란트 대사 편에 멕시코 정부에 전보 한 통을 보낸다. 미국에게 뺏긴 뉴멕시코, 텍사스, 애리조나를 되찾아주겠으니 자신들 편이 되어줄 것과 일본을 견제하도록 압력을 넣어달라는 것이었다. 이 전문이 미국에게 발각되었다. 여론은 참전 찬성으로 급속히 기울었다. 후발 제국인 미국이 전쟁에 뛰어듦으로써 1차대전은 모든 제국이 뛰어든 전 지구적인 전쟁이 된다. 사라예보 사건이 일어나기 한 달 전인 1914년 5월, 미국 수뇌부는 이미 전쟁이 일어날 것임을 예감했다. 하우스 대령이 대통령 윌슨에게 보고한 내용을 보자. "비정상적입니다. 광적인 군사주의가 팽배합니다. 너무나 많은 증오와 질투가 존재합니다. 영국은 도이칠란트가 완전히 붕괴되는 걸 바라지 않습니다. 그렇게 되면 숙적 러시아와 홀로 맞서야 하기 때문입니다. 그러나 도이칠란트가 해군을 지금처럼 계속 늘린다면 다른 대안은 없는 듯합니다."

전장에서 일어난 작은 기적
도이칠란트의 참모총장 슐리펜이 기획한 군사 작전인 슐리펜 계획에 따르면 도이칠란트는 먼저 프랑스 쪽인 서부전선에서 신속하게 작전을 벌여 프랑스의 주력군을 깬 다음 다시 동으로 전력을 돌려 러시아를 꺾는 것으로 돼 있었다. 이 작전이 성공하면 6주 안으로 전쟁을 끝낼 수 있었다. 그런데 도이칠란트는 서부전선에서 참호전이라는 복병을 만나 예상치 않은 교착 상태에 빠지고 말았다. 수백 만 병사가 6주가 아닌 1460일 동안 이 끔찍한 참호 안에 갇혀 싸우다 죽어나갔다. 참호전이 지리하게 이어지던 1914년 어느 날, 그날은 크리스마스 이브였다. 도이칠란트군 진영에서 누군가 그리스도교 송가인 '고요한 밤 거룩한 밤'을 불렀다. 노래는 어둡고 긴 참호를 넘어 고요한 전선에 울려 퍼졌다. 도이칠란트 병사들의 합창이 끝나고 잠시 정적이 흐른 뒤 1백 미터 떨어진 연합군 참호에서 누군가 앙코르를 외쳤다. 도이칠란트 병사들은 '메리 크리스마스, 잉글리쉬맨'이라고 화답했다. 도이칠란트 쪽에서 제안을 한다. "우리는 쏘지 않을 테니, 너희도 쏘지 마라." 그들은 참호 높은 곳에 불을 밝힌 양초를 일렬로 꽂은 다음 영국군 쪽으로 걸어왔다. 적군과 아군이 함께 크리스마스 트리를 사이에 두고 노래를 불렀다. 큰 전쟁 속에서 작은 평화가 싹텄다. 1차대전을 종식하며 윌슨이 천명한 원칙도 그러했는데 불행히도 작은 평화 속에 큰 전쟁이 다시 잉태됐다는 점이 달랐다.

History Tip

참호전에서 가장 끔찍한 것은 적군이 아니라 진흙탕이었다. 1914년 10월부터 1915년 3월까지 서부전선에 비가 내리지 않은 날은 고작 18일이었고 게다가 끔찍하게 추웠다.

러시아혁명 : 모순에서 탄생한 첫 사회주의 정권

1880년대 초기 러시아에서 마르크스 사상을 표방한 사
회주의 정당이 출현했다.

1917년 10월에 일어난 러시아 혁명의 원인은 계급 갈등과 사회 제도가
초래한 모순이다. 1861년 농노해방령을 살펴 보면 사회주의 혁명의 이유
도 보인다. 다른 유럽 나라와 달리 19세기 후반까지도 러시아는 구식 통
치 체제와 신분제를 고집했다. 러시아는 농노제와 차르의 독재, 귀족과
교회에 집중된 이익 구조 등 봉건 시대 말기의 전형적인 모습을 띠고 있
었다. 다른 나라들이 공업화에 박차를 가할 때도 여전히 러시아의 산업
은 농업 중심에서 벗어나지 못하고 있었고 교역도 지지부진했다. 주기적
인 경제 불황에 빠지면서 황제와 귀족들은 돌파구를 마련하기 위해 고심
했다.

가난한 농노에서 가난한 임금노동자로

1861년의 농노해방령은 국가의 생산력을 높이기 위한 어쩔 수 없는 선
택이었다. 농노를 해방시키면 공장주와 대토지 소유주들은 노동력을 싼
값에 구매해 공업 생산력에 활기를 불어넣을 수 있고 농업 생산력도 높

일 수 있었다. 자유 신분이 된 농민들은 알거지나 다름없었기 때문에 토지를 사는 건 꿈도 꾸지 못했다. 대신 비싼 임대료를 내고 토지를 경작해야 했으며, 생계를 유지하려면 전보다 두세 배로 많이 일해야 했다. 농업 생산력은 높아졌으나 농민들의 삶은 오히려 비참해졌다. 살아남기 위해 농민들은 농번기에는 농촌에 머물고 농한기에는 도시로 나가 단순 노동을 하며 돈을 벌었다. 도시에 눌러앉아 저임금 노동자로 살아가는 사람들도 늘어났다. 허울뿐인 농노해방령은 노예제가 없어진 자리에 들어선 더 악랄한 노예제였던 셈이다. 노동자들의 분노는 깊어졌다. 분노는 파업이라는 형태로 표출됐다.

1869년 『공산당 선언』이 번역되고 1872년에 『자본』 1권이 번역되면서 마르크스의 공산주의 사상이 러시아 지식인과 노동자들에게 퍼진다. 1890년에서 1903년 사이에 노동자 정당들이 속속 출현했다. 그 당원 중 하나였던 레닌은 노동자들의 처형 장면을 보며 자랐고, 차르 암살 모의에 가담한 혐의로 붙잡힌 친형이 교수형을 당하는 장면도 목격했다. 1903년에는 가장 큰 노동자 정당인 사민당이 볼셰비키와 멘셰비키 세력으로 분열했다. 볼셰비키(Bolsheviks, 다수라는 뜻이지만 실제 인원은 소수)는 프롤레타리아 혁명을 주창하는 급진 세력이었고, 멘셰비키(Mensheviks, 소수라는 뜻)는 부르주아지가 주도하는 부르주아 혁명을 주장하는 융통성 있는 세력이었다.

같은 배를 탄 자본가와 노동자의 운명

1905년 1월 22일, 신부인 게오르기 가퐁의 주도로 노동자와 가족 20만 명이 노동 시간 단축과 전쟁 중지에 대한 청원을 전하고자 상트 페테스

부르크의 차르 궁전으로 행진했다. 차르의 근위대는 군중을 무차별 학살했다. 이날이 바로 '피의 일요일'이다. 이 학살에 항의해 전국 각지에서 총파업과 투쟁이 벌어졌다. 노동자들이 파업하자 농민들

1905년 1월 22일, 가퐁 신부의 인도로 노동자와 가족 20만 명이 상트 페테르부르크의 궁전으로 행진했다. 이때 차르의 근위대는 군중을 무차별 학살했다. '피의 일요일' 사건은 러시아 혁명의 발단이 되었다.

도 가담했다. 러시아 전역은 혁명의 불길에 휩싸였다. 레닌은 1905년 혁명이 1917년 10월혁명을 위한 예행 연습이었다고 말했다. 러일전쟁에서 러시아가 패하자 혁명은 들불처럼 번졌다. 차르 정부가 1차대전에 뛰어든 데는 노동자들의 불만을 다른 곳으로 돌리려는 속셈이 있었다. 볼셰비키를 제외한 여러 사회주의 정당들도 조국을 수호한다는 명분을 내세워 전쟁을 지지했다. 제1차 세계대전 참전의 소용돌이 속에서 1916년까지 250만 명이 넘는 러시아 사람들이 죽었다. 1917년이 밝아올 무렵 왕실은 전쟁으로 이미 모든 국력을 소진한 상태였다. 1917년 1월에는 물가가 두 배 가까이 치솟더니 식량 공급 위기가 닥친다. 노동자와 자본가들이 힘을 합쳐 1917년 3월 15일 차르를 몰아냈다. 그러나 이들은 오로지 차르 체제 전복에만 의견 일치를 이루었을 뿐 다른 모든 부분에서 어쩔 수 없는 모순을 금세 드러냈다. 노동자는 토지를 원했지만 자본가는 사업 파트너인 대지주들의 소유권에 관여하고자 하지는 않았다. 노동자는 빵과 평화를 원했지만 자본가는 이윤의 원천인 착취를 포기하지 않았고, 커다란 이윤을 가져다 주는 전쟁 역시 단념하지 않았다.

러시아의 운명은 10월혁명에 성공한 볼셰비키와 지도자 레닌에게 맡겨졌다. 1917년 직후 펼쳐진 상황은 사회주의가 꿈꾸던 이상을 어느 정도 보여준다. 노동자가 고용주에게 노동 기본권을 가르쳤고, 학생은 교수에게 새 시대에 걸맞은 역사 강의를 요구했으며, 극장의 공동 주인이 된 배우들은 상영 대본과 연출 방향을 스스로 선택했다. 러시아의 정치가 케렌스키는 이렇게 말했다. "민중이 주도하는 사태의 거대한 물줄기를 함께 따라가다가 막히는 곳을 터주는 일, 그게 혁명가의 역할이다." 혁명은 어느 날 천재적인 혁명가에 의해 갑자기 우연처럼 터지는 것 같지만, 그 원인을 추적해 가다 보면 민중을 짓누르는 모순 구조라는 거대한 뿌리를 발견하게 된다. 모순을 깨뜨리기 위해 민중이 함께 일어났을 때 늘 필연적으로 혁명이 일어났다.

마르크스와 엥겔스가 『공산당 선언』에서 주장한 사항은 대략 다음과 같다. 1. 토지 국유화와 지대의 세금 전환 2. 고율의 누진세 3. 상속권 폐지 4. 망명자들과 반역자들의 재산 압류 5. 국가 자본과 배타적 독점권을 지닌 국립 은행을 세워 국가로 신용 집중 6. 운송 제도의 국유화 7. 국영 농장과 생산 도구들 증대, 공동 계획에 따른 토지 개간과 개량 8. 모든 이에게 동등한 노동 부과, 산업 군대, 특히 농경을 위한 산업 군대 설립 9. 농업 경영과 공업 경영의 결합, 도시와 농촌의 차이를 점진적으로 제거 10. 모든 아동의 공공 무상 교육, 공장의 아동 노동 폐지, 교육과 물질적 생산의 결합

민족자결주의: 윌슨이 초래한 작은 평화 큰 전쟁

윌슨이 주창한 전후 처리 원칙은 약소국들을 독립시키
기도 했지만 유럽을 다시 화약고로 만드는 결과를 초래
했다.

미국의 28번째 대통령으로 제32대 제33대 대통령을 역임한 우드로 윌
슨은 민족자결주의를 주창한 이상주의자다. 윌슨은 세계 전쟁을 종식하
려면 각 민족의 특성에 맞게 국가를 재편하고 독립하는 게 바람직하다고
생각했다. 윌슨이 주창한 민족자결주의에 영감을 불어넣은 것은 1917년
페트로그라드에서 열린 사회주의자들의 국제 회의였다. 이 자리에서 대
표자들은 '모든 인민의 자결에 입각한 무협상 무배상' 원칙을 결의했다.
국제 사회에서 영향력이 가장 큰 영국과 프랑스가 불참했기 때문에 이
회의는 잘 알려지지도 않았고 파급력도 발휘하지 못했다. 이때 천명한
민족자결주의가 세상에 널리 알려진 계기는 1918년 1월 연두 교서로 발
표한 우드로 윌슨 대통령의 14개항이다.

약소 민족들의 싹 트는 희망, 가지를 뻗는 민족주의 갈등

1. 공개 외교 2. 해양 자유 3. 경제 장벽 철폐 4. 군비 축소 5. 토착민을 고
려해 식민지 영토를 공평하게 조정 6. 러시아 재건 원조 7. 벨기에 독립

회복 8. 알자스-로렌 반환 9. 이탈리아 국경 재설정 10. 오스트리아의 모든 민족은 스스로 독립 결정 11. 발칸 반도는 민족별로 부흥시킴 12. 터키에게 자치권 부여, 터키 해협 국제화 13. 폴란드 독립 14. 국제연맹 창설

미국의 28번째 대통령 우드로 윌슨이 발표한 '14개 평화 조항' 중에서 민족자결주의는 세계 각국에 독립의 열망을 불어넣는 한편, 열강의 이해 관계에 얽힌 유럽 전체를 화약고로 만들었다.

영국의 수상 로이드 조지와 프랑스의 수상 조르쥬 클레망소는 '세계의 민주주의를 지키기 위해' 세계대전에 참전한 대서양 건너편의 이상주의자 윌슨에게 냉소를 보냈다. 윌슨이 주창한 14개 조항 중 원안 그대로 유지된 것은 4개뿐이다. 나머지 조항은 승전국의 이해 관계에 따라 수정되거나 왜곡되었다. 민족의 특성을 중시하여 국경을 재설정하자는 윌슨의 생각은 구상에 그쳤고 실제로는 오히려 민족 갈등을 유발하는 방향으로 영토가 설정되었다. 예컨대 불가리아는 패전국으로서 제1차 발칸 전쟁에서 얻은 영토를 루마니아, 유고슬라비아, 그리스에 양도해야 했는데 공교롭게도 불가리아인들이 대부분 살고 있는 지역이 거기에 포함됐다. 헝가리의 전후 처리 원칙에서도 민족자결은 완전히 무시되었다. 인구 반 이상이 헝가리 사람으로 구성된 트랜실바니아 지역이 루마니아 영토로 바뀌었다. 슬로바키아 지역으로 할당된 지역에는 150만 명에 달하는 비슬로바키아인이 살고 있었다. 건드리면 언제든 터질 수 있는 시한폭탄이 곳곳에 매설된 것이나 다름없는 조건이 마련되었

1919년 6월, 파리의 베르사유궁 거울방에 모인 연합국 대표자들과 패전국 독일 사이에 베르사유 조약이 체결되었다.

다. 윌슨의 이상주의가 여러 나라를 독립시킨 건 사실이지만, 열강의 이해 관계에 따라 누더기처럼 기워진 윌슨주의는 유럽 전체를 화약고처럼 만들었다. 윌슨의 성취는 유럽이 아니라 오히려 아시아에서 이루어졌다. 조선, 버마, 필리핀, 인도네시아, 인도의 독립 운동은 윌슨주의에 고무되었다.

속죄 대신 복수의 칼을 간 도이칠란트

1919년 6월 28일 파리, 도이칠란트에게는 무척 가혹하고 억울했을 조치가 베르사유궁 거울방에 모인 연합국 대표자들에 의해 결정되는데 이것이 베르사유 조약이다. 이 계약에 따라 도이칠란트는 프랑스에게 알자스-로렌 지방을 반환하고, 덴마크에게 슐레스비히 지역을 반납하며, 폴란드에게 포센과 서프로이센 지역을 양도하고, 자르 탄광을 15년간 채굴

할 수 있는 권리를 프랑스에게 양도했다. 도이칠란트는 전쟁 이전에 비해서 국토의 13.5퍼센트, 인구의 10퍼센트를 잃게 됐다. 징병제를 폐지해야 했고, 육군은 10만명 이하, 해군은 1만6500명만 보유할 수 있게 됐다. 중포를 비롯해 항공기, 탱크, 잠수함은 아예 보유하지 못하게 됐다. 자연히 공군은 유지조차 할 수 없게 되었다. 그리고 무려 330억 달러를 연합국에 배상해야 했다. 이 가혹한 책임 추궁은 추후 도이칠란트가 2차대전을 일으키는 원인으로 작용했다. 유럽이 미국의 채무국으로 하나둘 전락하면서 세계 주도권은 미국으로 넘어가기 시작했다.

1932년 제네바에서 국제연맹 주도로 군축 회의가 열렸다. 윌슨이 제창했던 국제연맹이 드디어 제대로 된 영향력을 발휘하게 된 시점이다. 명목상 회의가 아니라 61개국 대표들이 참여하고 육해공 모든 군사력을 통합하여 논의한 실질적 행사였다. 군축을 둘러싸고 각국은 자국의 권익을 대변하기 위해 설전을 벌였고 300여 개 안이 난립했다. 논의가 한창 뜨겁게 진행될 무렵 히틀러가 도이칠란트 정권을 장악했다는 뉴스가 회의장에 전해진다. 각국의 군사 대표들은 서둘러 회의장을 빠져나갔다. 히틀러의 야심에 뒤통수를 맞지 않으려면 서둘러 자국으로 돌아가 군비를 확충해야 하기 때문이다. 그것이 윌슨의 한계였고 짧았던 세계 평화의 종말이었다.

History Tip

윌슨의 민족자결주의는 한반도에도 영향을 끼쳤다. 두 냇물이 합쳐진다는 뜻을 지닌 충남 천안의 아우내(竝川, 병천)에서 유관순은 일제에 맞서 만세 운동을 펼쳤다.

대공황: 공황을 타개한 건 정책이 아니라 전쟁

> 자본주의는 호황이라는 엔진 말고 전쟁이라는 예비 엔
> 진을 갖고 있다. 대량 소비 추세가 꺾이면 자본주의는
> 전쟁이라는 예비 엔진을 예열하기 시작한다.

자본주의 시스템이 멈추는 상황을 우리는 공황이라 부른다. 1929년 미국
에서 발생한 공황은 장기간에 걸쳐 진행되었고 미국뿐 아니라 전세계 경
제에 심각한 영향을 끼쳤다는 점에서 대공황이라고 불린다. 뉴욕 증권거
래소의 주가가 폭락하기 며칠 전인 1929년 10월 21일은 에디슨이 전등
을 발명한 지 50년이 되는 날이었다. 50주년 경축 행사는 미국의 경제적
풍요와 자긍심을 보여주는 상징적 사건이었다. 이른바 '광란의 20년대'
라 불리는 호시절을 누리던 미국인들은 부를 확장하는 가장 손쉬운 방법
인 주식에 몰두하고 있었다. 예금 자산을 줄이고 주식에 투자하는 것은
물론이요, 금융권에서 돈을 빌려 주식을 사는 일도 무척 흔했다. 주가의
상승세가 정점에 달한 1928년 당시 주식에 투자한 미국인은 300만 명이
나 됐다. 1929년 10월 24일, 미국 뉴욕 증권 시장의 주가가 폭락하면서
미국 시민들이 보유한 주식 중 상당량이 휴지 조각이 돼 버렸다. 감당할
수 없는 빚더미에 앉게 된 많은 사람들이 스스로 목숨을 끊었다. 9천 개
에 달하는 은행들이 줄줄이 파산하자 은행에 예치한 시민들의 돈이 하루

1929년 10월, 뉴욕 증권 시장의 주가가 대폭락해 미국 내 9,000여 개에 달하는 은행들이 줄줄이 파산했다. 하루아침에 은행에 예치한 돈이 증발하면서 혼란에 빠진 미국 시민들이 거리로 쏟아져 나왔다. 미국에서 시작된 경제 위기는 1930년대 전 세계 경제에 심각한 영향을 끼쳤다.

아침에 증발하면서 소비가 극도로 위축되고 대량 실업이 발생했다. 광란의 20년대는 저물고 혼돈의 30년대가 찾아왔다.

금융자본주의라는 악령이 출몰하다

아메리칸드림의 좌절을 맛본 1930년대 미국인들의 허탈함과 분노는 존 스타인벡의 소설 〈분노의 포도〉에 잘 드러난다. 은행에 농토를 빼앗기고 유랑민 신세가 된 주인공 가족은 도시 외곽의 판자촌으로 흘러드는데 이 동네 사람들은 자신들이 사는 지역을 미국 경제를 공황으로 몰아넣은 당시 대통령의 이름을 따 '후버빌'이라 불렀다. 뉴욕 증권가의 금융 위기는 미국을 넘어 전 세계로 확산되어 몇 년 사이에 세계 무역량은 60퍼센트가 감소하고 실업자 수는 5천 만에 육박했다. 1차대전을 치르며 연합국에 속한 유럽 국가들은 미국 대형 은행에서 전쟁 자금을 대규모로 빌려 썼다. 1924년 프랑스와 영국이 주도한 전후 처리 협상에서 패전국 도이칠란트에게 1120억 마르크에 달하는 막대한 배상금이 부과됐다. 경제가 파탄난 상황에서 이 배상금을 지불할 능력이 없던 도이칠란트에 미국 은행의 자금이 공급됐다. 빚을 내 빚을 갚으라는 유럽 승전국들의 요구 때문이었다. 채무 상환 기한은 1988년으로 정해졌지만 얼마 지나지 않아 미국에 금융 위기가 닥쳤다. 자산 대부분을 주식에 투자했던 부실 은행들이 차례로 파산하자 위기를 느낀 대형 은행들이 대출금을 긴급히 회수하기 시작했다. 도이칠란트에게 배상금을 받아 차근차근 빚을 갚으려 한 연합국들의 계획에도 차질이 생겼다. 유럽의 산업을 이끌던 영국, 프랑스의 경제가 위축되자 이 나라들에 농업, 광업 원자재를 공급하던 아프리카, 남아메리카, 아시아의 1차 산업국들의 수출도 급감했다. 미국발 금융위기가 전 세계로 확산된 것이다.

난민촌을 '후버빌'이라 부른 미국인들

후버 정부가 남긴 짐을 떠안고 1933년에 대통령으로 취임한 루즈벨트는 시장에 정부가 적극 개입하는 뉴딜 정책을 실시하여 공황 상태에 빠진 미국 경제를 일으키고자 했다. 연방주택공사를 설립해 대규모 주택 건설 사업을 실시했고 테네시계곡개발공사TVA를 설립해 댐 건설 현장에 많은 일자리를 만들어냈다. 사회보장법을 실시하고 노동단체협약권을 제정했으며 예금자보호법을 만들었다. 1935년부터는 이른바 2차 뉴딜 정책을 실시하여 210만 명을 고용했다. 점차 회복할 기미를 보이던 경제 상황은 1937년이 되자 다시 악화되었다. 뉴딜 정책도 극복하지 못한 불황 국면을 호황으로 뒤바꾼 것은 2차대전이다. 전쟁에 참여하는 것에 대해 부정적이던 국민의 여론은 일본군의 진주만 공습을 계기로 완전히 뒤바뀌었다. 군수 산업의 호황은 침체된 경제에 활력을 불어넣었고, 실업자들이 군대에 흡수되면서 미국은 어둡고 긴 불황의 터널에서 빠져나왔다.

카를 마르크스는 자본주의 사회에서 공황이 발생하는 것은 필연이라고 주장했다. 마르크스에 따르면 대량 생산과 대량 소비로 지탱되는 자본주의 생산 양식은 반드시 불균형으로 이어지고 과잉 생산에 따른 공황은 어쩔 수 없는 귀결이라고 보았다. 필연적으로 발생하는 공황을 극복하기 위해 자본주의가 쉽게 빠져드는 유혹은 대량 파괴, 대량 동원, 대량 건설을 보장하는 전쟁이다. 전쟁이 터지면 우선 군수업체의 주가가 폭등하며 증시에 활기를 불어넣는다. 전쟁이 종료되면 각종 재건 업체들이 투입되면서 경기를 호황으로 지속시킨다. 물론 승전국에만 해당하는 이야기다.

History Tip

금융자본주의의 허술함은 2008년 서브프라임 모기지 사태에서도 확인되었다. 서브프라임 모기지란 신용 등급이 낮은 저소득층에게 높은 금리에 주택 자금을 빌려주는 담보 대출인데 주택 거래가 활발할 때는 문제점이 잘 드러나지 않는다.

파시즘: 공황을 틈타 민중의 정신을 장악하다

파시즘은 민주주의의 약점을 파고든다. 히틀러와 무솔리니가 민주적 절차로 정치 권력을 획득했다는 점을 잊어선 안 된다.

세계를 휩쓴 대공황은 계급 갈등을 부추겼으며 1차 세계대전은 파시즘이 출현하는 토대를 제공했다. 대중의 불안과 공포를 이용하며, 카리스마 넘치는 독재자의 지도 아래 민족의 강력한 단결을 촉구하는 파시즘은 민주주의와 자유주의와 사회주의를 모두 거부하는 전체주의 정치 이념이다. 파시즘이라는 말은 1919년 3월 23일 무솔리니가 사회주의와 투쟁을 선포하면서 처음으로 사용했다. 고대 로마 집정관은 행진할 때 장작 다발에 둘러싸인 도끼(fasces, 파스케스)를 대열 앞에 내세웠는데 이는 공화정의 권위와 인민의 결속에 대한 상징물이었다. 나뭇가지 하나의 힘은 약하지만 다발의 힘은 강하기 때문이다. 여기서 유래한 말인 파쇼fascio는 집단이나 무리를 가리키며 복수형 파시fasci는 참전을 촉구하는 선동 부대를 일컬을 때 종종 사용되었다.

경제 침체는 공공선을 향한 이상을 잠식한다

이탈리아는 1차대전의 승전국이었음에도 별 이익을 누리지 못했다. 오히려 부유한 북부 공업 지역과 가난한 남부 농업 지역의 격차와 대립만 심해졌을 뿐이다. 젊은 세대는 지배 계급과 기성 세대의 무능함에 치를 떨었다. 전리품을 갈취당한 것 같은 기분에 사로잡힌 이탈리아 국민들은 전장에서 돌아온 군인들 때문에 노동 시장의 일자리가 줄어들자 더욱 난감한 상황에 빠졌다. 민생 경제가 파탄나는 것을 바라보는 이탈리아 국민의 불안감이 증폭될 무렵 무솔리니가 등장했다. 무솔리니의 독재로 인해 이탈리아의 발전은 쇠락기에 접어들었다.

패전국 도이칠란트에서는 이탈리아보다 더 극적인 변화가 일어났다. 19세기 말 과학, 철학, 예술 부문에서 세계 최고 수준에 올라 있던 도이칠란트는 패전과 동시에 극심한 수치감에 사로잡혔다. 국민의 자존심은 바닥으로 떨어졌다. 대공황과 더불어 도이칠란트를 강타한 인플레이션은 600만 실업 사태를 초래했다. 화폐 가치가 폭락하자 그동안 힘겹게 돈을 모았던 사람들은 일순간 거지가 돼버렸다. 양극화 현상은 이탈리아보다 컸다. 도이칠란트 국민에게는 응어리진 분노를 표출할 대상, 즉 희생양이 필요했다. 이때 유대인 타도, 공산주의 혐오, 적대국 격파, 강력한 국력 신장을 주창하는 히틀러가 등장했다. 히틀러는 사람들의 분노와 증오를 주무를 줄 알았고 나라 전체에 가득 찬 불만과 분노를 유대인에 대한 혐오로 절묘하게 바꾸어 놓음으로써 민심을 휘어잡았다. 히틀러의 탁월한 선전 능력은 자신이 발굴한 인물인 괴벨스에 의해 더욱 빛을 발했다. 히틀러는 웅장한 오페라와 행진곡을 많이 작곡한 바그너를 숭배했다. 그리고 그 화려한 연출 기법을 자신의 정치 활동에 적용하기를 원했다. 괴벨스가 그 모든 것을 실현해 주었다. 1933년 3월 21일 포츠담에서 힌덴부르크 대통령이 히틀러를 총리로 지명할 때도 어김없이 장엄한 바그

히틀러가 주입한 나치즘이라는 최면에 걸린 도이칠란트는 전쟁을 향해 내달렸다. 그로 인해 발생한 제2차 세계대전은 인류 역사상 가장 많은 인명 피해와 재산 피해를 남긴 전쟁이다.

파시즘과 나치즘의 대변자 히틀러(좌)와 무솔리니(우).

너 행진곡이 울려퍼지고 있었다. 괴벨스의 철저한 기획에서 나온 연출이었다. 히틀러 일당은 3월 21일을 '민족 고양의 날'로 정했는데, 이날은 도이칠란트에서 추위가 물러나고 봄이 시작되는 절기다. 비스마르크가 제국 의회를 개최한 날도 3월 21일이다. 히틀러는 옛 프로이센의 중심도시인 포츠담을 행사 장소로 정함으로써 자신이 도이칠란트의 정통성을 잇는 인물이라는 점을 부각했다. 나치즘의 최면에 걸린 도이칠란트 국민은 유대인들을 상대로 대학살이라는 인류 역사상 가장 끔찍한 만행을 저질렀다.

전체주의의 종착역, 파시즘

파시즘에 대한 명확한 정의는 아직 없다. 무엇이 파시즘인지 규정하기보다 무엇이 파시즘이 아닌지 규정하는 게 더 나을 정도다. 우리가 파시즘의 특성을 '국민의 불안과 분노 조장', '선전 활동에 의한 대중 선동', '신격화한 1인 독재', '강력한 국수주의, 민족주의', '계급 투쟁 혐오', '공동체 의식 고취' 등으로 규정한다면 스탈린이 통치한 소련은 거의 모든 조건을 충족한다. 스탈린 통치 시기에 수백만 명에 이르는 반대파들이 잔인하게 숙청당했다. 스탈린의 독재는 전제 군주인 차르의 재등장이나 다름없었다. 1990년대 러시아의 경제가 불황에서 헤어나지 못하자 스탈린 시대를 그리워하는 사람들이 늘어났다. 고르바초프와 옐친 같은 지도자들은 이것이 위험한 생각임을 알고 제재하려고 노력했으나 국민들 사이에 퍼진 정서를 억지로 잠재울 수는 없는 노릇이었다. 도이칠란트의 역사학자 포이커트는 소비 문화에 탐닉하고, 정치에 무관심한 도이칠란트 국민이 나치즘의 확장을 방조했다고 지적했다. 9·11 사태 이후 미국에는 애국주의와 군사력 지상주의가 걷잡을 수 없는 들불처럼 일어났다. 파시즘은 과거 어느 시기에 잠시 등장했다 사라진 정치 방식이 아니다. 대중이 인류의 보편 가치에 관해 고민하는 것을 멈추고 강력한 독재자의 등장을 방관하거나 동조할 때 파시즘이라는 망령은 다시 살아난다.

2차대전: 내전으로 시작해 냉전으로 마감하다

에스파냐 내전은 노동자와 자본가의 싸움이자, 노동자
를 지지하는 지식인과 자본가를 지지하는 파쇼 일당 간
의 싸움이었다.

에스파냐 내전은 중앙 집권적 통일 국가를 향한 야망과 지역적으로 독립
하려는 열망이 충돌한 사건이자, 권위주의와 자유가 충돌한 사건이다. 또
자본가와 노동자의 계급 의식이 충돌한 사건이다. 1차대전 중에 중립을
지킨 에스파냐는 내전 시기에 이러한 상충하는 두 신념과 가치관의 극명
한 대립에 따라 정확히 양분되었다. 1936년 민주적으로 치러진 자유 총
선은 두 세력의 승패를 가늠하는 중요한 일전이었다. 그 이후 40년 동안
자유 총선이 없었다. 노동자들을 대변하는 인민전선이 승리하자 국내의
대규모 자본이 해외로 빠져나가기 시작했다. 1930년대 세계 대공황 시
기에도 큰 타격을 입지 않았던 에스파냐 경제는 총선을 기준으로 급속한
불황 상태로 접어들었다. 노동자들의 세상이 올 줄 알았는데 오히려 실
업은 더 증가했고, 이에 따라 파업이나 노동 쟁의도 더 많아졌다.

계급 투쟁의 역사를 거쳐 온 인류
내전의 승기는 프랑코가 이끄는 보수 세력인 국민파가 잡았다. 히틀러와

에스파냐 내전이 한창이던 1937년 4월 26일, 독일군은 에스파냐의 작은 마을 게르니카를 폭격한다(좌). 1,500여 명이 희생된 이 끔찍한 비극을 피카소는 〈게르니카〉라는 작품으로 고발했다.

무솔리니 모두 프랑코를 지원했다. 인민전선과 노동자들은 서방 정부들이 파시스트 프랑코를 제거하기 위해 단숨에 달려와 줄 것이라 생각했다. 반파시즘 세력인 영국과 프랑스가 자신들을 적극 도우리라는 인민전선의 순진한 기대는 곧 무너졌다. 영국은 불간섭 원칙을 내세웠고 프랑스 역시 공개적인 지원에 난색을 표했다. 미국 정부 역시 대외적으로 불간섭 원칙을 고수했는데 미국의 자본가들은 달랐다. 열렬한 파시스트 지원자인 정유 회사 텍스코는 대형 유조선 다섯 척을 국민파에 제공했다. 이 사건은 인민전선의 숨통을 거의 끊을 만큼 결정적이었다. 포드와 제너럴모터스는 군용 트럭을, 듀퐁은 폭탄 4만 발을 국민파에 제공했다. 공화파 인민전선은 자유 민주주의 국가와 기업들에게 철저히 외면당했다. 인민전선의 후원자라곤 공산당 조직이 끌어모은 세계 각지의 민간인 의용군들뿐이었다. 반파시즘 예술가들이 에스파냐 내전에 관여하며 인민전선을 도왔다. 이 가운데는 조지 오웰, 어니스트 헤밍웨이, 스티븐 스펜서, 앙드레 말로, 존 콘포드처럼 무기를 들고 직접 전장에 뛰어든 작가들도 있다. 그러나 파시스트 일당이 그 어원(파쇼)처럼 강력한 지도자를 중심으로 단단히 결집한 반면, 노동 해방과 진보를 기치로 내건 국제적인 연대는 너무 느슨했다. 에스파냐 내전은 한 나라의 분쟁에 그치지 않고 파시즘과 반파시즘이 충돌하는 세계 사상전의 성격을 띠었으며, 앞으로 닥칠 거대한 세계 전쟁의 서막 같았다. 그와 동시에 에스파냐 내전은 히틀러에게는 새 무기와 새 전술을 시험하는 완벽한 리허설 무대이기도 했다.

2차대전은 영국을 비롯한 선발 제국주의 세력과 도이칠란트를 비롯한 후발 제국주의 세력이 자본주의의 패권을 놓고 벌인 전쟁이다. 1차대전 패배 후 막대한 전쟁 배상금을 물어야 했던 도이칠란트과, 승전국이면서도 별 이익을 얻지 못해 심기가 불편했던 이탈리아는 누가 불씨만 당겨주면 언제든 터질 준비가 된 폭탄의 뇌관 같았다. 프랑스의 페르디낭 포슈 사령관은 이렇게 말했다. "베르사유 조약으로 평화를 얻은 게 아니라 20년 정도 휴전만 얻은 것이다." 그 말이 딱 맞았다. 이탈리아는 1936년과 1939년에 각각 에티오피아와 알바니아를 침공했다. 도이칠란트는 1939년 폴란드를 침공했고 이어 1940년에는 덴마크, 노르웨이 그리고 끝내 프랑스를 점령했다.

전쟁을 없애야 할, 또는 전쟁으로 없어질 인류

2차대전이 1차대전과 다른 몇 가지 특징이 있다. 먼저 군인들만의 전투에서 모든 이들의 운명이 걸린 총력전으로 바뀌었다는 점이다. 새로운 무기와 새로운 전투 방법도 등장했다. 참호와 가시철망이 사라지고, 전격전이라 불리는 새로운 전법이 등장했다. 2차대전의 전초전인 에스파냐 내전에서 도이칠란트군이 에스파냐의 바스크 지역을 폭격한 것처럼, 민간 지역과 군사 지역의 구분이 완전히 사라졌다. 2차대전에서 4천만명이 죽었는데 이중 민간인이 1800만 명이다. 2차대전에서 전쟁국은 모든 것을 쏟아 붓고 신속히 결판내기 위해 대량 살상 무기를 적극 투입했다. 핵 무기가 사용된 까닭도 그러하다. 미국이 주도한 핵무기 개발 계획인 '맨하탄 프로젝트'의 성과로, 1945년 7월 16일 아침 뉴멕시코에서 최초로 핵 폭탄 실험이 이뤄진다. 계획은 일사천리로 진행되었고 1945년 8월 6일 히로시마에서 이 계획의 성공이 확인되었다. 이틀 뒤에

제2차 세계대전에서 파국을 경험한 세계 각국은 '전쟁을 끝내기 위한 전쟁'을 벌이고 전쟁을 억제하려고 핵무기를 증강하는 불행한 역설에 갇혀 버렸다.

는 나가사키에 핵 폭탄이 한 번 더 떨어졌다. 일본은 무기력하게 항복했고 전쟁도 끝났다. 핵 폭탄 투하는 언젠가 한 번은 벌어질 일이었다. 2차 대전 당시 연합군을 이끌던 몽고메리 장군은 이렇게 말했다. "핵 시대의 인류는 전쟁을 없애느냐 전쟁으로 없어지느냐 택일해야 한다."

리들리 스콧이 연출한 영화 〈블레이드 러너〉는 대규모 핵 전쟁이 일어난 이후 방사능 비가 추적추적 내리는 2019년 11월 미국의 로스앤젤레스를 배경으로 삼았다. 핵 전쟁으로 완전한 파국이 이루어져서 인간들 간의 싸움이 아무런 의미가 없어지는 시기가 온다면 이를 평화라 부를 수 있을까?

5부 | 미국적 국제 질서와 이념 대립의 세계

라틴아메리카에서 에스파냐의 영향력이 쇠퇴하자 그 자리를 영국 자본이 밀고 들어왔다. 영국의 영향력이 약화되자 그 틈을 미국이 비집고 들어갔다. 아메리카 원주민을 몰아내고 서부 개척을 완수한 미국은 이제 자국을 넘어 태평양 개척과 라틴아메리카 개척에 나섰다. 미국적 프론티어 정신은 새로운 제국주의의 도래를 알렸다. 미국의 지배권은 태평양을 건너 필리핀, 한반도에까지 미쳤다. 멕시코와 전쟁을 벌여 영토의 반을 빼앗았다. 빼앗은 텍사스와 캘리포니아에서는 석유가 쏟아졌다. 태평양과 대서양을 연결하는 길목인 운하를 장악하기 위해 미국 행정부는 콜롬비아의 일부인 파나마 지역의 군부를 지원하여 내란 상황을 만든 다음 파나마를 독립시켰다. 미국의 오랜 통제 아래 있던 파나마는 기구하게도 이제는 중국의 경제 지배에 놓이게 되었다.

시몬 볼리바르는 라틴아메리카 여러 국가들의 독립을 이룬 선구자요 라틴아메리카 사람들의 정신적 지주다. 그의 이름을 딴 국가인 볼리비아를 비롯해 베네수엘라의 공식 명칭이 '베네수엘라 볼리바르 공화국'인 것만 보아도 그가 단순히 특정 국가의 위인이 아니라 전 라틴아메리카 인민의 영웅이라는 점을 알 수 있다. 그렇지만 라틴아메리카 현대사를 그가 하늘에서 살펴 본다면 비통한 마음에 잠길 것이다. 표면상 사라진 식민 지배는 다국적 회사의 경제 지배로 모양만 바뀐 채 지속되기 때문이다. 미국의 다국적 농산물 회사인 유나이티드 프루트는 미 행정부의 지원을 등에 업고 중앙아메리카 국가들을 프랜차이즈 매장 다루듯 마음대로 지배했다. 부패한 독재 권력이 지배하는 친미 국가들을 가리켜 바나나공화국이라고 부른 건 이런 배경에서다.

아옌데가 이끌던 칠레의 사회주의 정권은 미국의 꼭두각시인 피노체트의 쿠데타로 무너졌다. 피노체트는 미국 시카고대학에서 신자유주의 이론을 배운 경제학자들을 각료에 앉혔다. 이들은 자기 나라를 신자유주의 실험장으로 기꺼이 활용했다. 공공 시설을 민영화하고 대자본의 세력 확장을 방조하거나 지원했다. 빈부 격차는 극심해졌고 공공 복지는 후퇴했다. 2010년에 일어난 칠레 산호세 광산 붕괴 사고에서 세계의 대부분 언론은 광부들의 감동적인 생존 소식만 전했지 비용을 절감하려고 안전 설비를 축소한 민간 회사의 탐욕은 별로 전하지 않았다.

다국적 회사에게 인류의 복지나 공공선은 관심사가 아니다. 인공감미료인 사카린을 만들어 콜라 회사에 공급하며 기반을 마련하고, 세계대전 중 독가스를 생산해 공급하여 규모를 크게 확장하고, 베트남전에 고엽제를 공급하며 다국적 거대 기업으로 성장한 종자 회사 몬산토는 전 세계 농민의 고혈을 짜내며 이윤을 극대화했다. 몬산토는 1998년 이후 구제금융 시기에 한국의 종자 회사들을 헐값에 사들였다. 몬산토는 세계 최대 농산물 유통 회사인 카길과 제휴함으로써 농업 분야의 제국을 건설했다. 현대의 제국주의와 식민주의는 이렇게 다국적 회사들이 다른 형태로 계승하고 있다. 그런 점에서 자본주의가 아닌 다른 방식으로

1914년
파나마 운하 완공

1928년
마셜 플랜 개시

1946년
국제연합 안전보장이사회 구성

1946년
비키니 섬에서 원폭 실험

1959년
쿠바 카스트로 정권 수립

1961년
소련, 첫 유인 우주선 발사

1965년
미국, 베트남 폭격

1969년
인류, 처음으로 달 착륙

1973년
베트남전 종료

1982년
인간 유전자 복제 성공

1986년
체르노빌 원전 사고

1990년
도이칠란트 통일

1991년
소비에트연방 해체

살길을 모색하는 쿠바의 도전은 주목할 만하다. 소련의 비료 원조가 끊기자 쿠바의 농업 생산은 커다란 위기에 닥쳤다. 쿠바는 그 어려운 시기를 새로운 경제 시스템을 실험하는 기회로 삼고 유기농과 근거리 농업, 도시 농업, 에너지 자립 정책을 강력하게 시행했다. 이 프로젝트가 성공을 거두고 정착된다면 세계 경제 질서도 재편될 것 같다.

식민 지배와 핍박의 역사는 라틴아메리카 나라들뿐 아니라 한국에게도 뼈아픈 과거인데, 과테말라와 엘살바도르의 과거 청산 작업은 우리에게도 여러 가지 의미있는 문제를 시사한다. 과거 청산에는 진상 규명부터 화해까지 힘들고 오랜 과정이 필요한데, 청산해야 할 과거가 많음에도 제대로 그 일을 완수한 경험이 우리에겐 아직 없기 때문이다. 역사는 잔인한 교사다.

1장 - 세계 패권을 쥔 미국

국제연합: 냉전과 열전 사이의 위태한 균형

국제연합은 국제 분쟁을 제어할 힘이 여전히 부족하지
만, 국제 분쟁을 제어할 수 있는 건 국제연합뿐이다.

제2차 세계대전이 막바지로 치닫던 1945년 6월 26일에 샌프란시스코에서 열린 회의는 이전에 개최된 평화 회담과는 성격이 무척 달랐다. 이전의 평화 회담들은 휴전 협정이거나 전쟁이 남긴 것들을 뒤처리하려고 열렸다. 그러나 샌프란시스코 회의는 과거의 불행을 종식하기 위함이 아니라 장래에 닥칠 불행을 미리 막자는 취지로 열렸다는 점에서 혁신적이었다. 인류는 참담한 전쟁을 겪으며 평화가 중요하다는 점을 매번 깨달으면서도 또 다시 전쟁을 일으키곤 했다. 오랜 세월에 걸쳐 끔찍한 전쟁을 치른 후에는 어김없이 평화 회담이 열렸다. 1648년 베스트팔렌에서, 1712년 위트레흐트에서, 1815년 빈에서, 1919년 파리에서 각 나라의 대표자들이 모였다. 그러나 장래의 평화에 관해 진지한 협의를 이끌어낸 평화 협정은 없었다. 샌프란시스코에서 채택한 협정문은 이렇게 시작한다. "우리 연합국 국민들은 일생 중에 두 번이나 말할 수 없는 슬픔을 가져온 전쟁의 불행에서 다음 세대를 구원하고 인권, 존엄과 가치, 평등권에 대한 신념을 재확인하며, 더 많은 자유 속에서 사회 진보와 생활 수준

1945년 4월 25일~6월 26일 연합국 50개국 대표가 제2차 세계대전의 전후 처리와 국제 평화를 논의하려고 샌프란시스코에 모였다. 샌프란시스코 회의에서는 국제연합 헌장이 채택되었다.

향상을 촉진할 것을 결의했다." 국제연합UN은 그렇게 잉태됐다.

미-소 대립으로 재편되는 세계 권력 구도

몇 달 뒤인 10월 24일 51개 가맹국 중에서 27개국이 창립 헌장에 서명하고 비준함으로써 국제연합은 완전히 모습을 드러냈다. 이날은 국제연합의 공식 창립일이 되었다. 1946년 미국의 전임 대통령 허버트 후버는 신임 대통령 해리 트루먼에게 이렇게 충고했다. "당신은 복수를 할 수도 있고 평화를 이룰 수도 있소. 그러나 둘 다 가질 순 없을 것이오." 트루먼은 국제연합 창설 연설에서 이렇게 말했다. "이 헌장으로 여러분들은 한 세대 전의 위대한 정치가 우드로 윌슨의 이상에 현실을 부여했습니다. 세계적인 법의 지배를 수립하는 이 최상의 기회를 움켜쥐는 데 실패하지 맙시다." 1946년부터 냉각되기 시작한 소련과 미국의 관계는 서방 연합국이 이용하던 서베를린 접근 도로를 소련이 일방적으로 폐쇄해 버림으로써 갑자기 얼어붙었다. 파시즘과 반파시즘의 대결 구도가 미국과 소련의 대결 구도로 바뀌고 있었다.

　국제연합의 제2대 사무총장 다그 함마르셸드는 국제연합의 목적이 '우리를 천국으로 인도하는 것이 아니라 우리를 지옥에서 구하는 것'이라 말했는데, 공교롭게도 국제연합 시대의 개막은 우리를 지옥으로 모두 처넣어 버릴지도 모르는 핵무기 시대의 개막과 겹친다. 샌프란시스코 회의가 열리고 채 한 달도 지나지 않아 최초로 원자탄 실험이 성공했기 때문이다. 1949년 7월 마침내 소련도 핵무기를 보유함으로써 싸늘한 양강 구도는 더욱 뚜렷해진다. 국제연합은 핵무기를 통제할 힘이 없었다. 1956년 소련이 헝가리를 침입했을 때도, 1970년대 초 미국이 베트남 전쟁을 벌일 때도 국제연합은 이 두 강대국 앞에서 무기력했다. 1950년 6월 25일 한국전이 발발했을 때 국제연합 안보리는 제 역할을 하지 못했다. 안전보장이사회는 기습 공격을 받은 남한을 방어하기 위한 조치를 바로 결정하지 못하고 대신 회원국 스스로 남한을 돕도록 권고하는 데 그쳤다. 국제연합은 이렇게 명목상 초국가 기구로 전락하는 것일까? '평화를 위한 단결 결의안'에 따르면 안보리 상임이사국 중 하나가 거부권을 행사하더라도 나머지 국가들이 24시간 내에 평화를 위한 무력 투입을 합의해 결정할 수 있다. 이 조항은 국제연합의 평화유지군 활동의 버팀목이다. 하나 역설적인 사실은 애초 소련을 견제하려고 만든 이 조항이 나중에 영국과 프랑스의 독자 행동을 견제하는 데 사용되었다는 점이다. 역사는 예측하기 어렵다.

국제연합과 핵 폭탄, 같은 시기에 탄생하다

미국을 비롯한 소수 강대국에 좌자우지되는 운영 방식, 비민주적인 안보리 상임이사국의 만장일치 의사결정 방식, 회원국의 자발적 분담금에 의존하는 재정 취약성 등 국제연합은 여러 문제점과 한계를 안고 있다. 최근에는 프랑스보다 인도나 브라질이 상임이사국이 돼야 한다는 의견도 커지고 있다. 세계무역기구WTO가 국제연합보다 강하다는 말은 이미 진부해졌다. 미국의 외교 정책 전문가 월터 러셀 미드가 말하듯, "국제연합만이 할 수 있는 일들이 많다. 한편 국제연합이 할 수 없는 일들은 점점 많아진다." 국제연합이 모든 것을 다 해결할 수는 없다. 어느 방향이 천국으로 가는 길인지 일일이 각 나라에 알려줄 수도 없다. 그러나 분명한 게 있다. 국제연합의 힘이 지금보다 줄어든다면 그보다 한 달 늦게 세상에 태어난 동생이 인류를 절멸의 공포로 인도하리라는 점이다.

History Tip
유엔은 2006년 제8대 사무총장으로 한국인 반기문을 선출했고 2011년에는 제9대 사무총장의 임무도 그에게 맡겼다. 사무총장 반기문의 처지와 심정은 윌슨과 매우 비슷할 것이다.

사회주의 몰락: 정치와 경제 양면에서 패하다

공산주의자들은 프롤레타리아 혁명을 거쳐 모든 노동자
가 소외 없는 평등한 조건에서 사는 세상이 올 수 있다
고 믿었다. 그렇지만 현실은 이상과 매우 달랐다.

중국중앙방송CCTV에서 제작한 다큐멘터리 〈대국굴기〉에는 프랑스 역
사학자가 루이14세의 몰락에 관해 설명하는 대목이 나온다. "어떤 사람
이 감기에 걸렸다가 죽었다면, 그 사람은 오래 전부터 중병을 앓아왔다
고 봐야 합니다." 일순간 진행된 것처럼 보이는 사회주의 체제의 붕괴도
그렇게 서서히 진행된 중병의 결과였다. 스탈린은 자본주의 세계의 확장
모델인 제국 시스템을 도입해 사회주의 제국을 건설하고자 했다. 이것이
자본주의와 경쟁에서 앞서지 못한 원인이자 정치적 착오였다. 스탈린은
도이칠란트를 몰아내고 동유럽 국가들을 소련의 위성국으로 만들었다.
이때부터 이미 동유럽은 병리 상태로 들어선 셈이다. 폴란드, 헝가리, 루
마니아, 불가리아, 유고슬라비아, 알바니아에 공산당 일당 독재가 이루어
졌다. 뒤이어 체코슬로바키아도 사회주의 혁명 대열에 합류했다. 영국의
수상 처칠은 동유럽의 상황에 대해 우려를 표했다. "발트해에서 아드리
아해에 이르기까지 대륙을 횡단하여 '철의 장막'이 드리워져 있다."

1989년 11월 9일, 냉전의 상징이었던 베를린 장벽이 무너졌다.

남하하는 붉은 물결

1968년 1월부터 체코슬로바키아에서는 사상과 표현의 자유를 주장하는 민주화 운동이 일어나기 시작했다. 이는 후르시초프와 달리 강경 정책을 추진하던 소련의 브레즈네프를 자극했다. 8월 20일 프라하 공항에 소련 여객기 한 대가 착륙했다. 그런데 뒤이어 군용기가 공항에 내렸다. 소련군은 공항을 무력으로 장악했고 체코슬로바키아를 점령했다. '프라하의 봄'이라 불리던 자유 항쟁은 이렇게 반년 만에 소련 군대에게 짓밟혔다. 노동자들은 총파업으로 소련에 저항했고, 시민들은 도시의 모든 표지판과 간판을 떼어버림으로써 프라하를 유령 도시처럼 만들었다. 서베를린으로 망명하려는 동독인들이 늘어나자 총 연장 45킬로미터에 달하는 거대한 콘트크트 장벽이 1961년에 세워졌다. 그러나 자유를 향한 인간의 욕망을 어찌 콘크리트벽으로 차단할 수 있을까. 1989년 11월, 통일의 전

주곡을 울리듯 이 장벽은 무너졌는데 장벽을 허무는 데 가장 크게 기여한 것은 바로 장벽을 마음대로 넘나들며 서방의 이야기를 동독인들에게 생생하게 전하던 방송 전파였다. 1983년 노벨평화상 수상자이자 폴란드의 초대 직선 대통령을 역임한 레흐 바웬사는 위성 방송이 동유럽을 해방시켰다고 말했다.

소련이 주축이 된 동구권 사회주의 국가들은 경제적인 측면에서도 서구 자본주의 국가들과 경쟁에서 완패했다. 자본주의와 다른 독자적인 경제 모델을 제시하는 데도, 사회 전체의 부를 합리적으로 재분배하는 데도 실패했다. 나아가 노동 현장의 인간 소외를 극복하는 데도 실패했다. 현실 사회주의 말기에 이르면 그들 스스로 자본주의의 병폐라고 공격하던 농촌의 몰락과 도시 집중화 현상이 사회주의 국가 곳곳에서 벌어지기도 했다.

불명예스럽게 퇴출 당한 공산주의, 퇴장하지 않은 사회주의

마르크스와 엥겔스가『공산당 선언』에 "공산주의를 가장 잘 설명하는 것은 일반적인 의미의 소유 철폐가 아니라 부르주아적 소유의 철폐이다"라고 적었듯, 사회주의 혁명의 본질은 불평등한 현실 조건을 개선하는 데 있는 것이지 기계적이며 획일적인 국유화에 있는 건 아닐 것이다. 경제를 중앙에서 완전히 통제하는 사회주의 계획 경제는 점차 비효율을 드러내기 시작했다. 소련의 공산당은 모든 생산수단과 재화를 독점하고 그것을 고위 관료들이 마음대로 사용함으로서 공산주의 이념과 무척 다른 방향으로 민중을 데리고 갔다.

장기간 미국과 중장거리 핵미사일 등 무기 생산 경쟁에서 엄청난 경제적 출혈을 감내해오던 소련은 1980년대 후반 국제 석유 가격이 급락하면서 치명타를 맞았다. 고유가 시기에는 비효율적인 소비에트 경제 체제를 불어난 원유 수출 대금으로 운용할 수 있었지만, 그 수입이 반의 반토막으로 쪼개지면서 도저히 버틸 수가 없게 됐다. 이와 함께 개인의 직업이나 거주 등의 기본권을 허용하지 않아 창의성과 자율성도 사라졌다. 인류 역사는 자유와 평등을 둘러싼 투쟁의 역사다. 이 둘을 어떻게 조화시킬 것인가 하는 문제는 자유 민주주의 국가에서도, 사회주의 국가에서도 똑같이 했던 고민이다.

1989년 고르바초프가 소련 병력을 아프가니스탄에서 철수하고 나서, 동유럽 국가들이 개방 정책을 취할 수 있게끔 허용하자 사회주의 체제는 갑자기 무너져 내렸다. 사회주의 국가들은 거의 다 무너졌지만 그렇다고 사회주의의 이상까지 소멸한 건 아니다. 스웨덴이나 핀란드 같은 북유럽 국가들은 자본주의 경제 체제 위에 사회주의적 복지 국가 모델을 구축했다. 쿠바나 베네수엘라 같은 라틴아메리카 국가들은 사회주의의 이상을 되살리려고 분투하고 있다.

History Tip

영국 역사학자 윌리엄 액튼은 말했다. "권력은 부패하기 마련이며 절대 권력은 절대적으로 부패한다.

'연합 청과물 상회', 중앙아메리카를 지배하다

미국은 1950년대부터 군사 학교인 '아메리카 학교School of America'를 운영하며 아시아나 아메리카의 군부 지도자를 교육해 왔다. 6만 명 이상이 수료했고 수료생들은 자국에서 공산주의 세력을 제거하는 역할을 수행해 왔다. 냉전 시대가 지속되면서 미국의 라틴아메리카 통제 전략은 전면적 무력 개입이 아닌 미중앙정보부CIA를 활용한 첩보전 형태로 바뀌었다. 미국의 이익에 반하는 지도자들을 암살하는 방식으로 바뀌었다. 미국의 해병대 지휘관 출신인 스메들리 버틀러 장군은 자신의 군 생활을 이렇게 회고했다. "나는 자본주의의 살인 청부업자였다." 그가 말한 자본주의란 자신의 조국 미국을 가리키는 말이고 그가 죽인 자들은 라틴아메리카의 지도자들이었다. 금융 재벌 J. P. 모건과 개리슨이 고용한 용병 윌리엄 워커는 살인 청부 집단이나 다름없는 '아메리카 불사신 군단'을 이끌고 다니며 니카라과, 엘살바도르, 온두라스를 자기가 경영하는 회사인 양 주물렀다.

CIA 소속이었던 존 퍼킨스는 〈경제 저격수의 고백〉을 지어 자국의 상업적 이익에 걸림돌이 되는 국가들의 지도자를 제거하는 미 행정부의 첩보 작전을 폭로했다. 그는 1954년의 과테말라 아르벤즈 정권 전복, 1961년의 쿠바 카스트로 정권 전복 기도, 1973년의 칠레 아옌데 정권 전복 등에 CIA가 깊이 개입했다고 증언했다. CIA는 도미니카 공화국 내전과 니카라과 내전과 엘살바도르 내전에도 주도적인 역할을 수행했으며, 1989년에는 해병대 2만3천 명을 동원해 파나마를 기습하여 통치자 노리에가를 체포하여 미국 플로리다 법정에 세웠다. 노리에가는 코카인 밀매 혐의로 파나마가 아닌 미국의 한 주인 플로리다에서 재판을 받고 40년 징역형을 선고받았다.

온두라스는 수출액의 65퍼센트를 바나나가 차지하고 있다. 바나나 회사에 나라의 운명이 온전히 달려있는 것이다. 1935년에 미국 잡지 《에스콰이어》에 '바나나공화국Banana Republic'이라는 용어가 실렸다. '바나나 공화국'이란 자국민의 이익보다는 자국에서 영업 활동을 하는 외국 기업의 이익을 위해 존재하는 정권을 경멸적으로 가리킬 때 쓰는 표현이다. 라틴아메리카의 과테말라, 온두라스, 니카라과, 엘살바도르, 코스타리카, 자메이카, 파나마, 콜롬비아, 벨리즈, 그라나다 등은 바나나 커피 같은 1차 상품이 국가 경제에서 가장 큰 부분을 차지하는데, 주로 미국의 다국적 기업이 이 나라의 농업을 좌지우지한다. 미국 행정부와 미국 기업의 로비에 넘어간 각국의 지배 세력은 사적인 이익을 위해 국가 기반 시설 통제권을 미국 기업에게 넘기고, 노동자들의 시위나 파업을 잔인하게 진압했다. 중남미 국가들에게 이런 비극을 안겨준 장본인은 '연합 청과물 상회(United Fruits Company, 이하 UFC)'를 비롯한 미국의 바나나 기업들이었다. 작가 존 더스 패서스는 〈북위 42도〉에서 UFC의 설립자 마이너 키스가 과테말라의 아르헨스 정권을 무너뜨리는 데 어떻게 관여했는지 보여주었다.

1960년 쿠바 통치자 피델 카스트로를 끌어내리기 위해 미국이 피그만을 침공했을 때 함대를 제공한 기업이 UFC다. 1946년 기준으로 이 회사가 중남미에 소유한 농지는 40만 헥타르(축구장 40만 개 넓이)에 달했다. UFC는 1898년 쿠바에 진출한 이래 부패한 군벌 세력들과 결탁해 꾸준히 사업 영역을 확장했다. 1912년 온두라스 정부가 미국인 소유 철도를 국유화하려 하자 미국은 온두라스에 병력을 투입해 이를 저지했다. 이때 자금을 댄 UFC는 그 대가로 철도 건설권과 바나나 경작권을 얻어냈다. UFC는 1954년 과테말라의 전화부설권, 철도건설권, 항구건설권, 그리고 엄청난 농지를 획득했다. 그해 6월 미국과 바나나 회사들의 압력에 굴복해 하코보 아르벤스 대통령이 사임하자 바나나 기업들의 횡포는 더욱 심해졌다.

1928년 12월 6일, 노동 조건을 개선해 달라며 한 달 동안 파업을 벌인 콜롬비아의 바나나 노동자들을 향해 정부군이 무차별 총격을 가해 2천 명이 죽었다. 콜롬비아의 작가 가르시아 마르케스는 소설 〈백년 동안의 고독〉에서 '바나나 학살'이라 불리는 이 사건을 상세히 묘사했다. 1932년에는 UFC가 파업에 참여한 온두라스의 노동자들을 모두 해고하고 주도자를 암살했다. 칠레의 시인 파블로 네루다는 UFC의 악행을 고발하는 시("United Fruit Co.")를 썼다. 온두라스의 사회주의자 라몬 아마야 아마도르는 어린 시절 스탠다드 프루트(Standard Fruit, 나중에 'Dole'로 바뀜)의 바나나 농장 근처에서 자랐다. 어른이 된 아마도르는 바나나 농장에서 일하다가 사회주의 활동가로 변모했고 1950년에는 바나나 농장의 노동 착취를 고발한 소설 〈녹색 감옥〉을 저술했다. '바나나 공화국'은 단순히 라틴아메리카의 바나나 생산국을 지칭하는 표현이 아니라, 자국민의 복지보다는 소수 지배층과 자본가의 이윤 취득을 위해 다국적 기업이나 외국의 입김에 동조하는 모든 정부를 가리키는 말로 바뀌어갔다.

1900년대에 UFC가 라틴아메리카에 하던 일을 2000년대에는 카길과 몬산토가 전 세계를 상대로 하고 있다. 농산물 유통 회사인 카길과 종자 회사 몬산토는 신자유주의라는 세계 풍조를 등에 업고 전 세계의 농업을 주무른다. 몬산토는 한국 종자 산업의 씨를 말린 장본인이기도 하다. IMF 구제금융 시기에 한국의 중앙종묘와 흥농종묘를 인수했다. 몬산토는 1901년 미국 세인트루이스에서 인공 감미료인 사카린과 흥분제 카페인을 생산하던 화학 회사였다. 제2차 대전이 터지자 몬산토는 화학 무기 생산 분야에 뛰어들어 이윤을 많이 남겼다. 전쟁이 끝나고 화학 무기 수요가 사라지자 독가스 만들던 화학 기술을 응용해 만든 제품이 제초제다. 베트남 전쟁에 참전한 군인들은 퇴역한 후에도 여러 후유증에 시달렸는데 이 주범이 다이옥신을 함유한 고엽제란 사실은 잘 알려져 있다. 이 고엽제를 만들어 공급한 회사도 몬산토다. 몬산토는 제초제 기술을 더욱 발전시켜 농업 분야의 강자로 우뚝 섰다. 이제 이상할 것도 없이 자유롭게 유통되는 여러 유전자조작GM 식품은 모두 몬산토의 작품이다. 인도 면화 재배 농민들은 몬산토의 유전자 조작 종자를 쓰면서 이익이 크게 줄어 수만 명이 자살하거나 굶어죽었다. 2013년 7월 29일에 미국 기업 몬산토와 대한민국의 서울대학교가 장학금 협약을 체결했다. 이날 몬산토는 농생명 대학에 장학금 1억6천만 원 가량을 전달했다. 살상 무기를 생산하여 선량한 청년 병사들을 고통과 죽음으로 내모는 데 기여했던 화학 기업이 선량한 농민들을 가난과 죽음으로 내모는 데 앞장서는 농업 대기업이 됐다. 그 몬산토가 주는 돈을 대한민국의 서울대학교 농업 대학이 받았다.

신제국주의: 미국의 호수가 된 태평양

미국의 프론티어 정신은 서부 개척에 그치지 않고 서부
바다인 태평양 진출로 이어졌다.

〈분노의 포도〉를 쓴 작가 존 스타인벡은 자신의 다른 저작인 〈아메리카
와 아메리카인〉에 이렇게 적었다. "우리 정부야말로 세상에서 가장 훌륭
하다고 깊이 믿으며, 누구에게나 그런 정부를 강요한다. 우리는 미국식
삶이 하늘의 다스림과 맞먹는 기본 법칙인 듯 얘기한다." 이것은 유럽의
제국주의를 혐오하면서도 스스로 새로운 제국을 구축해 가는 미국의 오
만을 비판한 것이다. 에스파냐의 식민 지배가 쇠퇴하기 시작하자, 미국의
제5대 대통령인 제임스 먼로는 1823년 12월 2일 의회 연설에서 아메리
카와 유럽이 서로 다른 대륙 문제에 관여하지 말아야 한다는 원칙(먼로주
의)을 천명했다. 미국이 제1, 2차 세계대전에서 즉각 개입하지 않고 참전
을 지연한 것도 먼로주의 때문이다. 유럽 열강의 영향력 아래에 있었던
라틴아메리카 국가들은 도리어 불안이 엄습했다. 아메리카 대륙의 유일
한 강대국인 미국이 앞으로 자신들을 지배하리라는 것을 직감했기 때문
이다.

캘리포니아를 넘어 태평양으로

1840년대 이후의 미국 지도자들이 주창한 '명백한 운명론Manifest Destiny'은 제국주의 이념과 다를 바가 없다. 미국의 이념과 제도는 명백히 세계 최고이므로 다른 나라에 이것을 전파하기 위한 팽창 정책은 운명적인 일이라는 주장이다. 제국주의와 싸워서 일구어낸 독립에 무한한 자부심을 갖고 있는 미국 역시 주체하기 힘든 힘이 주어지자 앞선 역사의 국가들이 그러했듯 제국주의라는 탐욕에 사로잡혔다. 서부 개척의 종착지는 캘리포니아가 아니었다. 땅끝 너머에 보이는 광활한 영토, 바로 태평양이다. 서부 개척 시대의 제2막이 열렸다. 하와이 정복을 시작으로 하와이 서쪽의 괌을 정복했고, 또 서쪽으로 영토를 개척하던 서부의 총잡이들은 태평양 지배를 위해서는 군사 요충지가 될 수 있는 필리핀이 필요하다는 사실을 알게 됐다. 필리핀은 에스파냐가 지배하고 있었는데, 미국은 에스파냐의 식민주의를 무너뜨리고 필리핀을 정치적으로 독립시킨다는 명분을 내세워 무력으로 에스파냐 군대를 몰아냈다. 필리핀의 저항은 꺾였고, 미국식 영어가 공용어가 되었다. 이로써 미국의 지배권은 태평양을 가로질러 아시아에 닿았다.

제31대 대통령인 윌리엄 하워드 태프트는 국방장관 시절이던 1905년에 일본의 내각총리대신 가쓰라와 맺은 비밀 협약에서 미국의 필리핀 지배를 일본이 묵인해 주면 일본의 한반도 지배를 미국이 묵인하겠다고 약속했다. 그리고 5년 뒤부터 일본은 조선을 식민 지배했다. 식민 지배에서 가까스로 벗어난 한반도는 얼마 지나지 않아 전쟁을 겪고 둘로 나뉘었으며 미국이 남쪽을 관할하게 되었다. 한국전쟁을 깊이 있게 분석한 학자 브루스 커밍스는 이렇게 말했다. "1945년까지 미 육군은 전략적으로 중요한 지점들(일본, 남한, 타이완, 필리핀, 오키나와, 괌, 미드웨이, 웨이크 섬)을 모두 요새로 만들었고, 끝없어 보이던 태평양 북부를 미국의 호수로 만들어버린다." 태평양을 통제하게 된 미국은 더 거대한 기획을 구상했다. 태평양과 대서양의 길목을 장악하여 세계 지배를 완성하는 일이었다. 대서양과 태평양을 연결하려는 시도는 오래전부터 있었고, 그 유력한 후보지는 항상 파나마 지협이었다. 80킬로미터에 해당하는 물길만 트면 두 바다가 연결되기 때문이다. 파나마 운하를 자국의 영향권에 두기 위해 미국은 콜롬비아의 일부인 파나마 주를 들쑤셔 독립시켰다. 이제 신제국주의를 실현할 수 있는 물질적 기반이 두루 갖추어졌다.

전쟁 직전까지 갔던 소련의 쿠바 미사일 기지 건설 시도

미국의 33번째 대통령이자 제40대 제41대 대통령으로 재임한 해리 트루먼은 1947년에 이른바 '트루먼 선언'을 발표하여 소련의 영향력이 확대되는 것을 막으려 했다. 트루먼은 "공산 제국주의에 맞서 자유민주주의를 지향하는 세계 모든 인민을 돕는 것"이라는 표현을 사용했다. 공산주의의 확장을 막고자 한 트루먼 선언을 경제 영역에서 뒷받침하는 정책이 마셜 계획이다. 미국으로서는 소련의 군사적 위협만큼이나 유럽의 경제 붕괴가 미국에 미칠 영향, 즉 미국 경제에 미칠 악영향이 두려웠다. 그래서 경제난을 겪고 있는 그리스와 터키를 비롯한 유럽 국가들에 대규모 자금 지원을 실시했다. 케네디 재임 시절 미국은 쿠바에 미사일 기지를 세우려던 소련과 전쟁 직전까지 치달았다. 라틴아메리카 국가들에 사회주의 정권이 들어서는 것을 막기 위해 미국은 쿠바, 도미니카, 콜롬비아, 니카라과, 온두라스, 엘살바도르, 칠레 등에 CIA와 군대를 투입하여 반사회주의 토착 세력이 쿠데타를 일으키도록 사주했다. 냉전은 더 심화됐다.

소련이 무너지고 동유럽이 몰락하자 미국은 자연스럽게 세계에서 유일한 초강대국이 됐다. 서부 개척 시대가 비로소 종료됐다.

할리우드는 어떻게 영화의 중심이 되었나

뤼미에르 형제

프랑스의 뤼미에르 형제는 연속으로 찍은 사진을 움직이는 모습처럼 보이게 하는 장치인 시네마토그래프를 개발했다. 열차가 역에 들어오는 장면을 촬영하여 사람들에게 선보였다. 움직이는 영상을 처음 본 관객들이 자기들을 향해 달려오는 기차 모습을 보고 혼비백산했다고 한다. 후대 사람들이 약간 과장했겠지만 당시 관객들이 느꼈던 충격을 상상하는 건 어렵지 않다. 영화계에서는 〈열차의 도착〉이 상영된 1895년을 영화 탄생 원년으로 본다. 영화 제작 기술은 그보다 앞섰지만 대중 앞에 활동사진을 처음 발표한 해가 1895년이기 때문이다. 프랑스의 뤼미에르 형제의 상영 시기에 두 달 앞서 도이칠란트의 스클라다노브스키 형제가 먼저 영화를 상영했지만 기술에서 앞선 뤼미에르 형제의 영화가 운 좋게 영화사에서 영예로운 지위를 차지했다.

영화 산업의 싹을 틔운 건 유럽이다. 그렇지만 유럽은 그 결실을 보지 못했다. 얼마 지나지 않아 저 멀리 대서양 건너편의 미국에서 영화가 꽃을 피웠기 때문이다. 영화가 큰돈이 되는 산업임을 간파한 뉴욕의 금융자본가들은 유럽의 영화 산업이 과소평가했던 부문을 육성했다. 유통이다. 미국의 자본가들은 영화 제작보다 영화 배급이 훨씬 중요하다는 점을 알았다. 말하자면 장기적인 발전을 위해 영화계의 사회간접자본을 구축했던 것이다. 1910년을 기준으로 미국 전역에 영화관이 1만 개 넘게 생겼다. 상영관이 많지 않았다면 1915년 발표된 〈국가의 탄생〉의 엄청난 성공도 없었을 것이다. 1924년에는 시카고에 5천 석짜리 세계 최대 상영관이 지어졌다. 상품의

질이나 상품 생산 기술에 치중하지 않고 물류를 먼저 장악하자 상품이나 기술이 뒤따라 왔다. 1926년 세계 최초 유성 영화 〈재즈 싱어〉가 발표됐다. 유럽의 영화제작자와 기술자와 배우들이 더 나은 조건을 찾아 미국으로 이동했다. 찰리 채플린이나 알프레드 히치콕 같은 거장들이 건너 왔다. 〈달나라 여행〉을 비롯해 특수한 영화 기법을 많이 창안한 선구적인 감독 조르주 멜리어스 는 미국으로 넘어와 서부영화를 찍었다.

영화 산업의 중심이 뉴욕에서 로스앤젤레스의 할리우드로 바뀐 것은 특허 분쟁 때문이다. 발명가 에디슨은 영화 제작에 활용되는 여러 기술을 고안했는데, 이 제작 기술에 대한 특허는 영화 특허회사Motion Picture Patents Company에서 대부분 관할하고 있었다. 영화특허회사는 영화 산업을 독점하기 위해 기술뿐 아니라 기술자나 배우들의 급여 문제라든지 모든 영역을 통제하려고 했다. 수많은 소규모 영화 제작자들과 감독들은 뉴욕과 아주 멀리 떨어져 있어서 영화특허회사의 통제가 미치지 않는 지역을 찾아 떠났다. 뉴욕과 정반대편인 로스앤젤레스가 그중 한 곳이었다. 영화는 빛을 다루는 예술이라 자연광이 좋은 지역에서 촬영돼야 하는데 늘 밝은 햇살이 비치는 캘리포니아의 로스앤젤레스는 이에 아주 적합했다. 미국 연방 법원은 1912년에 영화특허회사의 독점이 위법이라고 판결했고 로스앤젤레스 할리우드 주변에서 영화를 제작하고 있던 이들은 모든 제약에서 풀려나게 됐다. 유니버설 스튜디오가 설립된 것도 이때다. 할리우드에 둥지를 튼 영화 제작사들은 영화의 기획부터 제작, 배급, 상영에 이르는 전 과정을 체계화한 '스튜디오 시스템'을 구축했고, 전 세계의 재능 많은 인력들을 끌어들였다.

1940년대부터 대중에 보급되기 시작한 텔레비전은 영화 산업을 무너뜨릴 적처럼 보였지만, 영화 제작자들은 두 가지 전략으로 현명하게 위기에 대처했다. 첫째는 텔레비전과 공존하며 방송용 영화와 영상을 제작하는 일이었고, 둘째는 차별화 전략으로 어마어마한 돈을 투자하여 텔레비전 방송이 만들 수 없는 거대한 볼거리를 선사하는 일이었다. 할리우드는 영화의 중심지일 뿐더러 텔레비전의 중심지가 되었다.
유럽에서 미국으로 넘어온 예술가 중에는 도이칠란트에서 망명한 극작가인 사회주의자 베르톨트 브레히트도 있다. 한동안 할리우드 근처에 살면서 생계가 막막할 때 시나리오를 쓰기도 했던 그가 1942년에 쓴 시 〈할리우드〉에 이런 대목이 있다.

아침마다 밥벌이를 위하여
거짓을 사주는 장터로 간다.
희망을 품고
나는 장사꾼들 사이에 끼어든다.

2장 - 혼돈 속의 라틴아메리카

쿠바: 왕따 국가의 처절한 에너지 자립 투쟁

미래와 후손을 위해서라면 견딜 만한 가치가 있는 고난
은 견뎌야 한다는 교훈을 쿠바가 입증했다.

쿠바는 유기농 혁명으로 유명한데 그 기원은 매우 역설적이다. 공산권
국가의 맏형인 소련의 쇠락이 쿠바 유기농이 발전한 출발점이기 때문이
다. 소련은 경제가 몰락하면서 쿠바에 농약과 비료 원조를 중단할 수밖
에 없었다. 쿠바는 농약과 비료 없이 농사를 지어야 하는 원시 농경 상태
로 전락했다. 생산량은 턱없이 줄었다. 그러나 정부는 위기를 기회로 활
용하기 위해 농업 생산 체제를 국가 주도 방식에서 가족 단위나 소규모
마을 단위로 재편했다. 1992년 기준으로 33퍼센트에 불과하던 소규모
개인 농장의 비율은 5년 만에 70퍼센트로 높아졌다. 공터나 건물 옥상
을 활용해 농사를 짓는 이른바 도시 농업도 생겨났다. 대도시인 수도 아
바나에도 농지가 40퍼센트에 달했다. 쿠바 유기농은 단순히 농약과 화학
비료를 쓰지 않는 농업이 아니다. 에너지를 절감하여 식량을 자급하고
건강한 먹을거리를 안정적으로 공급할 수 있다는 이상을 실현한 문명사
의 눈부신 업적이다. 다른 국가들이 보고 배워야 할 훌륭한 모델을 만들
어냈다.

라틴아메리카 수호의 최전선인 쿠바

쿠바의 경제 자립을 주창한 호세 마르티

쿠바의 경제 자립을 주창한 호세 마르티는 400년 동안이나 쿠바를 지배한 에스파냐보다 미국이 앞으로 더 위험한 적이라고 경고하면서, 아메리카의 다른 형제 국가들에게 부담을 지우지 않으려면 쿠바가 독립하여 미국 세력이 아래로 확장하는 것을 막아야 한다고 말했다. 그가 죽은 지 불과 몇 년 뒤에 미국과 에스파냐 간에 전쟁이 일어났고 승리한 미국은 쿠바를 전리품으로 받았다. 그리고 1902년 쿠바에 미국은 꼭두각시 정권을 세웠다. 자본가가 승리한 것이다. 쿠바의 경제 구조가 사탕수수 산업으로 단일화된 것도 통제를 쉽게 하려는 미국의 전략이 낳은 결과였다. 멕시코 땅의 반을 빼앗은 전력이 있는 미국은 쿠바 남동부의 관타나모 만 일대를 헐값에 사들여 군사 기지를 세웠다.

1959년 1월 1일, 피델 카스트로가 이끄는 혁명군이 바티스타 정권을 몰아내고 아바나에 입성했다. 미국의 한 주나 다름없는 자본주의적 국가를 장악한 카스트로는 강력한 사회주의 정책을 펴나가기 시작했다. 카스트로의 급진 정책은 미국과 외교를 단절하는 결과를 초래했다. 대통령 케네디는 카스트로를 제거하기 위해 과테말라에서 훈련시킨 용병 1500명을 쿠바 피그 만에 투입했다. 그러나 곧 쿠바 공군에 의해 진압되었고 90명이 전사하고 1200명이 포로가 되었다. 미국은 6200만 달러에 달하는 몸값을 지불하고 포로가 됐던 용병들을 데려갔다. 아바나에 있는 대통령궁은 혁명박물관으로 바뀌었는데, 1961년 피그 만 침공을 막아낼 때 사용한 탱크가 전시돼 있다. 1962년에는 쿠바에 미사일 기지를 지으려던 소련에 미국이 거세게 맞서면서 핵 전쟁 직전까지 가는 위기를 겪기도 했다.

근거리 운송과 신토불이 운동

미국의 쿠바 간섭은 냉전 시기 내내 노골적으로 드러났다. 라틴아메리카의 공산화를 필사적으로 막고자 했던 미국은 쿠바의 사회주의 정권을 무너뜨리기 위해 에너지 봉쇄 정책을 다각적으로 시행했다. 에너지 부족에 시달리게 된 쿠바가 택한 길은 유기농 혁명과 마찬가지로 에너지 자립이었다. 생존하려고 어쩔 수 없이 태양열, 풍력, 수력, 바이오 에너지를 개발하기 시작했다. 당장 부족한 에너지 문제를 해결하는 방법은 아끼는 것뿐이었다. 누진세 부과 방식을 강력히 시행해 에너지 낭비를 줄였고 절전형 전구를 전국에 보급했다. 장거리 운송을 줄이기 위해 그 지역에서 생산되는 농산물이나 상품을 그 지역 안에서 소비하는 방식을 정착시켰다. 농촌뿐 아니라 도시 지역에도 공동체가 살아나려면 주거 문제가 해결돼야 하는데, 이를 위해서 1960년에 도시개혁법이 시행됐다. 이 정책의 핵심은 공공 주택 보급이 아니라 주택 소유가 일반화되도록 하는 것이었다. 1958년에 75퍼센트에 달하던 임대 주택자 비율이 1990년대 후반에 자가 주택 소유율 85퍼센트로 바뀌었다. 이사하는 사람들이 줄어들고 장기 정착민이 늘어나면서 지역의 이웃 공동체가 살아났다.

전 국민 의료 보장 시스템을 잘 갖춘 쿠바의 의료 서비스는 세계적으로 유명하다. 세계보건기구는 "건강이란 단순히 질병이 없는 상태가 아니라 육체적·정신적·사회적으로 온전한 상태다"라고 규정한다. 이것을 순수하게 받아들이고 정책에 실제 반영하는 나라는 별로 없다. 쿠바는 그 드문 국가 중 하나다. 여전히 가난하지만 식량, 에너지, 의료 자립을 이룬 쿠바는 사회주의의 이상이 인간의 자유와 자립이라는 점을 점을 입증했다.

멕시코: 온라인에서 부활한 영웅 사파타

멕시코 독립 투쟁의 선구자인 사파타는 죽었지만 그 정신은 사후에 오히려 더 강한 생명력을 얻었다. 사파티스타 민족 해방군의 대표는 마르코스 '부'사령관이다. 원주민 부족들마다 원주민 사령관들이 있다.

현재 미국의 영토인 캘리포니아, 애리조나, 뉴멕시코, 텍사스, 루이지애나, 플로리다는 1800년대 중반까지만 해도 멕시코의 영토였다. 멕시코는 힘 한번 제대로 쓰지 못하고 영토의 반을 미국에 빼앗겼다. 강대국 미국은 텍사스 지역 인민들의 해방을 돕는다는 명분을 만들어 그 지역을 강제 점거했고 멕시코의 저항을 힘으로 간단히 잠재웠다. 전쟁에 진 멕시코는 무기력하게 미국의 조건을 받아들였다. 텍사스의 독립을 승인했고, 캘리포니아, 애리조나, 뉴멕시코, 유타, 콜로라도 일부 지역을 1500만 달러에 팔았으며 전쟁 배상금으로 325만 달러를 물었다. 신기하게도 이 땅의 소유권이 미국으로 넘어가자 마자 텍사스에서는 석유가 쏟아졌고 캘리포니아에서는 골드 러쉬가 일어났다.

자주 정신을 상징하는 사파타

미국은 끈질기에 멕시코를 괴롭혔다. 영국의 인클로저 운동처럼 1903년에는 멕시코에도 인클로저가 허용되면서 농업이 목축으로 전환되

아얄라 선언을 한 혁명가 에밀리아노 사파타.

기 시작했고, 1910년 기준으로 800여 명의 라티푼디스타(latifundista, 대농장 소유주)가 전 토지를 소유했다. 미국인 영화감독 오손 웰스가 연출한 〈시민 케인〉의 실제 모델로 알려진 언론 재벌 윌리엄 랜돌프 허스트도 3백만 헥타르에 달하는 토지를 소유했다고 한다. 이때 혁명가가 등장했다. 1911년 11월 6일에 농민들에게 땅을 되돌려주자는 '아얄라 선언'을 한 후 까란사 정부와 싸운 에밀리아노 사파타다. 사파타의 고향은 비옥한 모렐로스 주로 이 지역은 수탈의 거의 모든 형태가 번갈아 나타났던 곳이다. 사파타의 개혁 시도는 미 해병대의 개입으로 좌절됐다. 사파타는 1919년 암살됐다. 사파타 정신은 제44대 대통령 라사로 카르데나스에게 전수되었다. 멕시코 국민은 가난한 멕시코 민중의 편인 그에게 98.19퍼센트라는 놀라운 득표율을 선사했다. 카르데나스는 사파타의 혁명 정신을 실현하기 위해 당선 직후 강력한 토지 개혁을 실시하여 협동조합과 농민에게 분배하였다. 임기 말에는 전체 경작지의 반이 농민 소유로 바뀌었다. 1937년에는 철도를 국유화했고 1938년에는 원유 사업 국유화를 선언했다. 미국의 석유 기업인 스탠더드오일과 셸의 기술자들이 모두 철수하자 공장은 가동을 멈추었지만 자립을 위해서는 어쩔 수 없는 일이었다.

사파타라는 이름은 때로 기득권의 선전 구호로 전용되기도 했다. 살리나스 대통령은 북미자유무역협정을 체결하며 외국인이 토지를 소유할 수 있도록 헌법을 고쳤는데 이때 "사파타 장군의 정신을 계승하기 위해"라는 가증스러운 표현을 사용했다. 미국, 캐나다, 멕시코를 한 경제권으로 묶자는 취지로 추진된 이 기획을 멕시코 국민은 반대했다. 모든 자유무역협정은 당사국의 경제 규모를 성장시키지만 양극화를 심화하는 양면성을 지녔다. 부가 늘어나도 재분배는 잘 이루어지지 않기 때문이다. 자유무역협정 체제에서 소규모 다품종 농업은 대규모 단일품종 농업에 밀려나므로 소농민은 설 자리가 없다. 농민들은 도시 하층 노동자로 쉽게 전락한다. 옥수수 원산지인 마야 문명의 땅 멕시코가 미국 옥수수에 점령당한 것도 북미자유무역협정의 영향 때문이다. 자유무역협정이 발효되자 자국에서 판매가 허용되지 않는 미국의 질 낮은 식품이나 공산품이 멕시코로 쏟아져 들어왔다.

국적은 달라도 우리는 같은 아메리카인, 단 미국은 빼고

1994년 1월 1일, 북미자유무역협정NAFTA이 발효된 시점에 맞추어 자본주의의 첨병인 미국에 반대하고 그런 미국에 동조하는 멕시코 정부에 저항하기 위해 게릴라 군이 활동을 개시했다. 게릴라 이름은 사파티스타 민족 해방군Ejército Zapatista de Liberación Nacional, EZLN이다. 그런데 이들이 기존 게릴라들과 다른 점은 활동 거점이 인터넷(http://ezln.org.mx)이라는 사실이다. 사파타의 혁명 정신은 이들의 주도 아래 온라인으로 전 세계 인터넷 사용자들에게 복제되고 있다. 2001년 3월 6일 그들은 사파타의 고향인 모렐로스 지역까지 행진했다. 마르코스 부사령관(이들의 사령관은 여전히 사파타다)은 신자유주의에 맞서 투쟁하겠다는 결의를 다졌다. 사파타는 죽었지만 사파타는 여전히 활동중이다. 스키 마스크를 쓴 채 게릴라 활동을 펼쳐 현대판 로빈후드라고 불리는 마르코스, 그는 자신을 사파타 위원장을 보좌하는 부위원장이라고 부르며 온오프라인의 대중 매체를 활용해 게릴라 활동을 펼치고 있다. 멕시코의 시골 마을에는 사파타, 체 게바라, 마르코스가 함께 그려진 벽화를 자주 볼 수 있다. 《뉴욕 타임즈》는 사파티스타 민족 해방군의 온오프라인 투쟁을 최초의 '포스트모던' 혁명이라고 보도했다. 차원이 다른 새로운 혁명이라는 표현일 것이다. 아주 서서히 침투하여 결국 사파타가 꿈꾼 것에 가깝도록 세상을 바꿀 수 있다면 그것 역시 혁명이다.

과테말라: 대학살 이후의 과거 청산

> 과테말라의 과거 청산 과정은 한국에게도 시사하는 바
> 가 많다. 과거 청산 없이 한 나라와 민족의 항구적인 발
> 전이란 없기 때문이다.

2012년 3월 과테말라 법원은 과거 독재 시기에 민간인 201명을 학살한
책임을 물어 군인 페드로 피멘텔에게 징역 6060년형을 선고했다. 과테말
라의 과거 청산 작업이 박차를 가하고 있다. 정권을 유지하려고 자국민
을 수없이 죽인 군부 독재 정치가 과거 청산 대상이다. 1821년 과테말라
독립을 이끈 주역은 지방 군부 세력인 카우디요인데, 카우디요는 독립
국가를 세운 다음에 마야 원주민을 계몽해야 할 대상으로 간주했을 뿐
동등한 국민이라고 여기지 않았다. 이때부터 청산해야 할 과거가 만들어
지기 시작했다.

마야의 후손들은 다시 끔찍한 고통 속으로

군부 독재 시기를 극복한 1944년에야 과테말라는 사상 처음으로 공정한
자유 선거를 치렀다. 과테말라 국민은 철학박사 출신 개혁가 아레발로를
대통령으로 만들었다. 자신을 '정신적 사회주의자'라고 규정한 아레발로
는 취임 즉시 토지 개혁과 노동자 인권 보호 정책을 실시했다. 1945년부

터 1954년까지는 과테말라 역사뿐 아니라 라틴아메리카 민주주의 역사를 통틀어 가장 빛나는 시기라고 할 만하다. 도시 노동자의 임금이 혁신적으로 인상됐고 문맹률은 크게 떨어졌다. 사회보장제를 구축했고 노동법을 정비했다. 그러나 빛나던 시기는 너무 짧았다. 과테말라는 1960년부터 1996년까지 내전을 치렀다. 군부 출신 가르시아가 정권을 잡아 폭압적인 정치를 실시했고, 쿠데타로 가르시아를 몰아낸 리오스 몬트는 더 잔인하게 권력을 남용했다. 1978년부터 1983년에 이르는 이 통치 시기를 과테말라 사람들은 '폭력 시기La Violencia'라고 부른다. 이 시기에 20만 명 이상이 피살되거나 실종됐고 그중 대다수는 마야 원주민이었다. 1992년도 노벨평화상 수상자는 리고베르타 멘추 툼인데 그는 과테말라 내전 동안 핍박당한 토착민들의 실상을 기록하고 세상에 알리는 데 평생을 바친 인물이다.

1996년 구성된 역사진실규명위원회는 「침묵의 기억」이라는 이름표를 달고 18개월에 걸쳐 진상을 조사했다. 폭력 시기 동안 440개 마을이 전소되고 15만에 이르는 난민과 15만에 이르는 사망·실종자를 냈다는 사실이 밝혀졌다. 폭력 시기 동안 이루어진 만행은 대학살massacre이면서 절멸genocide인데, 절멸은 유태인 출신 학자 라파엘 램킨이 정의한 개념으로 한 종족이나 문화를 철저히 없애는 파괴 행위를 가리킨다. 군인과 민간인을 구분하지 않고 학살하는 것을 포함해 모든 가옥과 유물, 언어 기록 등을 깡그리 파괴한다. 절멸 작전을 지휘한 군인에게 후대 법원은 6천 년에서 7천 년에 이르는 징역형을 선고했다. 그렇지만 과거 청산 작업은 평탄하지 않았다. 역사진실규명위원회가 보고서를 발표한 지 얼마 지나지도 않아 그해 12월에는 주요 범죄자 특별 사면 조치가 취해졌다.

2011년에는 학살의 주역인 오토 페레스가 대통령에 당선되어 과거 청산은 더 힘들어졌다.

과거 청산 없는 민족은 미래도 없다

2013년 5월 10일 세계는 '폭력 시기'의 독재자 리오스 몬트의 재판을 주목했다. 리오스 몬트는 겨우 징역 80년을 선고 받았다. 열흘 후에 헌법재판소는 판결이 무효라고 선언했다. 피고가 적절한 변호를 받지 못했다는 것이 그 이유였다. 미국의 판례인 '미란다 원칙'을 떠올리게 한다. 1963년 미

독재자 리오스 몬트의 재판은 아직도 진행 중이다.

국에서 에르네스토 미란다라는 남자가 은행 강도 행각을 벌이다 체포되었다. 그는 변호인 없이 심문받다가 성범죄를 저질렀다는 사실도 털어놓게 된다. 20년형을 선고받았으나 미란다의 변호사가 변호인 없는 심문의 부적절함을 문제삼아 연방 대법원에 제소했고 연방 대법원은 '변호인 없이 강압적 분위기에서 받아낸 자백은 무효'라는 판례를 만들었다. 감형된 미란다는 1972년에 가석방됐지만 술집에서 싸움에 휘말려 상대방이 찌른 칼에 찔려 죽었다. 공교롭게도 미란다를 찌른 피의자는 미란다 원칙을 이용해 줄곧 묵비권을 행사했고 무죄로 석방되었다. 과거 청산 작업의 몸통인 리오스 몬트가 미란다 원칙으로 처벌을 일단 면했다. 그의 재판은 2015년 이후로 미뤄졌다.

과거 청산에는 네 단계가 필요하다. 진상 규명, 가해자 처벌, 피해자 배상과 보상, 그리고 화해. 첫 단계를 겨우 통과한 뒤 둘째 단계를 힘겹게 헤쳐나가고 있는 과테말라를 우리는 주목해야 한다. 청산해야 할 과거가 여전히 많은 한국의 근현대사와 매우 비슷하기 때문이다.

History Tip

크리오요Criollo는 라틴아메리카에서 태어난 유럽인의 자손을 가리키는 말이고, 카우디요Caudillo는 라틴아메리카의 토착 군벌 세력을 가리키는 말이다.

엘살바도르: 냉전 시기에 벌어진 대리 전쟁

엘살바도르 내전은 자국의 의지와 상관없이 강대국의
이권 다툼에 희생된 한국전쟁과 비슷한 양상으로 전개
됐다.

'구세주Salvador'란 뜻을 지닌 나라 엘살바도르는 1821년에 에스파냐의
지배에서 벗어났다. 과테말라, 니카라과, 온두라스, 코스타리카와 함께
연방 공화국을 구성했다가 연방이 해체되면서 1838년에 독립국이 됐다.
그후 오랫동안 군부 세력 간의 권력 투쟁이 지속됐다. 엘살바도르는 내
부의 갈등뿐 아니라 외부의 간섭이라는 이중적 문제에 시달렸다. 냉전
시대의 미국은 엘살바도르에 사회주의 정권이 들어설 가능성이 커지는
것을 감지하고 차단할 방법을 궁리했다. 엘살바도르에 사회주의 정권이
들어서면 도미노가 쓰러지듯 다른 라틴아메리카 국가에 영향을 미칠 것
이기 때문이다. 이미 니카라과에서 혁명이 일어나 사회주의 정권이 들어
선 터라 미국의 조바심은 커졌다. 미국이 택한 전략은 엘살바도르에 지
속되던 군부와 민중 세력 간의 대결 구도를 그대로 유지시키는 일이었
다. 보수적인 군부 정권에 강력한 원조를 제공하여 내전 상황을 지속시
키는 일이었다. 미국의 레이건 행정부는 1980년에 엘살바도르 군사 정부
에 1억 5천 만 달러를 원조했다. 사회주의 정권이 들어서지 않도록 조심

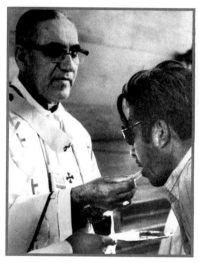

독재 권력과 싸운 로메로 신부(좌)의 장례식에서 25만 명의 엘살바도르인들이 침묵 시위를 벌였다(우).

하면서 내전 상황을 적절히 유지해 달라는 로비 자금이었던 셈이다.

그리스도교 탄압자에서 열렬한 전파자로 전향한 바울로처럼

1977년에 엘살바도르 대주교에 임명된 로메로 신부는 애초에는 보수주의의 편이었다. 개혁을 바라는 민중과 무관한 기득권 세력의 고위 성직자였을 뿐이다. 그런데 대주교가 된 직후 친구이자 동료인 예수회 사제루띨리오 그란데가 피살되면서 그의 삶에 극적인 전환이 이루어졌다. 그리스도교를 탄압하던 사울이 어느 순간 영혼을 전향하여 스스로 이름을 바울로 바꾼 것에 빗댈 수 있을 것이다. 동료가 미처 이루지 못한 소망을 실현해주겠다 마음먹은 로메로 신부는 이제 민중 속으로 들어가 독재 권력과 싸웠다. 살해 위협을 자주 받았던 로메로 신부는 평소에 사람들에게 이렇게 말하곤 했다. "그들이 저를 죽이면 저는 엘살바도르 사람들의 가슴에 살아날 것입니다." 로메로 신부는 1980년에 피살됐다. 그가 예고했듯 그는 엘살바도르 사람들의 가슴속에서 부활했다. 산살바도르 대성당에서 그의 장례식이 거행됐을 때 25만 인파가 모여 정부를 향해 침묵 시위를 펼쳤다. 이 평화적인 시위를 정부군이 강제 진압하여 민간인이 50명 가까이 죽었다.

엘살바도르는 12년에 걸친 내전으로 난민 40만 명, 민간 사망 7만 5천 명이라는 엄청난 피해를 입었다. 자신들의 의지와 상관없는 전쟁을 치러야 했다. 미-소 대리전을 뼈저리게 겪어야 했던 한반도의 운명과 엘살바도르의 현대사는 비슷한 점이 많다. 예컨대 게릴라를 없앤다며 천 명이 넘는 민간인까지 몰살한 1981년의 엘모소테 마을 학살은 공산주의 잔존 세력을 색출한다며 죄없는 양민까지 마구 학살한 한국의 4·3 사건과 아주 흡사하다.

한국과 다른 듯 닮은 엘살바도르

소련은 공식적으로는 1991년 12월 25일에 해체됐지만, 그 붕괴는 이미 1980년대에 서서히 진행되고 있었다. 소련이 서서히 무너지는 것을 감지하자 미국은 엘살바도르 내전에 얼마나 관여해야 할지 결단을 내려야 했다. 내전을 조장했던 미국은 이제 발을 빼야 한다는 걸 알았다. 소련의 영향력이 사라진 마당에 내전을 지원하는 건 돈과 시간의 낭비이기 때문이다. 미국이 유엔의 중재라는 명분을 빌려 내전을 끝내고, 1992년에 엘살바도르 내부의 적대 세력 간에 평화 협정이 이루어진 것도 이러한 배경 때문이다.

엘살바도르는 모진 세월을 견뎠다. 그리고 자의든 타의든 엘살바도르에게 과거 청산의 기회가 주어졌다. 그 과정은 대체로 무난하게 이루어졌다. 경제 발전은 뒤졌지만 국가 발전의 이념적 장기 토대를 구축한 것이다. 과거 청산에 해당하는 서구식 표현은 '전환기의 정의Transitional Justice'다. 역사라는 커다란 수레바퀴가 한 바퀴를 돌 때마다 한 주기의 시작과 근접한 끝을 살아가야 하는 인간은 이 전환기를 견뎌내야 한다. 우리는 전환기에 산다. 전환기를 잘 매조지지 못하면 새로운 역사의 주기는 덜컹거리며 시작할 수밖에 없을 것이다. 엘살바도르나 과테말라의 과거 청산 역사를 우리가 곰곰이 살펴 보아야 하는 까닭도 거기에 있다.

History Tip

1969년 엘살바도르와 온두라스 사이에 5일간 전쟁이 일어났다. 1970년 월드컵 예선전을 치른 직후 일어났기에 '축구 전쟁'이라고 불린다. 두 나라 모두 상처만 입고 전쟁을 끝냈다.

파나마: 미국 지배 뒤에 찾아온 중국의 간섭

미국을 등에 업고 콜롬비아에서 독립한 파나마는 이제
중국의 영향력 아래에 놓이게 됐다.

파나마는 미국의 이익과 파나마 토착 세력의 이해 관계가 맞아떨어져 건설된 국가다. 대서양과 태평양을 잇는 관문인 파나마 운하 건설에는 수에즈 운하를 건설한 경험이 있는 프랑스가 1880년에 먼저 뛰어들었으나 2만2천 명에 달하는 인부들이 풍토병에 사망하는 등 모진 조건에 참여한 건설사들이 모두 파산하여 사업이 중단되고 말았다. 콜롬비아 정부는 이 사업에 미국이 뛰어드는 것을 허락하지 않았다. 미국은 우회 작전을 펼쳤다. 콜롬비아의 한 주였던 파나마는 중앙 정부의 영향력이 덜 미치는 외곽 지역이었고 그렇기 때문에 독립 요구가 늘 일어나는 곳이었다. 미국은 독립과 통합이 반복되던 이 지역의 분리주의자들과 결탁했다. 미국이 멕시코에게 텍사스를 빼앗을 때도 그랬듯 자유와 독립을 갈망하는 파나마 민중을 해방시키기 위해 콜롬비아를 무력으로 위협했다. 1903년 11월 3일, 약속된 대로 분리주의자들은 미국의 무력을 등에 업고 콜롬비아를 향해 독립을 선언했다. 콜롬비아는 미국의 군사력 앞에 아무 저항도 하지 못하고 하루 만에 완수된 파나마 독립을 물끄러미 바라만 볼 뿐이었다.

그란콜롬비아공화국에서 쪼개진 콜롬비아, 거기서 쪼개진 파나마

1904년에 재개된 파나마 운하 건설은 1914년에 완료되었다. 미국은 파나마 정부와 갱신이 가능한 장기 계약을 맺고 운하 활용에 대한 대가로 매년 1025만 달러씩 지불하기로 결정했다. 그리고 프랑스 운하 회사에게는 그들이 이미 개발해 놓은 기반 시설에 대한 보상으로 4천 만 달러를 지불했다. 드디어 파나마 운하는 미국 소유가 됐다. 파나마 운하 프로젝트는 단순히 경제적 목적으로 추진된 것이 아니라 대서양과 태평양을 통합하려는 미국의 거대한 군사적 이해 관계가 반영된 기획이다. 운하에는 상선만 지나가는 것이 아니며 초대형 유조선 규모의 전함도 지날 수 있기 때문이다. 1983년에 마누엘 노리에가가 파나마 정권을 장악하자 미국은 철저한 반미주의자 노리에가를 제거하려고 혈안이 되었다. 1989년 미국은 파나마를 공격하여 노리에가를 생포한 다음 마약 유통 혐의를 물어 플로리다 법정에 세웠다. 그는 타국의 한 주에서 징역 40년형을 선고받고 그 주의 한 도시에 수감되었다.

미국에서 벗어나고자 하는 파나마의 바람은 1999년 12월 31일에야 이루어졌다. 모든 소유권이 미국에서 파나마로 반환되었고 연장 협상은 없었다. 그렇지만 파나마 운하는 파나마의 온전한 소유로 남지 못했다. 다른 외국 거대 자본이 미국이 떠난 자리를 비집고 들어왔다. 2006년 기준으로 파나마 운하 이용률을 따져 보면 미국, 중국, 일본, 칠레, 한국 순이다. 미국을 제외하면 파나마 운하를 가장 많이 이용하는 나라는 중국이다. 중국계 기업인 허치슨 왐포아 사는 태평양 쪽의 발보아 항구와 카리

1914년에 완공된 파나마 운하에는 경제적 목적만큼이나 중요한 미국의 군사적 이해 관계가 반영되었다.

브해 쪽의 크리스토발 항구의 운영권을 획득함으로써 향후 25년간 파나마 운하를 지배하게 됐다. 파나마 운하를 건설하면서 노동 인력으로 이주했던 중국인은 파나마 인구의 10퍼센트에 이르는데, 중국 자본이 진출하는 데에 파나마에서 큰 저항이 없었던 것은 그런 인적 구성의 덕도 있다. 파나마 정부는 현재 중국 정부와 운하 확장 계획을 논의하고 있다.

미국에서 서서히 중국을 향하는 경제 패러다임

플라톤의 『국가』 제1권 첫 문장에 소크라테스가 아테네 외곽의 피레우스 항구로 내려갔다는 대목이 나온다. 지중해 해상 교역의 중요한 역할을 담당했던 그리스의 최대 항구 피레우스항은 현재 중국의 투자를 받아 위탁 운영되고 있다. 2008년에 중국 해운업체 코스코퍼시픽은 40억 달러를 지불하고 피레우스항을 35년 동안 운영할 수 있는 권리를 따냈다. 대서양과 접한 지중해의 중요한 길목과 태평양으로 향하는 대서양의 길목을 중국이 통제하기 시작했다. 500년 전 나침반, 화약, 종이를 비롯한 핵심 원천 기술의 보유국인 중국은 대항해 시대의 주역이 될 만한 모든 조건을 구비하고 있었다. 정화가 이끄는 원정대는 명 황제의 명령으로 1405년 이래 세계의 대양을 누볐다. 그러나 세계의 해상 패권을 차지한 주인공은 포르투갈과 에스파냐였다. 모든 준비가 돼 있었음에도 주도권을 갖지 못했던 중국이 마치 분풀이라도 하듯 21세기 해상 패권을 차지하기 위해 분주히 움직이고 있다.

베네수엘라: 볼리바르 정신을 계승하라

나폴레옹이 이베리아 반도를 침입하여 식민 종주국인
에스파냐의 세력을 약화시키자, 식민 지배를 받던 아메
리카 나라들에서는 독립을 향한 의지가 불타올랐다.

베네수엘라는 에스파냐어로 '작은 베네치아'를 뜻하기도 하고 아메리카 원주민 말로 '큰 물'을 뜻하기도 한다. 베네수엘라 국기의 파랑은 드넓은 카리브해를 상징한다. 카리브해에서 멀지 않은 도시 카라카스에서 1783년에 태어난 시몬 볼리바르는 육군 대령 출신 아버지를 둔 부유한 집안의 얌전한 도련님이었다. 일찍 부모를 여의고 나서 일찍 결혼했는데 아내와 사별하는 아픔을 겪었다. 홀아비가 된 19세 청년은 민족주의자인 시몬 로드리게스를 만나 조국 해방과 계몽에 대한 꿈을 키우며 실천가이자 전사로 변모한다. 시몬 로드리게스는 사적 소유를 비롯한 인간 불평등의 조건에 근본적인 회의를 제기한 장 자크 루소의 자연관에 깊이 공감한 계몽주의자였다.

쇠락하는 유럽의 야수, 떠오르는 북아메리카의 맹수

볼리바르에게 영감과 용기를 불어넣어준 역사적 인물 또 한 명은 「인디아스 파괴에 관한 보고서」를 쓴 라스 카사스 신부다. 가톨릭 전파라는 사명을 띤 선교사로서 직무에 충실했던 카사스 신부는 아메리카 원주민에 대한 에스파냐인들의 학살을 목도하며 이 만행을 낱낱이 기록하여 널리 알리기로 결정하며 92세로 사망할 때까지 에스파냐인의 한 사람으로서 반성하고 참회하는 삶을 보냈다. 화가 프란시스코 고야가 〈카를로스4세 가족〉을 그리며 카를로스4세를 마치 무식한 졸부처럼 표현했듯, 1808년에 나폴레옹이 공격하자 에스파냐의 군주 카를로스4세는 무력하게 권좌를 내주었다. 라틴아메리카의 독립 열기도 뜨거워졌다.

볼리바르는 1807년에 독립운동 기구를 출범시킨 것을 필두로 1810년에 독립혁명군과 의회를 발족했다. 영국 의회를 견학하고 돌아와 독립 헌법 초안을 마련했다. 에스파냐 지배에서 벗어나기 위해 라틴아메리카 국가들 중에 최초로 1811년에 독립을 선언했다. 비록 실패로 돌아가긴 했지만 향후 독립 투쟁에 필요한 값진 경험을 얻었다. 매체의 영향력과 대중적 관심의 중요성을 깨달은 볼리바르는 1815년 영국령 자메이카로 피신해 있던 중에 영국 기자에게 이른바 '자메이카 편지'를 보냄으로써 영국 정부의 지지와 유럽인의 관심을 이끌어냈다. 시몬 볼리바르는 말만 앞서는 사람이 아니라 때론 무모하다 싶을 정도로 과감하게 행동하고 실천하는 지식인이었다. 그는 평소 이렇게 말했다. "세상에 아주 멍청한 바보가 셋 있다. 예수, 돈 키호테, 그리고 나." 라틴아메리카를 에스파냐의 손아귀에서 해방시킨 '해방자'라는 영예로운 칭호를 받은 볼리바르의 삶이 47년밖에 되지 않았다는 것이 믿기지 않는다.

라틴아메리카의 정신적 지주, 볼리바르
우파 성향의 대통령 카를로스 페레스는 1989년에 재선된 후 경제를 회생한다는 명분 아래, 45억 달러 차관을 들여오는 조건으로 국내 시장을 미국에 완전히 개방해 버렸다. 이에 반대하는 대규모 반정부 시위가 일어나 진압 과정에서 수천 명이 사망했다. 이때 반정부 혁명을 주도한 인물이 우고 차베스다. 1998년 대통령에 당선된 차베스는 더욱 강력한 반신자유주의 정책을 펼친다. 칠레의 살바도르 아옌데는 미국에 힘없이 당했지만 베네수엘라의 자신은 호락호락하게

시몬 볼리바르의 정신을 계승한 우고 차베스는 대통령 재직 당시 강력한 반(反)신자유주의 정책을 추진했다.

당하지 않겠다며 미국에 도전장을 던졌다. 차베스는 집권 후 석유 산업의 이익을 극빈층에게 분배하는 정책을 펼쳤고 노동자의 최저 임금을 합리적으로 인상했으며, 예산의 20퍼센트를 빈곤과 문맹 퇴치에 할당했다. 쿠바에 석유를 제공하는 조건으로 수준 높은 쿠바 의료 서비스를 들여왔고 전 국민에게 의료 혜택이 골고루 돌아가도록 조치했다. 농지 무상 분배로 1만 가구가 자영농이 되었다. 2002년에 좌파 정권을 축출하려는 우파 세력의 쿠데타가 발생했으나 민중의 힘으로 기사회생했다.

볼리바르가 죽고 나서 '그란 콜롬비아 공화국'은 베네수엘라, 콜롬비아, 에콰도르로 다시 쪼개졌다. 1825년 페루가 해방된 후 페루 남부는 볼리비아로 독립했다. 그렇다고 라틴아메리카 통합을 염원한 볼리바르의

꿈이 깨져버린 건 아니다. 차베스는 2013년 암으로 사망하기 전까지 라틴아메리카 공동체 형성의 기틀을 마련하고 미국 일변도인 세계 정세를 다극화로 바꾸려고 애를 썼다. 볼리바르의 정신을 계승하고 실천하고자 노력했다. 사람들은 특별한 공공 건물이나 사업에 선구자나 위인의 이름을 따서 붙이곤 한다. 베네수엘라 사람들에게 영원한 우상은 시몬 볼리바르다. 볼리바르를 향한 베네수엘라인들의 존경이 가장 극적으로 표현된 곳은 바로 베네수엘라의 국호일 것이다. 베네수엘라의 정식 명칭은 '베네수엘라 볼리바르 공화국Republica Bolivariana de Venezuela'이다.

칠레: 정치에 뛰어든 시인, 파블로 네루다

1970년대의 칠레는 시인이 마냥 아름다움만을 찬미할
수는 없던 시대였다.

1970년에 치러진 대통령 선거에서 칠레 국민은 사회주의자 살바도르 아
옌데를 선택했다. 자신을 마르크스주의자라고 선언한 정치가가 혁명이
아닌 민주적인 절차로 국가 수반의 지위에 오른 역사적 사례는 아옌데가
처음이다. 1970년 대선 당시 아옌데는 자신이 속한 사회당과 비슷한 성
향을 띤 공산당의 유력한 야권 후보와 함께 경쟁하고 있었다. 야권의 후
보 단일화가 이루어지지 않으면 안 될 상황이었는데, 상대 후보의 양보
로 후보 단일화가 성사되었다. 그 후보는 영화 〈일 포스티노〉에도 등장
하는 칠레의 국민 시인 파블로 네루다다.

사회주의자가 되기로 결심한 시인

네루다는 1930년대에 에스파냐 영사로 재직하며 에스파냐 내전을 가까
이에서 겪었다. 1934년 마드리드 강연에서 "잉크보다 피에 더 가까운 위
대한 라틴아메리카 시인"이라고 자신을 칭송했던 동료 작가이자 사상적
동지인 시인 페데리코 가르시아 로르카가 에스파냐 내전에서 파시스트

살바도르 아엔데를 지지하는 칠레 국민들이 행진을 벌이고 있다.

인 프랑코 세력에 맞서 싸우다가 죽었다. 네루다는 깊은 충격을 받았고
사회주의자가 되겠다는 결심을 굳혔다. 1945년에 공산당에 가입하고 상
원의원에 당선된 네루다는 본격적인 정치 활동을 하면서도 시를 계속 썼
다. 사소하든 그렇지 않든 현실의 이야기를 썼다. 민중의 희로애락을 표
현했고 혹독하고 매정한 정치 현실을 작품에 담았다.

　네루다의 양보로 야권 단일화에 성공해 결국 집권에 성공한 대통령 아
엔데는 '사회주의를 향한 칠레의 길'이라는 모토를 정하고 내적으로 빈
부 격차를 해소하고 외적으로는 미국의 영향력에서 벗어나려는 정책을
추진했다. 구리 광산을 국유화하고 토지 개혁을 실시해 대토지를 국유화
한 뒤 농민에게 재분배했다. 가난한 사람들이 혜택을 받을 수 있도록 의
료 체계를 개선했고, 가난한 어린이들에게 우유 무상 배급을 실시했다.

그렇지만 경제 사정은 나아지지 않았다. 사회주의적 정책을 펼치는 아옌데를 괴롭히려고 미국은 구리 비축량을 풀어서 칠레산 구리의 경쟁력을 떨어뜨렸다. 아옌데가 참석한 어느 행사에서 객석에 있던 한 남자가 피켓을 들었다. "이번 정부는 개똥 같다. 그러나 내 정부다." 아옌데는 이 남자에게 악수를 청했다. 그 문구는 당시 칠레 사람들의 정서를 대변한다. 여전히 먹고살기 힘들지만 그래도 아옌데를 향한 믿음은 굳건했다는 점이다. 민중의 대변자 아옌데는 사회주의 정권을 무너뜨리려는 미국 작전에 휘말려 1973년에 암살되었다. 네루다는 이 소식에 충격을 입고 지병이 악화되어 한 달 만에 사망했다. 권력 공백은 미국의 꼭두각시인 피노체트의 쿠데타 정권이 채웠다.

말과 글과 삶이 일치한 위대한 작가

피노체트가 정권을 잡자 미국 시카고대학에서 하이에크와 프리드먼의 이론을 습득한 칠레의 경제학자들The Chicago Boys이 고국에 돌아와 자기 나라를 신자유주의의 임상 실험장으로 활용했다. 공공 지출을 축소하고 공기업과 연금을 민영화했다. 서민의 삶은 피폐해졌고 국부는 소수인 부유층과 해외 투자자들에게 돌아갔다. 2010년 2월에 칠레를 강타한 대지진의 여파로 수많은 사람들이 죽었다. 그런데 사상자 대부분은 허술하게 지은 집에 사는 빈민촌 지역 사람들이었고, 내진 설계가 잘 된 부촌의 피해는 별로 없었다. 빈부 격차는 삶의 질도 결정하지만 이렇게 죽음 여부도 결정한다. 아옌데와 네루다가 바라던 그런 세상은 요원한 듯 보이기도 하지만, 칠레는 아옌데 이후 27년 만에 사회주의 정권으로 복귀했고 신자유주의에 반대하는 사회당 출신들이 2000년 이후 집권하고 있다.

1971년에 노벨문학상을 받은 파블로 네루다.

네루다는 1971년 노벨문학상을 받았다. 노벨문학상은 특정 작품이 아니라 훌륭한 작가에게 주는 상이다. 호세 마르티는 쿠바의 자립을 위해 평생을 헌신한 시인이다. 호세 마르티 기념관에는 이런 문구가 적혀 있다. "억압받는 국가에서 시인으로 사는 유일한 방법은 혁명 전사가 되는 것이다." 네루다는 호세 마르티의 문학관에 가장 근접했다. 노벨상 수상 연설에서 네루다는 이렇게 말했다. "민중을 위한 끝없는 투쟁에 시인이 동참하고자 한다면 땀과 빵과 포도주와 모든 인간의 꿈에 참여하지 않으면 안 됩니다." 네루다는 서재에만 앉아 글을 쓰는 작가가 아니었다. 억압받는 국가에서 시인으로 사는 유일한 길을 용감하게 걸었던 그는 말과 글과 삶이 일치하는 위대한 작가였다.

History Tip

칠레는 지구에서 가장 긴 나라가 아니다. 동서로 가장 긴 나라는 러시아이고 남북으로 가장 긴 나라는 브라질이다. 그렇지만 면적에 견주어 상대적으로 본다면 칠레는 단연 세계에서 가장 긴 나라다. 칠레의 남단과 북단 사이의 거리는 4270킬로미터로 브라질의 4395킬로미터에 조금 못 미친다.

'새똥 쟁탈전'이 태평양 전쟁으로

볼리비아에는 바다가 없다. 정확히 말하자면 뺏겨서 잃어버렸다. 지금은 페루와 칠레가 국경을 접하고 있지만 예전에는 두 나라 사이에 볼리비아가 있었다. 페루와 칠레 사이에 낀 아타카마 사막 지역은 볼리비아 영토이긴 하지만 안데스 산맥이 가로놓여 있어 중앙 정부의 통제가 잘 미치지 않고 실제 생활권은 칠레와 훨씬 가까운 그런 곳이었다. 그런데 이곳을 탐사하던 칠레 광산업자들이 해안 지역과 사막 지역에 대량으로 매장된 구아노(잉카 말로 '똥')와 초석을 발견했다. 구아노는 새똥이 오랜 시간 동안 단단하게 굳어버린 것인데 고급 비료로 쓰인다. 초석은 화약의 원료로도 쓰이는 광물로 비료의 주원료다. 1917년에 하버-보시법이 고안되면서 화학 비료 시대가 열렸지만, 화학 비료가 없던 시절에 인구를 먹여살리는 건 농업 생산력을 좌지우지하는 비료에 달려 있었다. 유럽이 구아노와 초석을 필사적으로 확보하려고 했던 것도 그 때문이다.

1840년대부터 수십 년간 페루 경제를 이끈 주역은 새똥 구아노였다. 영국이 이 새똥 사업에 투자했고 구아노를 가득 실은 배들이 대서양을 오갈수록 페루는 부유해졌다. 페루 정부는 아직 채굴하지도 않은 구아노를 담보로 엄청난 돈을 빌렸다. 그리고 그 돈을 설탕 산업에 모두 투자했다가 망하는 바람에 1876년에 재정 파산을 선포하기에 이르렀다. 페루가 구아노와 초석 산업을 강제로 국유화하자 이미 많은 돈을 투자한 영국의 자본가들이 가만히 있을 리 없었다. 영국은 경쟁국 칠레를 지원하여 페루의 새똥 자원을 차지하려는 우회 전략을 세운다. 영국의 지원이 없었다면 칠레는 페루-볼리비아 연합군에 맞서 감히 전쟁을 벌이지 못했을 것이며 승리하기도 힘들었을 것이다.

1873년에 볼리비아는 페루와 상호 방위 협정을 맺었다. 유사시 서로 군사 지원을 한다는 내용을 담은 이 협정은 물론 껄끄러운 이웃인 칠레를 겨냥한 것이었다. 1878년에 볼리비아는 아타카마 사막의 칠레 회사에 높은 세금을 물리며 이행하지 않으면 모든 사업을 몰수하겠다고 으름장을 놓았다. 정부와 외국인 회사 간 세금 문제가 바로 전쟁으로 바뀌리라곤 볼리비아도 페루도 전혀 예상치 못했을 것이다. 전혀 준비가 되지 않은 상태에서 이듬해 전쟁이 일어났다. 페루-볼리비아 연합군과 칠레군이 맞붙었다. 전쟁은 영국의 지원 아래에서 잘 훈련된 칠레군이 1881년에 페루 리마를 정복하면서 끝났다. 페루와 볼리비아에 걸쳐 있는 새똥 지역을 칠레가 차지하게 됐고 해안 지역을 잃어버린 볼리비아는 내륙국으로 전락했다. 이렇게 태평양으로 향하는 길이 막혀버리자 볼리비아는 대서양으로 가는 길을 뚫기 위해 나중에 파라과이와 전쟁까지 벌이게 된다. 칠레는 승전국으로서 영토 확장과 자원 확보 등 큰 이익을 얻은 것처럼 보였지만 영국과 미국의 이권 쟁탈전에 희생되어 발전은 커녕 심각한 내전으로 빠져들고 말았다. 한때 수백 미터나 됐던 구아노 퇴적층도 이제 대부분 섬에서 수십 센티밖에 남지 않았다. 인간의 소비량이 새들의 배출량을 압도한 지 백 년 만에 고갈을 눈앞에 두고 있다. 에스파냐 침략자들이 물러간 아메리카 대륙에 영국을 비롯한 다른 서구 열강이 진출한 뒤 벌어진 일과 무척 비슷하다.

브라질: 물 자원이 국력이다

물 자원을 확보하는 일은 이제 지하 자원을 얻는 것보다
더 중요한 일이 됐다.

1997년 볼리비아에서 '물의 전쟁'이 일어났다. 국제통화기금IMF의 구제
금융을 받은 볼리비아 정부는 그 대가로 상수도 사업을 민영화하기로 약
속한다. 코차밤바 시의 상수도 운영권을 미국의 다국적 회사 '벡텔'의 자
회사인 '아구아스'가 따냈다. 폭등한 수도 요금과 벡텔 사의 악랄한 단속
활동에 코차밤바 시민들은 시 중앙 광장으로 몰려나와 민영화 철회 시위
를 벌였다. 군경과 대치하고 계엄령까지 선포되는 위기를 겪은 끝에 정
부는 아구아스와 맺은 계약을 파기했다. 볼리비아의 물 전쟁은 물이 공
공재가 아닌 사유재로 전락할 때 어떤 일이 일어나는지 압축적으로 보여
주었다. 그러나 물이 국가 소유라 해도 국가 이상 단위에서는 다시 소유
문제가 발생할 수 있다.

지구상의 물은 늘어나지도 줄어들지도 않는다

볼리비아는 바다가 없는 내륙국이다. 태평양전쟁에서 칠레에게 패하고
바다를 잃어버렸다. 보잘것없는 수준이긴 하지만 볼리비아는 잠수함에

초계함까지 갖춘 해군 4천5백 명을 보유하고 있으며 해발 3천8백 미터의 티티카카 호수에서 기동 훈련도 실시한다. 상징적으로나마 해양 진출을 향한 욕망을 표출하고 있다. 태평양이 막히자 볼리비아는 반대편 쪽인 대서양으로 통하는 길을 개척하기 위해 파라과이 접경인 그란 차코 지역을 호시탐탐 노렸다. 전쟁을 벌였지만 결과는 또 참패였다. 오히려 파라과이에게 영토를 더 빼앗겨 볼리비아 영토는 독립할 때의 60퍼센트로 줄어들게 되었다. 파라과이가 지켜낸 그란 차코 지역은 대서양으로 흘러드는 라플라타 강의 중요한 기점일 뿐 아니라, 거대한 대수층(물을 함유한 암석층)이 형성된 물 자원의 보고다.

지구에 있는 물의 97.5퍼센트는 인간이 먹지 못하거나 활용하기 힘든 짠물이다. 그 2.5퍼센트 물(담수) 중 대부분은 빙하이거나 깊은 지하에 있다. 우리가 활용할 수 있는 지표수는 0.3퍼센트에 불과하다. 물 자원은 점점 줄어드는데 지난 한 세기 동안 세계 물 사용량은 6배가 증가했다. 물 소비는 엄청나게 늘었지만 물의 분배는 격차가 심해서 세계 인구 11억 명 이상이 식수로 곤란을 겪고 있다. 세계보건기구 보고서를 보면 매년 어린이 180만 명이 물 부족이나 오염수 때문에 사망한다.

잠재력만으로 보면 세계 최강인 브라질

21세기에 커다란 번영을 이룰 나라로 브라질이 자주 거론되는 까닭은 바로 물 자원 때문이다. 인간의 생존과 생활에 필요한 세계 담수 중 20퍼센트가 브라질에 있다. 아시아 전체의 담수량과 브라질의 담수량이 같다. 미국의 곡창 지대인 '콘 벨트'가 지표층에 보유한 물의 양보다 브라질의 가장 건조한 지대의 지표층 담수량이 30퍼센트나 많다. 브라질은 나라

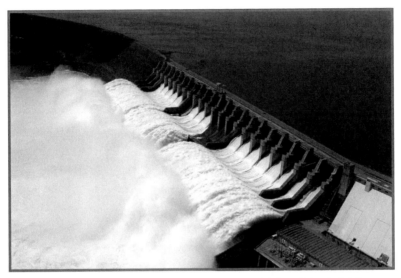

브라질 파라에 있는 수력 발전 시설. 브라질의 담수량은 세계 전체의 20퍼센트에 달한다.

전체가 거대한 물 창고나 다름없다. 브라질의 열대 기후와 기름진 토양은 다른 지역에 비해 사탕수수 재배에 유리하기 때문에 질소 비료를 사용하지 않아도 되므로 생산 비용과 에너지가 훨씬 적게 들어간다. 사탕수수는 설탕의 원료이기도 하지만 석유를 대체할 수 있는 에너지원의 하나인 에탄올을 만들어내는 작물이기도 하다. 브라질은 세계 2위의 사탕수수 에탄올 생산국이다. 브라질은 룰라 대통령 재임 시절인 2006년에 석유 자급자족을 선언했다. 대체할 에너지가 풍부하기 때문이다.

수력이나 풍력 발전 등 공해를 유발하지 않는 청정 전력이 82퍼센트에 달하는 것도 브라질의 미래 경쟁력이다. 북동부 지역의 풍력 발전 에너지 비용은 세계에서 가장 낮다. 청정 에너지원 비율이 11퍼센트에 불과한 미국과 비교해 보면 얼마나 높은 수치인지 알 수 있다. 더구나 1인당 전기 소비량은 미국의 8분의 1에 불과하다. 상파울루 시는 2007년 이후 신축 건물에 태양열 설비를 무조건 갖추도록 조례를 정했다. 그 자신 감은 어디서 나왔을까? 브라질은 태양전지판의 주원료인 규석과 석영이 가장 많이 매장된 곳이다. 석유 자급을 선언했듯 태양광 발전도 자급할 수 있는 조건을 갖추었다. 풍부한 물은 인간뿐 아니라 동식물에게도 좋은 생존 조건을 제공한다. 생물 종 다양성에서 브라질과 견줄 만한 나라는 지구상에 없다. 이것 역시 브라질의 경쟁력이다. 지구상의 물은 새로 생기지도 않고 또 사라지지도 않는다. 다만 쓸모 있는 물이 쓸모없는 물로 변하는 속도는 점점 빨라지는데, 쓸모없던 물이 쓸모 있는 물로 바뀌는 속도는 여전히 매우 느리다는 게 문제일 뿐이다. 물을 물 쓰듯 써온 인류의 관성을 극복하는 데는 적지 않은 세월이 필요할 것이다. 적어도 그때까지 우리는 물 부족에 시달릴 것이며 어쩔 수 없이 브라질에 의존해야 하는 시대가 올지도 모른다.

History Tip

브라질이란 이름의 어원은 '파우 브라지우Pau-Brasil'인데 '붉은 나무'라는 뜻이다. 이 나무의 붉은 색 심은 염료로 쓰인다. 카브랄이 이끄는 원정대는 적도 근처의 무풍지대에 갇혀 있다가 해류에 밀려 우연히 이 광활한 미개척지를 발견했다.

아르헨티나: 파타고니아 거인족의 마지막 전사

원주민 여자와 백인 남자 사이에서 태어난 페론은 원주
민과 하층민의 삶을 먼저 보살핀 지도자였다.

아르헨티나를 떠올리게 하는 유명한 이미지는 축구, 탱고, 그리고 에비타다. 뮤지컬 제작자인 로이드 웨버는 에비타 이야기를 담은 뮤지컬 〈에비타〉를 만들었는데 여기에 〈아르헨티나여 울지 말아요Don't cry for me Argentina〉란 곡도 실었다. 에비타라는 애칭이 더 유명한 마리아 에바 두아르테는 배우 출신 사회운동가이자 아르헨티나의 제41대 대통령 후안 도밍고 페론의 부인으로서 아르헨티나 국민이 가장 사랑하는 인물이다. 알란 파커 감독이 연출한 영화 〈에비타〉의 주인공으로 마돈나가 정해지자 실제 에바와 이미지가 맞지 않는다며 아르헨티나 국민 대다수가 영화의 현지 촬영을 반대한 일화는 에비타가 아르헨티나 국민에게 얼마나 각별한 존재인지 잘 설명해 준다.

민중의 마음을 사로잡고 민중의 아픔을 위로했던 여인

에바는 사회운동가로 유명했다. 대지진 참사의 구호 성금을 모금하는 자리에서 연설하는 에바의 모습에 반한 후안 페론은 자기 인생의 반려자이

아르헨티나 국민들이 가장 사랑하는 에바 두아르테. 에바의 연설은 후안 페론이 대통령이 되는 데 큰 역할을 했다.

자 정치적 동지가 돼주기를 청했고 그 소원은 이루어졌다. 후안 페론이 정치가로서 입지를 넓혀가는 과정에서 최대 위기는 그의 출신 성분이었다. 후안 페론은 의사 지망생인 백인 남자와 원주민 소녀 사이에서 태어났는데, 어머니가 원주민이라는 사실을 속인 것 때문에 공문서 위조 혐의로 공직이 박탈되는 정치적 위기에 처했다. 에바는 아르헨티나 민중을 위해 헌신해 온 후안을 구해달라며 민중에게 호소했다. 에바의 구명 운동은 대중적 지지를 이끌어 냈다. 수감 8일 만에 석방된 후안은 에바와 함께 30만 인파의 환영 인사를 받았다. 국민의 열렬한 성원 덕에 그는 1946년에 대통령에 당선됐다.

파타고니아는 아르헨티나와 칠레에 걸쳐 있는 평원과 고원 지대를 일컫는다. 파타고니아라는 이름은 마젤란 원정대가 거인족이라고 묘사했던 원주민들을 가리키던 파타곤patagón에서 비롯됐다. '큰 발을 지닌 사람들의 땅'이란 뜻이 담긴 파타곤은 평균 키가 155센티미터에 불과했던 에스파냐 사람들이 평균 키가 180센티를 훌쩍 넘는 테우엘체 족을 가리켰던 말이다. 테우엘체족은 기골이 장대하여 이들을 처음 본 유럽인들은 하나같이 겁을 먹었다고 한다. 183센티의 키를 지닌 펜싱 선수 출신 후안 페론은 테우엘체족의 후손답게 사관 학교 시절부터 건장한 체구로 유명했다. 테우엘체족인 어머니 후아나 소사 톨레도 여사는 어린 후안에게 이렇게 말했다고 한다. "테우엘체 전사의 후예답게 자긍심과 용기를 잃지 말아라."

아들 앞에 모습을 드러내지 않은 원주민 어머니

후안 페론이 대통령에 당선된 다음 가장 먼저 실시한 정책은 약자를 보호하는 법률을 제정하는 일이었다. 노동자 권리를 보장했고 원주민 보호국을 설치했다. 용감하고 정의로운 테우엘체족의 전사답게 약자를 위해 싸웠다. 그렇지만 후안의 어머니는 정치가인 아들이 자기 때문에 곤란한 일을 겪을까봐 외진 시골에 숨어 살았다. 테우엘체족은 아메리카 원주민 말살 정책을 추진한 독립 초기의 아르헨티나 정부에 맞서 싸우면서 수가 많이 줄었다. 1897년부터 대대적으로 펼쳐진 대통령 훌리오 로카의 정책 때문에 낙후된 원주민 거주 지역은 절멸 상태에 이르렀다. 현재 아르헨티나 국민은 대부분 백인으로 구성돼 있으며 테우엘체족은 겨우 5천 명 정도 남았다.

과도한 사회 보장 정책을 펼쳤기 때문에 경제 침체를 자초했다는 비판도 받았지만, 페론은 노동자와 농민이 사람답게 살 수 있는 조건을 마련하기 위해 지방 토호 세력과 기득권 세력에 맞서 용감히 싸운 인물이다.

부의 재분배가 그렇게 잘 이루어진 시기는 아르헨티나 역사상 없다. 먼 나라의 일로만 여겼던 '중산층'이라는 생소한 개념이 아르헨티나에 자리잡도록 만든 인물도 페론이다. 큰 발을 지닌 테우엘체족의 마지막 전사 페론은 아르헨티나 역사에 큰 발자국을 남겼다. 그리고 전사의 아내 에바는 후안 페론 정부가 사회 복지 정책을 마련하는 데 큰 역할을 했다. 사람들은 이 여인을 '후안과 대중을 이어주는 사랑의 가교'라고 일컬었다. 아르헨티나 국민의 사랑을 한몸에 받았던 에바는 암을 이기지 못하고 "아르헨티나여 울지 말아요"라는 말을 남긴 채 33년이라는 짧은 삶을 마감했다. 후안 페론 정부에 대한 역사의 평가는 여전히 진행형이지만, 경제 위기를 겪으면서도 페론식 정치인 페론주의는 계속 아르헨티나 국민의 선택을 받고 있다. 2007년 이래 집권하고 있는 크리스티나 페르난데스 역시 페론주의자다.

History Tip

2008년 5월 23일 브라질리아에 라틴아메리카 12개국 정상이 모여서 남미국가연합 UNASUR, Unión de Naciones Suramericanas을 발족했다.

'철의 여인'을 강철로 만들어 준 포클랜드 전쟁

후안 페론 이후 정권을 잡은 군사통치위원회는 1976년부터 1983년까지 '국가 재건'이라는 명분 아래 잔혹한 공포 정치를 펼쳤다. 그러나 역사는 이 국가 재건 시기를 '더러운 전쟁'이라고 기록한다. 페론, 사회주의, 공산주의, 체 게바라 같은 말을 떠올리는 사람은 누구든 색출과 탄압 대상이 되었다. 무고한 시민 3만 명이 죽거나 실종됐고 200만 명이 아르헨티나를 떠났다. 국내 에 가득찬 불만을 해소하는 현명한 방법을 찾지 못할 때 지배자가 택하는 수단이 전쟁이다. 아르 헨티나 정부는 수십 년간 영국이 실질 지배하고 있는 말비나스 섬(영국명은 '포클랜드 섬')에 군대를 파견해 점령해 버린다. 영국은 중무장한 군대를 급파한다. 엘리자베스2세의 둘째 아들인 앤드루 왕자도 이때 헬기 조종사로 참전했다. 영국군 250명, 아르헨티나군 1000명이라는 사상자를 낸 이 전쟁은 75일 만에 아르헨티나의 항복으로 종결됐다.

포클랜드 전쟁 패배 탓에 아르헨티나 군사 정권의 지배력은 크게 흔들렸고, 포클랜드 전쟁 승 리 덕에 영국의 수상 마거릿 대처 정권의 지배력은 더 강해졌다. 대처는 이 전쟁의 최대 수혜자 였다. 대처는 미국 대통령 레이건과 더불어 신자유주의 경제 정책을 강력하게 시행한 인물이다. 광산 노조의 파업에 단호하게 대처하여 굴복시킨 후에 '철 같은 여인'이라는 별명을 얻었다. 신 자유주의 체제의 무한 경쟁에서는 최강자에게 가장 많은 혜택이 돌아갈 수밖에 없으므로 필연 적으로 빈부 격차가 심화되고 소규모 토착 산업은 시장에서 퇴출된다. 전 세계의 농민과 노동자 들이 신자유주의 반대 시위에 나서는 것도 그 때문이다. 포클랜드 전쟁을 치른 영국 국민은 성장 과 국부 증진을 선택했다.

대처는 시장의 자유 경쟁을 촉진하여 부를 창출하는 것을 지상 과제로 삼았기에, 부의 재분배 를 우선시하던 기존 제도를 많이 뜯어고쳤다. 대처는 기업 활동을 촉진하고자 노동쟁의에 단호 하게 맞섰다. 대처 집권 이전의 영국에는 연 소득 2만 파운드(약 4천만 원) 이상 납세자 중에서 금융 상품에 투자해 돈을 번 이들에게 최고 98퍼센트까지 세금을 부과할 수 있는 법이 존재했다. 이 비율은 대처 이후 40퍼센트로 인하되었다. 더 많이 벌수록 더 많은 세금을 내는 누진세 제도도 고소득자에게 유리하게 완화되었다. 대처의 경제 정책은 마이너스이던 영국의 경제성장률을 플러스로 돌려 놓았다. 영화감독 켄 로치는 공기업을 민영화하는 데 적극적이었던 대처의 정책을 이렇게 비꼰 적 있다. "대처의 장례식을 경매에 부쳐서 최저가로 입찰한 업체에 맡기자. 그가 생전에 그랬던 것처럼 말이다."

아르헨티나와 영국이 포클랜드 전쟁을 벌일 때 미국은 어느 편을 들었을까? 유럽과 아메리카의 상호 불간섭 원칙을 천명한 먼로주의에 따르자면 영국이 지배하고 있는 포클랜드 섬은 아르헨티나 영토로 되돌아가는 게 맞다. 아르헨티나와 맺은 리오 조약에 따르면 미국은 같은 아메리카 대륙의 일원인 아르헨티나를 도와야 할 의무가 있다. 그렇지만 미국은 우방인 영국과 등을 돌릴 수도 없었다. 난처한 상황에서 미국은 명분보다는 실질적으로 도움이 되는 쪽을 택했다. 리오 협정서는 휴지가 되었다. 광활한 영토와, 풍부한 자원, 결속력 높은 인구는 초강대국이 될 수 있는 좋은 조건이다. 2001년 12월에 국가 재정 파산을 의미하는 '채무 불이행(디폴트)'을 선언한 아르헨티나는 광활한 영토와 풍부한 자원과 결속력 높은 인구를 지녔지만 군부 독재가 그중 하나를 망가뜨려 버렸다.

3장 – 세계의 오늘과 내일

인종 차별: 킹 목사의 꿈과 맬컴 목사의 악몽

악을 저지르는 백인도 본성은 선할 거라고 믿은 킹 목사
의 생각이 조금씩 변하기 시작했다.

와스프WASP, White Anglo-Saxon Protestant는 개신교를 믿는 앵글로색슨족 백인을 지칭하는 용어로 미국 사회의 실질적 지배 계급을 가리킨다. 앵글로색슨족은 브리튼 섬('문신을 한 사람들이 사는 곳'이라는 뜻으로 영국 지역을 가리키던 말) 일대를 지배한 게르만족의 한 부류다. 개신교도를 가리키는 프로테스탄트는 가톨릭의 권위와 신성로마제국의 영향력에 저항protest했던 신교도 세력을 부르는 명칭이었다. 와스프 계급은 주로 명문 대학이라는 통로로 세습을 진행하며, 대를 이어 고위 관료를 배출한다.

자수성가한 백인들의 철저한 보수주의

기득권을 독점한 백인들은 혈통의 순수함을 고수하기 위해 '한 방울 원칙'이란 것을 고안했다. 피부색이 백인에 가까운 사람이라 해도 흑인의 피가 한 방울만 섞여 있으면 흑인으로 분류된다. 외모만 보면 백인에 가까운 가수 머라이어 캐리도 분류상 흑인이다. 라틴아메리카에서는 당연히 백인으로 여겨지던 사람들이 미국에서는 갑자기 흑인으로 둔갑한다.

유색 인종 비율이 50퍼센트가 넘는 브라질에서 설문 조사를 하면 자신을 흑인이라고 여기는 이는 5퍼센트에 불과하다. 미국을 가리켜 보통 인종의 용광로melting pot라고 부르곤 하는데, 더 적절하게 비유하려면 인종의 샐러드 그릇salad bowl이라고 불러야 할 것 같다. 재료들이 다 녹아드는 것이 아니라 백인이라는 양상추와 기타 채소들이 한 가지 양념으로 얼기설기 섞여 있기 때문이다.

아프리카에서 짐짝처럼 배에 실려 아메리카 대륙으로 배달돼 온 흑인 노예들은 모진 조건 속에서 꿋꿋하게 살아 남아 결국 제도상 평등을 이루어냈지만 실질적 평등을 실현하는 것은 여전히 요원하다. 흑인 민권 운동의 상징은 마틴 루터 킹 주니어 목사가 1963년 8월에 노예 해방 100주년을 기념하여 펼친 연설인 "내게는 꿈이 있습니다"인데, 이 연설만 알고 그치면 우리는 흑인 민권 운동을 반만 아는 셈이다.

온화한 기독교 통합주의자인 마틴 루터 킹은 언제나 투쟁보다는 협상과 대화를 강조했고 행정부와 극한 대립을 보인 적도 없다. 과격한 이슬람교 민족주의자인 맬컴X는 여러모로 마틴과 상반된 인물이다. 마틴이 미국의 '꿈'을 강조했다면 맬컴은 미국의 '악몽'을 강조했다. 마틴이 정부와 동맹을 맺어야 한다고 주장한 반면 맬컴은 정부를 적으로 간주했다. 마틴이 노벨평화상을 수상했을 때도 맬컴은 "적들이 걸어둔 평화 메달 때문에 옴짝달싹하지 못하면 다른 대장을 찾아야 한다"라며 경계심을 늦추지 않았다. 유명한 연설인 "투표권이 없다면 발포권을The Ballot or the Bullet" 역시 법률상 평등한 조건을 쟁취하지 못하면 무력 투쟁도 감수해야 한다고 역설하는 내용을 담았다. 가수 텅 포레스트가 1997년에 발

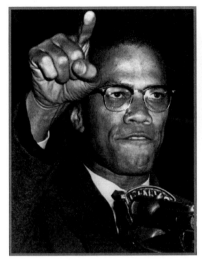

흑인 민권 운동을 전개한 두 사람. 대화와 협상을 강조한 마틴 루터 킹(우)과 급진적인 무력 투쟁을 주장한 맬컴X(좌).

표한 노래에 이런 대목이 있다. "나는 태어날 때도 검고 아플 때도 검고 죽을 때도 검다. 당신네 백인들은 태어날 때는 분홍빛이었다가 아플 때는 푸르스름해지고 죽을 때는 잿빛이다. 그런데 우리더러 유색 인종이라고?" 아메리카 원주민인 오글라라 라코타 족의 어느 추장이 처음 한 말이라고 알려진 저 문구를 맬컴은 가끔 인용했다.

투쟁 방법은 달랐지만 같은 이상향을 지향했던 두 위인

마틴과 맬컴은 1964년 3월 시민권 법안 공청회에 참석하면서 처음이자 마지막으로 만났다. 둘은 어떤 경계심도 없이 서로 온화한 눈빛을 주고받으며 차분하게 몇 마디를 나누었다. 이 짧은 만남은 이 둘이 경쟁자가 아니라 같은 목적을 향해 전진하는 동지임을 확인시켜 주었다.

"내게는 꿈이 있습니다" 연설이 있은 지 불과 보름 뒤에 백인 인종주의자들이 벌인 테러에 흑인 소녀 4명이 무참히 희생되었을 때도, 모든 사람의 천성은 선하다고 믿은 온건주의자였던 마틴 목사는 대화와 협상이 우선이라는 자신의 태도를 바꾸지 않았다. 1965년 어느 날 연설을 하던 맬컴X가 암살됐다. 급진파는 지도자를 잃었다. 1967년 마틴은 크리스마스 이브 연설에서 이렇게 말했다. "지금 저는 고백을 해야겠습니다. 꿈이 악몽으로 변해가고 있음을 깨달았습니다. 저야말로 기약 없는 꿈과 꺾여버린 희망의 피해자였던 것입니다." 기존의 입장을 접고 투쟁에는 투쟁력이 필요하다는 점을 뚜렷이 역설했다. 1964년 7월 2일에 민권법이 통과된 이래 적어도 법률상 흑백 차별은 사라졌다. 백인만 출입할 수 있던 식당에 흑인도 떳떳하게 출입할 수 있게 됐다. 그렇지만 가난한 흑인들 대다수는 여전히 비싼 백인 식당에 가지 못한다. 갈 수 있지만 갈 수 없는 역설적인 상황은 지금도 비슷하다.

성 차별: 여전히 멀기만 한 양성 평등

> 페미니즘 운동은 언젠가 사라질 것이며 또 사라져야 한다. 보편적 인권이 신장되면 하위 범주인 여성 해방 운동도 필요없기 때문이다.

우리가 읽는 역사는 대부분 남성 역사가에 의해 기록된 남자들의 이야기다. 그나마 각 분야에서 두각을 보인 여자들의 이야기마저도 그저 역사책에 부록처럼 수록되었을 뿐이다. 간혹 여성이 권력의 중심으로서 역사의 전면에 등장하기도 했지만 그들이 여성의 권익을 높이기 위해 기울인 노력은 매우 적다. 이집트의 클레오파트라나 당의 측천무후, 영국의 엘리자베스1세처럼 최고 권력의 정점에 오른 여인들 역시 어디까지나 특이한 자질을 갖춘 개인이지, 여성이라는 정체성을 대변한 인물은 아니다. 20세기에 접어들어서야 인류 역사상 가장 오래 되었으면서도 가장 늦게 주목을 받은 인권 운동이 탄생한다. 여성 해방 운동인 페미니즘이다.

인권이라는 더 넓은 범주로 보아야 할 페미니즘

여성 해방 운동은 전쟁과 깊은 연관을 맺곤 했다. 1차대전이 벌어지자 세계는 전쟁에 휘말렸다. 남자들이 대거 전장에 투입되자 그 빈자리를 여자들이 채우기 시작했다. 1918년 영국과, 1920년 미국에서 여성 참정권이 보장된 것은 그 때문이다. 전쟁에 기여한 대가로 비로소 여성의 권리는 오랜 침묵을 깨고 전면으로 세상에 나왔다. 5천년 인류 문명사의 끝자락에 이르러서야 양성 평등이 겨우 제도적으로 확립되었다.

19세기에 성 불평등이 사회 문제로 제기된 이래 이런 현상을 타파하기 위한 여성의 자발적 노력이 다방면에서 벌어졌다. 1960년대 프랑스 작가 시몬느 드 보봐르는 〈제2의 성〉이라는 작품으로 여성 해방 문제를 세계에 알렸다. 1970년대에는 베티 프리단이 유럽에 비해 낙후돼 있던 미국의 여성 해방 운동에 불을 붙였다. 각종 공문서에서 개인을 가리키던 단어 '맨man'이 '퍼슨person'으로 바뀌기 시작한 것도 이때다. 1893년 뉴질랜드 의회는 세계 최초로 여성에게 총선거 투표권을 부여했고, 1906년에는 핀란드가 그 뒤를 이었다. 쿠웨이트는 2005년이 돼서야 여성 참정권을 보장하는 법안을 통과시켰다. 여성이 자동차나 보트나 비행기를 모는 것도 법률로 금지하던 국가인 사우디아라비아 역시 이슬람권에 불고 있는 개혁 분위기 속에 2011년에 국왕이 여성의 참정권을 보장하겠다고 선언하기에 이르렀다. 1990년대를 기준으로 전 세계 입법 기관에 진출한 여성의 비율은 10퍼센트에 달했지만 그렇다 하여 성 평등이 잘 실현되고 있는 것은 아니다. 결혼, 이혼, 상속 등 재산과 관련된 영역에서는 여성에게 불리한 법 조항이 여전히 많이 남아있다.

여자다움과 남자다움이 미덕이 된 사회

페미니스트는 신체의 차이보다는 젠더Gender, 즉 사회적 성별을 문제삼는다. 여자와 남자는 생물적 차이를 지닌 채 태어나는데, 사회가 만들어 낸 성별인 남성다움과 여성다움이라는 개념이 차별을 만든다. 계집아이에게는 인형을 주고 사내아이에게는 축구공을 주는 것이 마치 자연스러운 것처럼 교묘하게 사회적 조작을 한다는 말이다. 젠더 개념은 매우 강력해서 여성 자신을 옭아매는 족쇄가 되기도 했다. 차도르나 히잡 같이 신체를 가리는 엄격한 복장 규제가 여전히 남아 있는 이슬람권의 여성이 풀어야 할 과제는 보수적인 여성 그 자체다. 무슬림 페미니스트 자흐라 라흐나바르드는 이렇게 주장했다. "좋은 아내와 좋은 어머니가 되는 것이 여성이 자유와 해방에 이르는 길이다."

당파나 기득권에 얽매이지 않고 자유와 고결한 신념에 따라 평화를 향해 나아가는 것, 이것은 여성 해방 운동이 지향하는 이상이다. 이러한 상징이 가장 잘 드러나는 캐릭터는 고대 그리스의 소포클레스 희곡에 등장하는 안티고네다. 안티고네는 독선에 가득찬 통치자 크레온에 맞서 당당하게 한 인간의 존엄에 관해 역설한다. 이 여인은 크레온이 내전에서 죽은 오빠의 시신을 매장하지 못하게 하자 죽음까지 무릅쓴 채 시체를 매장한다. 권력자의 강제 명령이 자연과 생명의 뜻이나 자신의 도덕적 의무보다 앞서선 안 된다는 이유에서다. 결국 안티고네는 자신의 목숨까지 바쳐가며 신념을 관철한다. 이 때문에 안티고네는 문학과 신화의 세계를 넘어 여성 운동의 시발을 상징하는 여성상으로서 평가받기 시작했다. 현대의 여성 운동 역시 여성의 권익 향상에만 머무는 것이 아니라 폭력과 전쟁을 종식하려는 평화 운동으로 확대되었다.

1988년에 이스라엘이 팔레스타인 영토를 무력으로 빼앗자 이에 반대하는 이스라엘 여성의 시위가 일어났다. 이 운동은 나중에 핵무기 반대, 반전 시위로 확장되었다. 검은 옷을 입은 여자들이 침묵한 채 시위하는 이 운동은 '위민 인 블랙Women in Black, WIB'이라고 불리며 지금까지 이어지고 있다. 이 시위 과정에서 유일하게 말을 하는 사람은 팻Pat이라 불리는 진행 요원인데 그중 한 명이 이렇게 말한 적 있다. "우리는 침묵할 겁니다. 그러나 침묵 당하지는 않을 거예요."

History Tip

프랑스 영화감독 뤽 베송은 영화 〈잔 다르크〉(1999)를 민족을 구원하는 영웅의 이야기가 아니라 여성을 유린하는 남성 전쟁광들에게 복수하는 이야기로 연출했다.

종교 갈등: 이데올로기 갈등이 문명 대립으로

팔레스타인 토착민을 내쫓고 독립 국가를 세운 유대인
들은 그저 오랜 세월 빼앗겼던 땅을 되찾았다고 여겼다.

20세기 후반의 역사를 규정하는 중요 개념 중 하나는 이데올로기의 대립
이다. 그런데 그리스도교 원리주의자인 새뮤얼 헌팅턴은 『문명의 충돌』
에서 서구 그리스도교 세계에 대한 이슬람 문명의 위협을 현대의 위기로
진단했다. 두 문명이 가장 격렬하게 충돌한 상징적 사건은 9·11 사태이
며, 20세기 이래로 현재까지 두 세력의 끊임없는 긴장과 갈등이 일어나
는 곳이 팔레스타인이다. 풀기 힘든 국제 문제 가운데 하나인 이스라엘-
팔레스타인 문제는 유대교와 이슬람교의 대립을 넘어 범 그리스도교 세
력과 범 이슬람 세계의 충돌 양상으로 발전했다.

같은 신을 믿고 같은 성지를 공유하는 세 종교

영국은 1830년대에 처음으로 유대인 국가의 창건을 지지했다. 프랑스
를 견제하며 중동과 인도로 통하는 주요 교역로를 확보하려는 자국의 이
해와 맞아떨어진 것이다. 로마제국의 박해로 인해 팔레스타인 땅을 떠난
이래 세계 여러 지역으로 뿔뿔이 흩어져 살고 있는 유대인 이산민들에게

1917년 영국 외무장관 밸푸어가 팔레스타인에 유대인 민족 국가를 세우는 것을 지지하자 미국의 유대인들이 기념 행진을 하고 있다.

민족국가 건설의 야망을 지핀 결정적 계기는 1896년 유대인 저널리스트 테오도어 헤르츨이 『유대인 국가』를 펴낸 일이었다. 『유대인 국가』에서 헤르츨은 국제적인 반유대주의에 대항하는 일은 무의미한 것이며, 핍박에서 벗어날 수 있는 유일한 길은 유대인들이 단결하여 2천년 유랑 생활을 청산하고 정착 국가를 재건하는 일이라고 역설했다. 출간의 반향에 힘입어 헤르츨은 이듬해 세계 시온주의자 기구를 창설했다.

1차대전이 진행되면서 방대한 오스만제국은 몰락하고 있었으며 영국은 팔레스타인 진출을 향한 끝없는 집착을 보여주었다. 시온주의자들의 결정에는 이러한 배경이 있다. 서구 유럽의 금융권을 지배했던 유대인의 자금력은 이 막연한 꿈을 실현 가능한 구체적 계획으로 바꾸어놓았다. 유대인 자본가들은 1914년까지 10만 에이커(약 400km², 축구장 4만 개에 해당)에 달하는 팔레스타인 땅을 사들였다. 유대인 자본을 적극 끌어들이고자 한 영국 정부는 1917년 11월 2일 외무장관 밸푸어의 명의로 유대 공동체의 저명인사인 로스차일드 경에게 보내는 편지 형식의 글을《런던 타임스》에 게재함으로써 유대 국가 건설을 국가 차원에서 공식 지지했다. 역사학자 월터 라케르의 말처럼, 세계 지도에 더 이상 빈 공간이 없을 때 국제 무대에 등장했다는 것이 시오니즘의 비극이었다. 팔레스타인의 비극이기도 했다. 당시 팔레스타인 지역에 살고 있는 아랍인들에게 유대인들의 대량 유입은 달가운 일이 될 수 없었다. 팔레스타인 사람들은 계속 외곽인 사막 지역으로 밀려났다.

아직 누구도 찾지 못한 해결책, 팔레스타인 갈등

1947년 11월 29일, 국제연합 총회는 팔레스타인 지역의 갈등을 풀기 위해 영토의 56퍼센트를 유대인에게 44퍼센트를 아랍인에게 각기 분할 양도하고, 예루살렘을 국제도시로 만들어 국제연합의 관리 아래에 두기로 결정했다. 아랍인들이 유대인 독립 국가 건설을 받아들이지 않아서 전쟁이 일어났다. 이스라엘의 승리로 끝난 이 전쟁에서 이스라엘은 오히려 국제연합의 결정보다 더 넓은 영토를 점유하게 되었다. 팔레스타인해방기구PLO는 야세르 아라파트의 주도 아래 조직을 재정비하고 대 이스라엘 전쟁을 선언했다. 석유수출국기구OPEC의 12개 회원국 중 9개국이 이슬람 국가였다. 석유수출국기구는 1973년 이스라엘을 지원하는 국가에 대한 석유 수출을 금지했으며 오일쇼크가 세계를 강타했다. 서구 언론은 오일쇼크를 계기로 돈만 밝히는 사악한 아랍인의 이미지를 열심히 전파했다. 이스라엘과 중동 국가들의 분쟁은 그리스도교 세계와 이슬람 세계의 대리전 양상을 띤다. 이스라엘은 20세기 중반까지는 중동 지역을 관할하려는 영국의 전초기지였으나 그 이후에는 미국의 첨병 역할을 맡게 된다.

유대교와 그리스도교, 그리고 이슬람교는 같은 뿌리, 같은 성지를 공유하면서도 믿음의 방식은 각기 다르며 이것이 갈등의 원인이다. 그리스도교는 유대인의 선민 사상을 거부하며, 이슬람교는 예수를 메시아로 보지 않는다. 그들에게 예수는 여러 선지자 중 하나일 따름이지 신은 아니다. 토라, 성서, 꾸란에는 하나같이 관용과 배려를 강조하는 문구들이 있지만 현실은 그렇지 않다. 유대교, 그리스도교, 이슬람교를 믿는 이들이 평화롭게 공존하는 시대가 과연 올 수 있을까? 과거가 미래를 비추는 거울이라면 그런 시대가 올 확률은 그저 희박하다고 말할 수밖에 없다.

뉴미디어 : 텔레비전과 인터넷이 바꾼 심성 구조

> 메시지가 메신저보다 일찍 도착하는 것은 꿈 같은 일이
> 었다. 전신의 등장은 어찌 보면 인터넷 등장보다 더 획
> 기적인 사건이다.

텔레비전은 대항해 시대의 세계 교역처럼 대륙 간 국가 간 거리를 좁히면서 공간의 한계를 무너뜨렸고 지구 반대편의 사건을 실시간으로 전하면서 시간 한계까지 극복했다. 20세기 말에 대중화된 인터넷은 시공간 한계의 극복은 물론이고 새로운 시공간까지 창조했다. 1991년 뉴스 전문 방송 CNN은 걸프전을 전 세계 안방에 스포츠 중계하듯 내보냄으로써 텔레비전의 위력을 보여주었다. 우리가 진정한 지구촌에 살고 있음을 각인시켰다. 2002년 미국이 이라크를 침공했을 때 이라크 청년 살람 파크는 블로그에 전쟁의 실상을 일기 형식으로 실어 전 세계에 알렸다. 1인 미디어 시대의 개막을 알리는 상징적 사건이다. 인터넷 대중화는 이렇게 매스미디어가 독점하던 보도 기능을 개인들이 나눠 갖도록 만들어 주었다.

메시지를 꼭 전령이 들고 가야 할까?

구텐베르크 이전 시대에는 필경사들이 일일이 손으로 중요한 문서를 복제했지만, 인쇄술이 발명된 이후에 사람들은 더 이상 필사처럼 느리고

비효율적인 복제 방법에 의존할 이유가 없어졌다. 누구나 일정 금액만 지불하면 수백 수천 권에 달하는 복제 문서를 간편하게 만들고 배포할 수 있게 되었다. 구텐베르크 인쇄술 발명 후 50년 동안 생산된 책의 양은 그 이전 1000년 동안 필경사들이 만든 양과 비슷하다. 저작권copyright이라는 말은 이때 생긴 것으로 복제하는 권리라는 뜻에서 파생됐다.

전보 같은 전신電信의 등장으로 메시지가 메시지 전달자의 속도를 추월함으로써 세상에 놀라운 충격을 주었다. 전자 미디어 시대가 열린 것이다. 사고의 실록 하나가 불타 없어지더라도 다른 사고의 실록에 의해 정보가 보존되듯, 미 국방성은 혹시 한 곳이 타격을 입더라도 전체 네트워크 시스템에는 그다지 큰 위협을 주지 않는 그런 네트워크 시스템을 구축하고자 애썼다. 그 결과물이 바로 국방성 통신 시스템인 아르파넷 ARPANET이며 이것이 인터넷의 효시다. 그물코 하나가 끊어져도 고기를 잡는 데는 큰 지장이 없다. 다른 그물코들이 그 역할을 조금씩 나눠 부담하면 되기 때문이다. 이것이 분산화 원리다.

정보 혁명은 밝은 면뿐 아니라 정보화 사회의 어두운 그늘도 드리웠다. 우선 감시 시스템이 일반화된 일을 들 수 있다. 공리주의 창시자 제러미 벤담은 중앙 감시 체제인 파놉티콘(Panopticon, 한눈에 본다는 뜻)을 감옥, 병원, 학교, 공장, 회사에 두루 적용하여 사회 효율성을 높여야 한다고 주장했다. 이 원형 건축물은 중앙의 한 점에서 각 수용실을 보는 형태로 된 벌집과 같다. 중앙에 탑을 세워 감독관들은 수감자에게 잘 보이지 않으면서 수용실 전체를 구석구석 감시한다. 감독관이 자리에 없더라도, 이를 확인할 수 없는 수감자들은 감독관이 있다고 여겨 실제 자리에 있는 것 같은 효과를 낸다. 고속도로에서 무인속도측정기를 보고 자발적으로 자동차 속도를 줄이거나, 범법 행위를 촬영하여 자발적으로 신고하는 시민들이 늘어나는 것 등이 바로 파놉티콘이 노린 효과다. 벤담이 제안한 파놉티콘은 정보화 혁명과 더불어 실현되고 있다. CCTV는 갈수록 증가하고 있으며, RFID(위치 정보를 알려주는 전자 꼬리표)와 같은 추적 기술 역시 꾸준히 보급되고 있다. 이런 미디어가 사람을 통제하고 감시하는 수단으로 활용될 여지는 충분하다.

경제협력개발기구OECD는 인터넷이 대중화되기 전인 1980년에 이미 정보 관리에 관한 권고안을 마련했는데 그 핵심은 개인이 자신의 정보를 통제할 수 있어야 하고, 작성한 것을 수정하거나 파기할 수 있어야 한다는 점이다. 개인 정보는 개인의 것이다.

자기 정보는 자기 스스로 통제 가능해야

중세의 질곡에서 벗어나 근대의 시작을 알린 건 자유롭고 평등한 개인, 즉 주체의 등장이었다. 우리는 텔레비전과 인터넷이라는 강력한 미디어까지 갖춘 개인이다. 우리는 도구의 노예가 되는 생활 습성을 벗어던지고 진정한 주체성을 회복할 수 있는가? 그게 우리의 과제다. "책이 너무 많아 엄청난 혼란 가운데 있다! 사방이 출판의 바다로 가득차 있고 바다의 대부분은 거품으로 덮여있다."(니콜라스 카, 『생각하지 않는 사람들』) 이 구절은 17세기의 에스파냐 극작가가 남긴 글로 구텐베르크 시대의 전성기를 엿볼 수 있게 한다. 책 대신 신문이나 라디오, 텔레비전이나 인터넷을 넣으면 시대별로 다 뜻이 통한다. 미디어는 단순한 정보 유통 수단이 아니라 사용자의 사고를 지배하고 형성하는 삶의 필수 도구다. 텔레비전과 인터넷이 현대인에게 끼친 중대한 악영향은 텍스트 읽기 능력을 심각하게 떨어뜨렸다는 점이다. 훑어보는 것에 길들여진 현대인은 깊이 있게 읽는 능력을 상당 부분 상실했다. 이것이 전자 미디어에 둘러싸인 현대인이 풀어야 할 그다음 과제다.

History Tip

외계인이 존재한다면 그들이 가장 먼저 보게 될 영상은 아마도 1936년 베를린 올림픽일 것이다. 지구인이 우주에 쏜 첫 텔레비전 전파이기 때문이다.

축구로 본 현대사

축구는 산업혁명기의 절정기인 19세기 말 영국에서 탄생했다. 산업혁명을 이끌었던 도시들은 초창기 축구팀의 연고지와 일치한다. 뉴캐슬은 석탄 광산으로 유명하고, 리버풀은 철도 요충지이며, 석탄 산지와 가까운 맨체스터는 철도의 요충지이자 방직 산업의 전통적 중심지다. 맨체스터 유나이티드, 뉴캐슬 유나이티드처럼 '유나이티드'가 붙은 축구팀은 대개 노동조합에서 유래했다. 맨체스터와 리버풀의 경기가 벌어지는 날에는 두 도시가 들썩인다. 이 라이벌전이 왜 그렇게 유명할까? 1814년 조지 스티븐슨이 증기 기관차를 고안하고 나서 1830년에 영국에 최초로 철도망이 개통됐다. 이는 산업혁명의 상징이었다. 철도망 개설을 통한 운송 혁신은 자본주의 발전을 촉진했는데 그 첫 철도망이 바로 맨체스터-리버풀 구간이다. 축구는 산업도시뿐 아니라 여러 지역으로 확산됐다. 토튼햄, 웨스트햄, 울버햄튼, 사우스햄튼처럼 '햄(중세 영어로 마을을 뜻함)'이나 '햄튼'이 붙은 축구팀은 마을 단위의 조기 축구회에서 유래했다.

정치 지배자는 축구에 대한 대중의 열광을 때로 권력 유지 수단으로 이용하기도 한다. 아르헨티나의 프로리그(프리메라 디비시온)가 1929년에 출범한 것도, 이탈리아 프로리그(세리아A)가 1930년에 출범한 것도 정치에 대한 대중의 관심을 돌리기 위한 지배 계급의 목적 때문이었다. 브라질의 국기가 축구로 정해진 것도 같은 이유다. 이탈리아의 무솔리니는 대중 선동의 대가답게 프로축구 리그를 로마 시대의 검투사 경기처럼 민중의 스트레스 해소 창구로 잘 활용했다. 1938년 제2회 월드컵에 출전하는 대표팀에게 무솔리니는 이렇게 말했다. "우승 못하면 처형이다." 이탈리아 팀은 살아서 돌아왔다. '아름다운 축구가 따로 있는 게 아니라 이기는 축구가 아름답다'는 철학을 고수하는 이탈리아 축구 스타일은 어쩌면 파시스트 독재자가 불어넣은 서글픈 조작물이 아닐까?

에스파냐 프로축구 리그(프리메라 리가)의 강팀들이자 최대 라이벌은 1899년 창단되어 시민구

단으로 성장한 FC바르셀로나와 1902년 잉글랜드 유학생들이 창단하여 1960년대 이후 금융 자본을 끌어들인 레알마드리드다. '레알Real, Royal'은 왕실, 즉 국가에서 내리는 칭호로 독재자 프랑코는 레알마드리드를 적극 지원했다. 프랑코 독재 기간 중에 카탈루냐어를 마음껏 쓸 수 있는 곳은 FC바르셀로나의 홈 경기장 '캄프 누'뿐이었다. 바르셀로나는 에스파냐에서 벗어나기를 열망하는 카탈루냐 자치 정부의 수도다. '엘 클라시코'라고 불리는 이 라이벌 경기는 '노동자 대 자본가', '민족 자치 대 국가 통합'의 대리전 양상을 띤다.

1954년 스위스 월드컵에서 서독 대표팀이 3년간 40연승을 달리던 헝가리를 결승에서 물리치고 우승을 이뤄내자 도이칠란트 국민은 열광했다. '베른의 기적'이라 불리는 이 승리는 히틀러가 남긴 패전의 상처에 신음하던 도이칠란트 사람들에게 용기를 주었고, 암담한 상황을 타개하고 국가를 재건하는 데 원동력이 됐다. 2002년 한일 월드컵에 출전한 아르헨티나 대표팀은 경비 일체를 선수들이 직접 부담했다. 2001년 말 아르헨티나가 국가 부도 위기에 처했기 때문이다. 주장 바티스투타 선수는 조별 예선에서 탈락이 결정되자 그라운드에서 펑펑 울었다. 실의에 빠진 국민에게 희망과 용기를 주겠노라고 한 약속을 지키지 못했기 때문이다.

신자유주의: 부의 80퍼센트를 차지한 1퍼센트

자유무역협정Free Trade Agreement, FTA은 유행처럼 세계를 휩쓸고 있다. 두 나라 간에 자유무역협정이 체결되면 한 나라가 이익을 더 보는 게 아니라 양국의 대자본가들이 이익을 더 본다.

신자유주의는 자본의 논리 아래 모든 정치, 사회 체제를 복속시켜 자본과 기업에게 최대 자유를 허용하자는 이데올로기다. 신자유주의라는 이름의 이 이데올로기는 이전까지 자본의 앞길을 막았던 국경과 관세 장벽과 외국 기업에 대한 차별을 무서운 기세로 허물어 나갔다. 신자유주의는 자유로운 투자 환경과 자유로운 고용 조건을 요구한다. 신자유주의는 재산권을 가장 신성한 권리로 추앙하기 때문에 공공재의 사유화, 공기업의 민영화, 사회복지 정책의 축소 및 철폐를 요구한다. 시장 원리에 따른 자유 경쟁을 옹호하기 때문에 재산 규모에 따라 차등하여 세금을 매기는 누진세를 반대한다. 거대 자본과 이 거대 자본의 영향력 아래 놓인 정부와 국제 기구들은 시장 확장과 자본가의 자유로운 기업 활동을 촉진하기 위해 모든 나라에 대해 정치 사회 체제를 바꾸라고 압박한다.

신자유주의는 새로운 자유주의가 아니라 새로운 자본주의
자유무역협정은 신자유주의의 이데올로기에 충실하게 복종한다. 무엇보

다 자유무역협정을 체결한 국가는 국내 실정법에 앞서 이 협약 내용을
무조건 준수해야 한다. 예를 들어 국가에서 흡연율을 줄이기 위해 금연
캠페인을 펼치고 싶어도 담배 회사가 이를 문제삼으면 즉각 중단해야 한
다. 호주가 이런 일을 겪었다. 더욱 끔찍한 것은 각종 공공 사업마저 함부
로 진행할 수 없다는 것이다. 그 공공 사업이 앞으로 진출할 국내외 기업
의 향후 기대 이익과 충돌한다면 배상 사유가 되기 때문이다.

  신자유주의 사상에 이론적 기반을 마련하고 이를 널리 전파하는 데 크
게 기여한 집단은 미국의 시카고 학파다. 프리드리히 하이에크와 밀턴
프리드먼 같은 경제학자들이 틀을 다진 신자유주의 사상 체계는 1974년
하이에크가, 1976년에는 프리드먼이 노벨경제학상을 수상하면서 더 강
력한 힘을 얻게 되었다. 1947년 스위스의 작은 온천 마을 몽페를랭에 모
인 학자들은 마르크스주의와 케인즈식 경제 정책에 반대하며 한 목소리
로 시장 경제의 자유를 역설했다. 이 자리에 하이에크와 프리드먼도 있
었다. 신자유주의는 1980년대부터 세계를 휩쓸기 시작했다. 미국의 경
제학자 존 윌리엄슨은 1989년 발표한 논문에서 향후 전 세계가 따라야
할 경제 정책의 방향에 관해 언급하며 워싱턴 합의Washington Consensus라
는 용어를 만들어냈다. 미 행정부를 비롯해 세계은행이나 국제통화기
금처럼 세계 경제를 움직이는 기관이 워싱턴에 있기 때문이었다. '워싱
턴 합의'는 신자유주의 선언문이자 요약문으로서 주요 내용은 다음과 같
다. "정부 규제 축소, 부자 세금 인하, 자본 시장 자유화, 시장 자율 금리,
무역 장벽 철폐, 관세 인하, 해외 투자 장벽 철폐, 국가 기간 산업과 공기
업 민영화, 재산권 보장 법제화." 1979년 영국 수상이 된 마거릿 대처와
1980년 미국 대통령이 된 로널드 레이건은 이미 신자유주의 정책의 선

봉에 서 있었다. 대처와 레이건은 노조를 강력하게 억제하고 고용 유연성을 확대하여 기업의 이윤 추구 활동을 적극 지원했다.

보이지 않는 손은 과연 있나?

국제통화기금의 규정에 따르면 구제 금융처럼 중요한 결정에는 회원국 지분의 85퍼센트 동의가 필요하다. 그런데 미국은 전체 지분의 15퍼센트 이상을 보유하고 있다. 미국이 찬성하지 않는 정책은 아예 실행될 수 없다. 국제통화기금에 돈을 빌린 국가들은 거의 다 신자유주의 체제에 강대국들의 이익을 위해 희생되었다. 채무불이행 압박을 받는 가난한 나라들은 미국을 비롯한 강대국의 이해 관계에 따라 국제연합 회의장에서 표를 던질 수밖에 없다. 한 나라의 주권이 소수의 이익을 위해 완전히 희생되는 사태, 이런 세상을 만든 것이 신자유주의이다.

헝가리 출신 경제학자 칼 폴라니는 공공 이익을 위협하는 신기술이나 공동체가 겪는 재난으로 취득한 이득, 그리고 자신을 위해 동료를 착취하는 행위 등을 '나쁜 자유'라 규정하며, 좋은 자유를 밀어내고 나쁜 자유가 그 자리를 차지하고 있음을 경고했다. 폴라니는 『거대한 전환』에 이렇게 적었다. "자기 조정 시장이라는 아이디어는 전혀 도달할 수 없는 유토피아다." 자기 조정 시장이란 애덤 스미스 이래 자유주의 경제학자들이 줄곧 유지해온 태도, 즉 '시장에 맡기면 모든 것이 해결된다'는 말이다. 경제학자 조지프 스티글리츠는 이렇게 말했다. "보이지 않는 손이 보이지 않는 것은 그것이 없기 때문이다." 2008년 10월 23일 주택 정책 실패 책임을 추궁하는 청문회에서 연방준비제도이사회FRB 의장 앨런 그린스펀은 이런 질문을 받았다. "당신의 이데올로기가 잘못됐다는 걸 알고 있습니까?" 그린스펀은 이렇게 대답했다. "그렇습니다. 그 때문에 충격을 받았습니다. 40년 넘게 너무나 확실하게 작동한 이데올로기였으니까요." 그가 말한 실패한 이데올로기는 바로 신자유주의다.

유럽연합: 인류 통합은 가능한가?

인류는 과연 공동 정신을 공유하는 공동체를 구현할 수
있을까? 유럽연합이 성공하면 희망이 있다.

대한민국도 유럽연합에 가입 신청을 할 수 있다. 유럽연합 헌법에 규정
된 조건만 충족하면 전 세계 어느 나라든 유럽연합에 가입할 수 있기 때
문이다. 유럽연합이 규정하는 유럽이란 지리적 개념이 아니다. 제러미 리
프킨은 인류의 미래가 '아메리칸드림'이 상징하는 개인적 자아실현이 아
니라 '유러피언드림'이 시사하는 공동체의 정신 실현에 달렸다고 주장했
다. 아메리칸드림이 사적 소유(재산권) 개념에 기반을 두고 있다면 유러
피언드림은 공공재를 중시하는 접근권 개념에 기반을 둔다. 유럽연합 헌
법에 사유 재산이나 자유 시장에 관한 언급이 거의 없다는 점을 주목할
필요가 있다. 그 대신 이런 구절이 자주 나온다. "균형 잡힌 경제 성장",
"지속 가능한 개발", "사회주의적 시장 경제", "환경 보호", "차별 제거",
"성 평등", "세대 간 결속", "어린이 권리 보호"…. 유럽연합 헌법에서 또
하나 주목할 점은 신에 대한 언급이 전혀 없다는 점이다. 유럽의 역사가
피비린내 나는 종교 갈등의 과정이었다는 점을 떠올리면 그 의도를 헤아
릴 수 있다.

경제 공동체에서 시작하여 이념 공동체로

장 모네는 1952년에 유럽석탄철강공동체의 탄생을 주도한 인물이다. 유럽석탄철강공동체가 유럽연합의 모태이니 장 모네는 유럽연합 탄생의 아버지인 셈이다. 장 모네는 이렇게 말했다. "하나인 유럽은 한 번도 존재하지 않았으니 우리가 만들어 나가자." '에라스무스'는 유럽연합이 1987년부터 시행한 교환 학생 프로그램 이름이다. 네덜란드 출신인 에라스무스는 늘 국경을 초월한 보편적 인문성과 세계정신의 중요성을 강조했던 학자다. 유럽 각국의 대학생들은 에라스무스 프로그램에 참여하면서 자연스럽게 다른 지역과 인종의 문화를 배운다. "다양성 속의 통합 unity in diversity"은 유럽연합 정신을 가리키는 대표적 표현인데, 2013년 7월에 300만 명을 돌파한 에라스무스 프로그램은 그 정신을 훌륭하게 실현하고 있다. 각국의 20~30대 젊은이들에게 물어 보면 약 30퍼센트 가량은 자신을 특정 국가의 국민이라기보다 유럽인이라고 부르는 게 자연스럽다고 대답한다. 그게 에라스무스 정신이었다.

지구 온난화라든지 인간 복제, GM(유전자조작) 허용 여부 등은 한 국가 차원에서 대처하기가 무척 어려운 문제다. 이때 국제연합UN 같은 초국가 기구가 이 문제를 해결하거나 조정해 주어야 하는데 문제는 그런 국제 기구들이 실질적인 강제력이 없다는 점이다. 회원국이 거부하면 그만이다. 그런 점에서 28개 회원국이 결속한 유럽연합은 5억 명을 실질 지배하는 정치 권력을 지닌 국제 기구로서 초국가적인 사안들에 선도적으로 대처하고 있다. 회원국들은 유럽연합 헌법의 지배를 받으므로 사형을 시행해선 안 되고 인종 개량 실험을 하면 안 되며 인간 복제를 추진해서도 안 된다. 유럽사법재판소의 판결은 전 세계 국가가 참조하고 근거로 드

28개 회원국이 결속한 유럽연합은 실질적인 정치 권력을 지닌 국제기구다.

는 판례의 역할을 하고 있다. 같은 사건을 두고도 미국연방법원의 판결과 유럽사법재판소의 판결이 다른 경우가 있는데, 제러미 리프킨의 용어를 빌리면 그건 아메리칸드림과 유러피언드림이 다르기 때문이다. 예컨대 미국 법원이 알 권리를 중시하는 판결을 내린다면 유럽 법원은 모를 권리를 중시하는 판결을 내린다.

사적 소유를 줄이고 공공 자산을 늘리자

28개국, 43개 언어, 100개 민족, 5억 명이 공통 가치관과 공통 법률 아래에 묶이는 건 불가능하다. 그렇지만 세계인을 하나로 묶은 인터넷을 한번 떠올려 보면 유럽연합이 지향하는 바가 무엇인지 짐작할 수 있다. 인터넷은 허점도 많고 오류도 많으며 모든 인터넷 사용자를 만족시킬 수도 없다. 그렇지만 정보 소유보다 정보 공유가 더 중요하다는 점을 사용자 모두 인정하고 합의함으로써 그 불가능했던 통합을 이루어냈다. 역사철학자 빌헬름 딜타이는 "민족이나 문화별 특수성을 인정하면서도 상위의 보편성을 찾아보려는 시도가 역사학이다"라고 말했다. 유럽연합 정신도 그와 같다. 철학자 임마누엘 칸트는 1795년에 연방 체제에 기초를 둔 공통 법률을 유럽 각국이 채택해야 한다고 주장했다. 칸트의 보편적 윤리 관념은 유럽연합 창립의 사상적 기반을 마련하는 데 영향을 많이 끼쳤는데, 소논문인 「세계시민적 견지에서 본 보편사의 이념」에서 이렇게 주장했다. "개인에게 불규칙해보이는 것도 인류라는 관점에서는 규칙적이다. 각자 공존하면서도 모두 최대로 자유를 누리는 사회가 필요하다. 그러려면 합법적이며 초국가적인 연맹을 만들어야 한다." 칸트의 구상은 2백년 만에 실현되었다.

유럽연합이 제시하는 가입 기준은 상식과 교양을 갖춘 인간이라면 누구든 쉽게 납득할 수 있는 일반적이며 보편적인 내용들이지만, 미국이나 중국 등 특정 강대국의 이해 관계가 크게 작용하는 국가가 보기에는 매우 까다롭다. 대한민국 역시 부적합한 항목이 많아서 가입 신청서를 내기는 어려울 것 같다. 유럽연합 헌법이 지향하는 바를 우리도 주목해야 한다. 앞선 두 밀레니엄 동안 유린당했던 공공선이라는 인류의 보편 이념이 또 한 번 시험대에 올랐기 때문이다.

> History Tip
>
> 1957년 로마에서 프랑스, 서독, 이탈리아, 벨기에, 네덜란드, 룩셈부르크가 맺은 조약의 목적은 초국가적인 경제 조직인 유럽경제공동체를 설립하고자 함이었다. 로마 조약은 유럽연합 탄생의 분기점이다.

참고 문헌

세계사 일반

민석홍, 『세계문화사』, 서울대출판부, 2006

수요역사연구회 엮음, 『곁에 두는 세계사』, 석필, 2007

로버츠, J. M. 지음, 조윤정 옮김, 『히스토리카 세계사1』, 이끌리오, 2007

르몽드디플로마티크 지음, 권지현 옮김, 『르몽드세계사』, 휴머니스트, 2008

매클렐란 3세, 제임스 E. 지음, 전대호 옮김, 『과학과 기술로 본 세계사 강의』, 모티브북, 2006

에드워드. M. 번즈 등 지음, 박상익 옮김, 『서양 문명의 역사(상)』, 소나무, 2007

에드워드. M. 번즈 등 지음, 박상익 옮김, 『서양 문명의 역사(하)』, 소나무, 2007

타님 안사리 지음, 류한원 옮김, 『이슬람의 눈으로 본 세계사』, 뿌리와이파리, 2011

유럽사

김명섭, 『대서양 문명사』, 한길사, 2001

나종일 등, 『영국의 역사1』, 한울아카데미, 2005

심재윤, 『서양 중세사의 이해』, 선인, 2005

이영림 등, 『근대 유럽의 형성』, 까치, 2011

이희범, 『유럽통합론』, 법문사, 2007

가일스 밀턴 지음, 손원재 옮김, 『향료전쟁』, 생각의나무, 2002

기쿠치 요시오 지음, 이경덕 옮김, 『결코 사라지지 않는 로마, 신성로마제국』, 다른세상, 2010

데이비드 하비 지음, 김병화 옮김, 『모더니티의 수도 파리』, 생각의나무, 2005

량얼핑 지음, 하진이 옮김, 『세계사의 운명을 바꾼 해도』, 명진출판, 2011

마르크 블로크 지음, 한정숙 옮김, 『봉건사회1』, 한길사, 2010

마크 몬모니어 지음, 손일 옮김, 『지도전쟁: 메르카토르 도법의 사회사』, 책과함께, 2006

스티븐 스미스 지음, 류한수 옮김, 『러시아 혁명』, 박종철출판사, 2007

주디스 헤린 지음, 이순호 옮김, 『비잔티움』, 글항아리, 2010

케네스 모건 지음, 영국사학회 옮김, 『옥스퍼드 영국사』, 한울, 2006

콜린 존스 지음, 방문숙 등 옮김, 『케임브리지 프랑스사』, 시공사, 2008

타임라이프 북스, 이한중 옮김,『유럽의 황금기』, 가람기획, 2005

라틴아메리카사

김영길,『남미를 말하다』, 프레시안북, 2009

노용석,『라틴아메리카의 과거청산과 민주주의』, 산지니, 2014

서성철, 김창민 엮음,『라틴 아메리카의 문학과 사회』, 까치, 2001

손호철,『마추픽추 정상에서 라틴아메리카를 보다』, 이매진, 2007

송기도,『콜럼버스에서 룰라까지』, 개마고원, 2003

이강혁,『라틴아메리카 역사 다이제스트100』, 가람기획, 2008

이준명,『멕시코, 인종과 문화의 용광로』, 푸른역사, 2013

최영수,『라틴아메리카 식민사』, 대한교과서, 1995

최영호,『신화에서 역사로, 라틴아메리카』, 이른아침, 2010

홍은택,『블루 아메리카를 찾아서』, 창비, 2005

바르똘로메 라스 까사스 지음, 최권준 옮김,『인디아스 파괴에 관한 간략한 보고서』, 시타델퍼블리싱, 2007

리오던 로엣 지음, 김선영 옮김,『브라질 남미의 새로운 지배자』, 민음사, 2011

리차드 본 지음, 박원복 옮김,『대통령의 길 룰라』, 글로연, 2012

에이미 버틀러 그린필드 지음, 이강룡 옮김,『퍼펙트 레드』, 바세, 2007

존 찰스 채스틴 지음, 이성형 등 옮김,『아메리카노-라틴아메리카의 독립 투쟁』, 길, 2012

카를로스 푸엔테스 지음, 서성철 옮김,『라틴 아메리카의 역사』, 까치, 1997

헨드릭 W. 반 룬 지음, 조재선 옮김,『시몬 볼리바르- 라틴아메리카의 해방자』, 서해문집, 2006

미국사

김동근,『미국에는 왜 사회주의가 없는가』, 정림사, 2005

김동춘,『미국의 엔진, 전쟁과 시장』, 창비, 2005

김봉중,『오늘의 미국을 만든 미국사』, 역사의아침, 2013

이현송,『미국 문화의 기초』, 한울, 2011

한국미국사학회 엮음,『사료로 읽는 미국사』, 궁리, 2006

존 스타인벡 지음, 안정효 옮김,『아메리카와 아메리카인』, 김영사, 2011

존 퍼킨스 지음, 김현정 옮김,『경제저격수의 고백』, 황금가지, 2005

존 퍼킨스 지음, 김현정 옮김,『경제저격수의 고백2』, 민음인, 2010

하워드 진·레베카 스테포프 지음, 김영진 옮김,『하워드 진 살아있는 미국역사』, 2008

아프리카사

루츠 판 다이크 지음, 안인희 옮김, 『처음 읽는 아프리카의 역사』, 웅진씽크빅, 2007

존 아일리프 지음, 이한규 등 옮김, 『아프리카의 역사』, 이산, 2003

인문·사상

강유원, 『인문 고전 강의』, 라티오, 2010

강유원, 『역사 고전 강의』, 라티오, 2012

로버트 C. 솔로몬·캐슬린 M. 히긴스 지음, 박창호 옮김, 『세상의 모든 철학』, 이론과실천, 2007

마크 C. 헨리 지음, 강유원 외 옮김, 『인문학 스터디』, 라티오, 2009

야콥 브로노프스키 등 지음, 차하순 옮김, 『서양의 지적 전통』, 홍성사, 1982

에이드리언 데스먼드 등 지음, 김명주 옮김, 『다윈 평전』, 뿌리와이파리, 2009

요한 호이징가 지음, 최홍숙 옮김, 『중세의 가을』, 문학과지성사, 2010

제러미 리프킨 지음, 이원기 옮김, 『유러피언 드림』, 민음사, 2005

제러미 벤담 지음, 신건수 옮김, 『파놉티콘』, 책세상, 2010

조지 세이빈 등 지음, 성유보·차남희 옮김, 『정치사상사2』, 한길사, 1992

클라우스 리젠후버 지음, 이용주 옮김, 『중세사상사』, 열린책들, 2007

프랜시스 베이컨 지음, 진석용 옮김, 『신기관』, 한길사, 2001

플라톤 지음, 박종현 역주, 『국가·政體』, 서광사, 2011

피터 왓슨 지음, 남경태 옮김, 『생각의 역사1』, 들녘, 2009

인류의 기원

그레고리 코크란 등 지음, 김영주 옮김, 『1만 년의 폭발』, 글항아리, 2010

스티브 올슨 지음, 이영돈 옮김, 『우리 조상은 아프리카인이다』, 몸과마음, 2004

이언 태터솔 지음, 전성수 옮김, 『인간되기』, 해나무, 2007

크래그 스탠포드 지음, 한국동물학회 옮김, 『직립보행』, 전파과학사, 2009

세계대전

다이애나 프레스턴 지음, 류운 옮김, 『원자폭탄, 그 빗나간 열정의 역사』, 뿌리와이파리, 2006

라파엘 젤리히만 지음, 박정희 등 옮김, 『집단애국의 탄생 히틀러』, 생각의나무, 2008

리처드 오버리 지음, 조행복 옮김, 『독재자들』, 교양인, 2008

마하엘 유르크스 지음, 김수은 옮김,『크리스마스 휴전, 큰 전쟁을 멈춘 작은 평화』, 예지, 2005

앤터니 비버 지음, 김원중 옮김,『스페인 내전』, 교양인, 2009

존 엘리스 지음, 정병선 옮김,『참호에 갇힌 제1차 세계대전』, 마티, 2009

케빈 패스모어 지음, 강유원 옮김,『파시즘』, 뿌리와이파리, 2007

폴 콜리어 등 지음, 강민수 옮김,『제2차 세계대전』, 플래닛미디어, 2008

자본주의와 신자유주의

새로운사회를여는연구원 지음,『신자유주의 이후의 한국 경제』, 시대의창, 2009

데이비드 하비 지음, 최병두 옮김,『신자유주의』, 한울, 2009

아드데 다니엘스 등 지음, 조경수 옮김,『자본주의 250년의 역사』, 미래의창, 2007

존 스타인벡 지음, 김승욱 옮김,『분노의 포도1』, 민음사, 2008

존 스타인벡 지음, 김승욱 옮김,『분노의 포도2』, 민음사, 2008

칼 마르크스 지음, 강유원 옮김,『공산당 선언』, 이론과실천, 2008

칼 폴라니 지음, 홍기빈 옮김,『거대한 전환』, 길, 2009

프리드리히 엥겔스 지음, 박준식 등 옮김,『영국 노동자 계급의 상태』, 두리, 1988

에너지와 환경

김은진,『유전자 조작 밥상을 치워라』, 도솔, 2009

댄 쾨펠 지음, 김세진 옮김,『바나나』, 이마고, 2010

로뱅, 마리-모니크 지음, 이선혜 옮김,『몬산토-죽음을 생산하는 기업』, 이레, 2009

바츨라프 스밀 지음, 김태유 등 옮김,『새로운 지구를 위한 에너지 디자인』, 창비, 2008

브루스터 닌 지음, 안진환 옮김,『누가 우리의 밥상을 지배하는가』, 시대의창, 2008

제임스 데일 데이비드슨 지음, 이은주 옮김,『브라질이 새로운 미국이다』, 브레인스토어, 2013

찰스 피시먼 지음, 김현정 등 옮김,『거대한 갈증』, 생각연구소, 2011

폴 호큰 등 지음, 김명남 옮김,『자연 자본주의』, 공존, 2011